ECON Sachbuch

Die SPD scheint am Ende. Vier verlorene Bundestagswahlen seit 1982 sprechen für eine kontraproduktive Programmatik und eine Parteiführung, die den Ernst der Lage bislang nicht vollständig erfaßt hat. Friedhelm Fahrtmann stellt schonungslos die vielen gegensätzlichen Grundsatzpositionen seiner Partei dar und zeigt auf, wie sich die SPD in den letzten Jahren in eine dauerhaft schlechte Position innerhalb der deutschen Politik gebracht hat. Der Weg aus dieser Krise kann für Fahrtmann nur über eine konsequente Neuorientierung führen, weg von der Wachstumseuphorie, hin zu dem Bewußtsein, daß die irdischen Ressourcen begrenzt sind. Fahrtmanns Anliegen ist es, die Partei zu retten und mittels eines neuen Reformprojektes, das auch personalpolitisch überzeugen kann, die Misere zu beenden und der Bevölkerung eine neue SPD zu präsentieren, die optimistisch in die Zukunft blicken kann.

Prof. Dr. Friedhelm Fahrtmann, geboren 1933, war 20 Jahre lang Minister (1975–1985) und Vorsitzender der SPD-Fraktion (1985–1995) in Nordrhein Westfalen.

Friedhelm Farthmann

Blick voraus im Zorn

Aufruf zu einem radikalen
Neubeginn der SPD

ECON Taschenbuch Verlag

Veröffentlicht im ECON Taschenbuch Verlag 1997
© 1996 by ECON Verlag GmbH, Düsseldorf
Umschlaggestaltung: Theodor Bayer-Eynck, Coesfeld
Titelabbildung: oben: Sven Simon, Essen;
unten: Aris, Berlin
Druck und Bindearbeiten: Ebner Ulm
Printed in Germany
ISBN 3-612-26400-1

»Und wenn jemand auch kämpft,
wird er doch nicht gekrönt,
er kämpfe denn recht.«

(2. Timotheus 2, Vers 5)

Inhalt

Vorwort

Nach dem großen Sieg der Sozialdemokraten bei der Bundestagswahl am 19.11.1972, der sogenannten »Willy-Brandt-Wahl«, habe ich wie viele andere geglaubt, daß unserer Partei die Zukunft gehöre. Doch unmittelbar danach begann ihr Abstieg. Schon der Bundesparteitag in Hannover im April 1973 stimmte erfahrene Beobachter nachdenklich. Er signalisierte, daß in der braven, alten Sozialdemokratie eine neue Politikergeneration nach vorn drängte und daß damit auch das Streben nach einer anderen Politik verbunden war. Die damit einhergehende krisenhafte Entwicklung in der Partei wurde noch einige Jahre durch die souveräne Kanzlerschaft von Helmut Schmidt, jedenfalls für den Außenstehenden, weitgehend überdeckt. Daneben gab es auch immer wieder glänzende Siege, etwa bei Landtagswahlen in Nordrhein-Westfalen und an der Saar, die die Hoffnung nährten, daß die SPD trotz aller inneren Spannungen wieder auf Erfolgskurs zu bringen sei. Inzwischen hat sie jedoch einen Tiefstand erreicht, wie ich ihn in meiner fast 40jährigen Parteizugehörigkeit noch nicht erlebt und bis dahin auch nicht für möglich gehalten habe.

Schon seit vielen Jahren beschäftigen mich die Fragen, welche Gründe für diese Krise ausschlaggebend waren und unter welchen Bedingungen die SPD wieder zu einer zukunftsfähigen politischen Kraft werden könnte. Dieses Buch versucht darauf Antworten zu geben. Während sich Teil I mit den Ursachen für den Abwärtstrend der Partei befaßt, erläutert Teil II, wie ich mir

in den wichtigsten politischen Teilbereichen moderne Sozialdemokratie vorstelle. Eine solche Aufgabe ist ohne Kritik nicht zu
leisten. Es ist aber eine Kritik, die helfen will. Mein Wunsch ist es,
die Partei zum Nachdenken anzuregen. Ich bin davon überzeugt,
daß eine inhaltliche Neubesinnung in vielen Positionen notwendig und dringend ist. Der Wettbewerb der Ideen dafür sollte
eröffnet werden.

Düsseldorf, im Mai 1996

I
Sozialdemokratie am Abgrund

1
Partei ohne Programm

In der Natur gilt es als Alarmzeichen, wenn ältere Bäume sogenannte Angstreiser setzen. Ein Baum, dessen Krone abzusterben
beginnt oder sich gegen übermächtige Konkurrenten nicht mehr
durchsetzen kann, schlägt häufig unten im älteren Astwerk
üppig aus. Diese Angst- oder Wassertriebe vermögen jedoch das
Sterben des Baumes meist nicht mehr aufzuhalten, weil sie
wegen ungenügender Lichtzufuhr wieder verkümmern.

An dieses Bild wird man erinnert, wenn man die programmatische Lage der Sozialdemokratie betrachtet. Die Partei hat in den
letzten zwanzig Jahren eine Grundsatzäußerung nach der anderen produziert, und trotzdem ist sie inhaltlich so verunsichert
und zerrissen, daß sie im Streit der politischen Parteien fast ständig mit dissonanten Meinungsäußerungen aus dem eigenen
Lager zu kämpfen hat.

Einen echten Durchbruch hatte noch das Godesberger Programm
gebracht, das ein außerordentlicher Parteitag nach langen innerparteilichen Diskussionen am 13. 11. 1959 mit großer Mehrheit
beschlossen hatte. Dieses wurde mit Recht als der letzte große
Schritt auf dem Wege von der Klassen- zur Volkspartei gesehen,
die sich für alle gesellschaftlichen Gruppen öffnen wollte.

Alle späteren programmatischen Äußerungen sind für das
öffentliche Erscheinungsbild der Partei weitgehend wirkungslos
geblieben. Das gilt vor allem für den »Orientierungsrahmen 85«,
für den Irseer Entwurf vom Juni 1986, für das Berliner Grundsatzprogramm vom 20. 12. 1989 und für die umfangreiche Aus-

arbeitung »Fortschritt 90«. All diesen Stellungnahmen war gemeinsam, daß sie in den wesentlichen Streitpunkten zwischen linken und rechten Sozialdemokraten lediglich Formelkompromisse brachten, die die eigentlichen Meinungsunterschiede verdeckten, aber nicht beseitigten. Es kam für diese Papiere – wie es bei den innerparteilichen Beratungen damals hieß – vor allem darauf an, daß sich möglichst viele »darin wiederfinden konnten«. Willy Brandt kommentierte dies mit der sarkastischen Bemerkung, die Partei habe sich zu einem »energischen Sowohl-als-Auch« durchgerungen. Die Folge war, daß die entsprechenden Anträge zwar eine hohe Zustimmungsrate in den Beschlußgremien erzielten, aber zur Auflösung der innerparteilichen Frontstellungen nichts beitrugen.

Wenn diese Ausarbeitungen überhaupt irgendeinen Wert hatten, dann allenfalls für das Innenleben der Partei. Die Streithähne der unterschiedlichen Flügel wurden beschäftigt und konnten sich austoben, so daß vielleicht eine gewisse innerparteiliche Beruhigung eintrat. Mir drängte sich bei den Beratungen immer wieder der Vergleich mit einer elektrischen Modelleisenbahn auf: Während des Aufbaus haben alle Beteiligten rote Ohren vor Aufregung; wenn alles fertig ist, gibt es jedoch nichts Langweiligeres als die im Kreis fahrenden Züge. In der Tat habe ich nicht eine einzige öffentliche oder parteiinterne Versammlung erlebt, in der ich jemals auf irgendeine Formulierung eines dieser Papiere angesprochen worden wäre.

Eine weitere Schwäche der jüngeren programmatischen Äußerungen der SPD war ihre übermäßige Betonung der Zustandsbeschreibung. Der Umfang der meist langatmigen und detaillierten Analysen stand häufig in keinem rechten Verhältnis zu den durchweg blassen und allgemein gehaltenen Lösungsvorschlägen. Das gilt übrigens auch für das Antragsmaterial auf den sozialdemokratischen Parteitagen. In den letzten 25 Jahren haben dort die sich immer wiederholenden Analysen zu einer schier unübersehbaren Fülle von Parteitagsunterlagen geführt, die die einzelnen Delegierten meist gar nicht mehr beurteilen können, so daß darin die wenigen wirklichen politischen Innovationen eher versteckt als erklärt werden. Herbert Wehner, der langjährige Vorsitzende der Bundestagsfraktion, hat diese Unsitte gelegentlich ironisiert und – anspielend auf die Schwergewichtigkeit und Dickleibigkeit der Antragsbücher – von Backsteinen gesprochen, mit denen die Delegierten sich abzuschleppen hätten.

Mir ist wohl bewußt, daß Programme in ihrer Bedeutung für das Bild der Partei in der Öffentlichkeit nicht überschätzt werden dürfen. Sie werden in aller Regel überhaupt nicht gelesen – weder von den Wählern noch von den Mitgliedern. Entscheidend ist aber, daß eine Partei in den Auseinandersetzungen mit den politischen Konkurrenten einigermaßen geschlossen und überzeugend auftreten kann, und dafür bieten Programme und inhaltliche Festlegungen ein unverzichtbares Geländer.

2
Klassenkämpfer als Reformer wider Willen

Der eigentliche Schwachpunkt der deutschen Sozialdemokratie ist seit vielen Jahren und in steigendem Maße ihre tiefgreifende Uneinigkeit in inhaltlichen Fragen. Dies ist auch die wahre Ursache sowohl für den andauernden innerparteilichen Streit in Sachfragen, der das Bild der Partei bei den Wählern seit Jahrzehnten trübt, als auch für die personellen Querelen, die ihren Ausdruck vor allem in einem ständigen Wechsel in den Führungsfunktionen finden. So amtiert seit Willy Brandts Abgang im Jahr 1987 inzwischen der vierte Bundesvorsitzende (Vogel, Engholm, Scharping, Lafontaine), und seit 1983 hat es bei jeder Bundestagswahl einen neuen Kanzlerkandidaten gegeben. Auf der Länderebene sind vergleichbare Entwicklungen zu beobachten. Die Berliner Sozialdemokraten haben in fünfzehn Jahren sieben Parteivorsitzende verschlissen, und in Bremen ist im Herbst 1995 der fünfte Landesvorsitzende innerhalb von vier Jahren inthronisiert worden. Das ist allein mit persönlichen Unzulänglichkeiten nicht zu erklären. Es liegt zumindest zu erheblichen Teilen auch an der Gesamtsituation der Partei. Selbst der klügste, durchsetzungsfähigste und geschickteste Parteivorsitzende wäre nicht in der Lage, auf Dauer die massiven Meinungsunterschiede in zahlreichen Grundsatzpositionen zu überbrücken.

Für die programmatische Schwäche der SPD gibt es verschiedene Ursachen, deren Anfänge zum Teil schon Jahrzehnte zurückliegen. Vier davon sollen im folgenden kurz beschrieben werden.

Erstens: Die Sozialdemokratie ist in der zweiten Hälfte des vorigen Jahrhunderts als Teil der deutschen Arbeiterbewegung entstanden und war eine Antwort auf das unvorstellbare soziale Elend der Industriearbeiterschaft, das der Frühkapitalismus hervorgebracht hatte. Das vorrangige Ziel der Partei war es, diese kapitalistische Wirtschafts- und Gesellschaftsordnung zu überwinden, und zwar durch einen revolutionären Umsturz. Je länger jedoch diesen Bemühungen der Erfolg versagt blieb, desto deutlicher zeigte sich, daß auch innerhalb des bestehenden Systems schrittweise und spürbare Verbesserungen für die Arbeiter möglich waren. Die Arbeitsschutzbestimmungen der Gewerbeordnung und die Bismarckschen Sozialreformen waren schon vor der Jahrhundertwende dafür die herausragenden Beispiele.

Obwohl die SPD auf Kundgebungen und Parteitagen immer noch wie eh und je unter roten Fahnen die Revolution proklamierte, verblaßte die Aktualität dieses Vorhabens mehr und mehr. Für die Partei war es, wie Sebastian Haffner nicht ohne Ironie angemerkt hat[1], eine Sache des »Morgen« oder »Übermorgen« geworden, aber nicht mehr die Forderung des Tages. Theoretisch gerechtfertigt wurde diese Wandlung sozialdemokratischer Politik in den Ergebnissen der Revisionismusdebatte zwischen Eduard Bernstein und Karl Kautsky kurz vor der Jahrhundertwende. Im Gegensatz zu den marxistischen Theoretikern (wie vor allem Kautsky) äußerte Bernstein schon damals die Überzeugung, daß der Übergang zur sozialistischen Gesellschaftsordnung ohne einen vorhergehenden Zusammenbruch des Kapitalismus zu erreichen sei. Nötig sei nicht ein revolutionärer Akt, sondern ein langwieriger und konstruktiver Reformprozeß.

Als schließlich im November 1918 mit der Niederlage im Ersten Weltkrieg und nochmals in der ersten Hälfte des Jahres 1919 eine wirkliche revolutionäre Situation in Deutschland entstanden war, hatte die Sozialdemokratie längst dem Gedanken der Demokratie, der Rechtsstaatlichkeit und der Verfassung Vorrang vor einer revolutionären Umgestaltung der Gesellschaft gegeben. Als damals stärkste parlamentarische Kraft hatte die SPD sogar entscheidenden Anteil an der Verhinderung rätedemokratischer

Bestrebungen und an der teilweise gewaltsamen Wiederherstellung von Ruhe und Ordnung.[2] Sie vertraute auf die Überzeugungskraft ihrer Argumente und strebte im Wege demokratischer Mehrheitsentscheidungen eine schrittweise Verbesserung der Wirtschafts- und Gesellschaftsordnung an. Die Linke hatte sich zu dieser Zeit auch organisatorisch von der SPD abgemeldet. So hatte sich zunächst Ostern 1917 in Gotha die Unabhängige Sozialdemokratische Partei Deutschlands (USPD) abgespalten, und am 30. Dezember 1918 trennten sich davon die seit 1914 agierenden »Spartakisten« und gründeten in Berlin die Kommunistische Partei Deutschlands (KPD).

Heute wissen wir, daß sich die Reformfähigkeit der Weimarer Republik nach ersten Ansätzen (Achtstundentag, Tarifautonomie, Betriebsrätegesetz) schnell erschöpfte und daß sich die antirepublikanischen Kräfte – vor allem dank ihres Rückhalts bei den Eliten in Militär, Wirtschaft und Verwaltung – kräftig regenerierten. Deshalb bedurfte es Anfang der dreißiger Jahre nur noch der Massenarbeitslosigkeit als auslösendem Faktor, um die erste deutsche Demokratie unter den Schlägen der Extremisten von rechts und links zugrunde zu richten. Damit wurden auch die Hoffnungen der Sozialdemokratie auf eine Reform der Gesellschaft fürs erste zu Grabe getragen.

Nach dem Zweiten Weltkrieg war das gesellschaftliche Umfeld der SPD zum Teil so zerschlagen, daß es nicht wieder errichtet werden konnte; das gilt vor allem für die früher sehr aktiven Arbeitersportvereine, für die Theatergruppen und für die Arbeiter-Gesangsvereine. Programmatisch konnte die Partei allerdings ziemlich nahtlos an ihre Weimarer Tradition anknüpfen. Im Gegensatz zu den Unionsparteien, die nach anfänglichen Unsicherheiten (Ahlener Programm) sehr bald die restaurativen Kräfte in der Bundesrepublik sammelten, verstand sich die Sozialdemokratie als Motor der gesellschaftlichen Reformen. Im Vordergrund stand dabei die Wirtschaftsordnung, deren privatkapitalistische Grundstruktur durch staatliche Wirtschaftslenkungsmaßnahmen, Investitionskontrollen und die Überführung von Unternehmen in Gemeineigentum verändert werden sollte.

Die mit dem sogenannten Deutschen Wirtschaftswunder aufblühende Wirtschaft verschaffte den Bürgern sehr schnell Arbeitsplätze und auch schon einen bescheidenen Wohlstand. Deshalb war es kein Wunder, daß die Wähler in der neu gegründeten Bundesrepublik der SPD keine Chance gaben, ihre politischen Vorstellungen zu verwirklichen. So kam es nach der Bundestagswahl im Herbst 1957, die den Unionsparteien unter Konrad Adenauer die absolute Mehrheit der Stimmen beschert hatte, zu einer grundlegenden Progammdiskussion in der SPD. Deren Abschluß bildete die Verabschiedung des neuen Godesberger Grundsatzprogramms.

Dieses Programm ist in die Geschichte eingegangen als die große programmatische Wende der Sozialdemokratie von der Klassenpartei zur Volkspartei. Eine solche Beurteilung ist auch durchaus zutreffend, wenn man sie auf die verbalen Verlautbarungen der Partei beschränkt. Sehr viel weniger dramatisch erscheint jedoch der Wandel, wenn man das praktische politische Handeln der SPD in Betracht zieht. Dies deckte sich schon seit der Weimarer Zeit weitgehend mit dem, was später im Godesberger Programm seinen Niederschlag fand. Auch die Vertreter der SPD im Parlamentarischen Rat, der nach dem Ende der nationalsozialistischen Herrschaft das neue Bonner Grundgesetz erarbeitete, und die Ministerpräsidenten in den SPD-regierten Ländern folgten weit mehr den politischen Zielen, die später im Godesberger Programm formuliert wurden, als denen der alten Klassenpartei. Wilhelm Kaisen, der erste Nachkriegsbürgermeister in Bremen, und Georg August Zinn, der bekannte Nachkriegsministerpräsident in Hessen, waren die profiliertesten Vertreter dieses Kurses.

Aus dem bisherigen Überblick wird deutlich, daß schon in den früheren Jahrzehnten in der deutschen Sozialdemokratie praktische Politik und Programm zweierlei waren. Das hat sich auch in der Zeit nach der Verabschiedung des Godesberger Programms nicht geändert. Obwohl dieses Programm nur noch sehr maßvolle Reformvorschläge enthielt, haben selbst die in ihm vorgesehenen Änderungen der bestehenden Gesellschaftsordnung in der politischen Praxis der SPD niemals auf der Tagesordnung gestanden. Das gilt für

- die geplante Unternehmensverfassung in der Großwirtschaft,
- die Korrektur der ungerechten Einkommens- und Vermögens-verteilung,
- die Investitionskontrolle zur Einschränkung des Machtmiß-brauchs in der Wirtschaft und vor allem für
- die Überführung großer Wirtschaftsgebilde in Gemeineigen-tum.

All diese Reformvorstellungen sind zu keinem Zeitpunkt über das Stadium des innerparteilichen Räsonierens und Resolutio-nierens hinausgekommen. Auch Versuche, sie durchzusetzen, wurden niemals ernsthaft unternommen. Keine Koalition, die von der SPD gewollt wurde, ist jemals an solch einem Streitpunkt gescheitert. Weder für Willy Brandt oder Helmut Schmidt auf Bundesebene noch für einen der SPD-Länderchefs der letzten Jahre sind die gesellschaftsverändernden Forderungen der SPD-Programme Gegenstand der praktischen Politik gewesen.

Zusammenfassend läßt sich also feststellen, daß in der deutschen Sozialdemokratie im Grunde seit ihrer Entstehung eine Lücke klafft zwischen programmatischem Anspruch und praktischem Handeln. Das hat die Glaubwürdigkeit ihres politischen Willens oft beeinträchtigt und das Verhältnis der Führung zur mittleren Funktionärsschicht zusätzlich belastet.

Zweitens: Ziel des Godesberger Programmes war es, die SPD den gewandelten gesellschaftlichen Entwicklungen anzupassen, sie von überholten dogmatischen und klassenkämpferischen Fesseln zu befreien und ihr dadurch neue Wählerschichten zu erschließen. Dieser Absicht kam die gesellschaftliche Entwicklung jener Jahre in Deutschland sehr entgegen, die zum einen gekennzeichnet war durch eine dauerhaft prosperierende Wirtschaft und zum anderen durch eine sich mehr und mehr abschwächende konfessionelle Bindung der Menschen. Als Folge davon wurden die früher im Ruhrgebiet dominierenden politischen Gruppierungen, nämlich das katholische Zentrum und die Kommunisten, dezimiert. Nutz-nießer waren vor allem die Sozialdemokraten.

Die Erwartungen, die mit dem neuen Godesberger Programm verbunden worden waren, wurden deshalb zunächst voll erfüllt. Als markanteste Station ist dabei die Landtagswahl in Nordrhein-Westfalen am 10. Juli 1966 zu nennen. Mit 49,5 Prozent der abgegebenen Stimmen war die nordrhein-westfälische SPD erstmals bei Landtagswahlen stärkste Partei geworden, und sie hatte damit nur ganz knapp die absolute Mehrheit verfehlt.[3] Dieses Wahlergebnis bereitete den Weg für die Ablösung der CDU-Regierung im größten Bundesland, die Ende 1966 vollzogen wurde, und für die Bildung einer großen Koalition auf Bundesebene, die dann ihrerseits in die Ära der sozialliberalen Bundesregierungen ab 1969 einmündete.

Dieser erfreuliche Aufwärtstrend der Sozialdemokratie geriet Anfang der siebziger Jahre in den Sog der sogenannten 68er Bewegung. Die studentischen Protestaktionen griffen schnell über eine Reform der Hochschulen hinaus. Sie richteten sich zunächst vor allem gegen die Verdrängung des nationalsozialistischen Unrechts durch die ältere Generation und gegen klerikale Verkrustungen in der Bundesrepublik der Adenauer-Ära. Insofern trafen sie noch auf weitgehende Zustimmung bei vielen Sozialdemokraten. Das änderte sich allerdings schlagartig, als die Bewegung sehr bald auf eine revolutionäre Umwälzung der bestehenden Ordnung in der Bundesrepublik hinsteuerte und sich in voller Schärfe auch gegen sozialdemokratische Repräsentanten der Staatsmacht wandte.

Über die Frage, wie es zu einem solch elementaren Aufbegehren vor allem in der akademischen Jugend kommen konnte, ist viel geredet und geschrieben worden. Das muß hier nicht noch einmal ausführlich nachgezeichnet werden. Bemerkenswert ist in diesem Zusammenhang allerdings die Einschätzung des deutsch-amerikanischen Philosophen Herbert Marcuse, der als einer der geistigen Väter des damaligen studentischen Protestes galt. Er war der Meinung, derartige Bewegungen in den technisch fortgeschrittensten kapitalistischen Ländern entstünden »aus einem unerträglichen Ekel an der Art und Weise, wie die sogenannte Konsumgesellschaft den gesellschaftlichen Reichtum mißbraucht und verschleudert, während sie außerhalb der Metropolen das Elend und die Unterdrückung weiterbetreibt«.[4]

Für die programmatische Diskussion in der SPD hatte die 68er Bewegung weitreichende und insgesamt gesehen verhängnisvolle Folgen. Sicherlich ist durch sie manches in Bewegung gebracht und vieles in der gesellschaftspolitischen Betrachtung neu angestoßen worden. Der Trend ging jedoch meist in die falsche Richtung – zu längst überholt geglaubten klassenkämpferischen Parolen und Forderungen. So sollte vor allem die unternehmerische Entscheidung vom Diktat des Marktes gelöst und an bürokratische Vorgaben gebunden werden, obwohl der Markt im Kern einen sehr dezentralen und damit demokratischen Entscheidungsprozeß bietet.

Die damit verbundenen Auseinandersetzungen wurden von der SPD vor allem in den siebziger Jahren mit erbarmungsloser Härte geführt. Sie haben die Partei aufgewühlt und zum Teil bis in ihre Grundfesten erschüttert. In lebhafter Erinnerung ist bei vielen noch der verzweifelte Ausruf des damaligen Bundesfinanzministers Karl Schiller auf dem Steuerparteitag der SPD am 19. 11. 1971 in der Bonner Beethovenhalle: »Genossinnen und Genossen, laßt die Tassen im Schrank!«

Im Mittelpunkt der Erörterungen standen die Forderungen nach Investitionskontrolle und nach Überführung bestimmter Wirtschaftszweige – vornehmlich der Grundstoffindustrie und der Banken – in Gemeineigentum. Im Zusammenhang damit ging es aber auch um Umfang und Zielrichtung der Mitbestimmung der Arbeitnehmer, um die Einrichtung interessenpluralistisch zusammengesetzter Wirtschafts- und Strukturräte und um die Einführung einer Bodenwertzuwachssteuer, durch die Bodenspekulationen verhindert werden sollten.

Häufig wurden dabei ausgerechnet solche Mechanismen propagiert und wiederbelebt, an denen rund zwei Jahrzehnte später der real existierende Sozialismus östlicher Prägung vor allem zugrunde gegangen ist, nämlich kleinliche Reglementierungen des gesellschaftlichen Lebens und staatliche Eingriffe in die

Wirtschaft. Besonders einprägsame Beispiele dafür waren die Forderung nach einem Verbot der privaten Wohnungsvermittlung[5] und nach einer gesetzlichen Begrenzung aller privaten Einkünfte auf 5 000 DM monatlich.[6]

Ich habe mich während dieser Debatten oft gefragt, wie es dazu kommen konnte, daß selbst völlig überzogene politische Positionen nicht nur Mehrheiten auf unseren Parteitagen fanden, sondern auch von bewährten, erfahrenen und sachkundigen Spitzenfunktionären ohne lautstarken Widerspruch hingenommen wurden. Vielleicht wurde manchmal die Tragweite von Ergänzungsanträgen im Eifer des Gefechts nicht voll erkannt. Offenbar verließ aber auch bei aufgeheizter Parteitagsstimmung viele der Mut zum notwendigen klaren Wort. Von einem alten Fuhrmann unserer Partei ist mir der Ausspruch in Erinnerung: »Unser Untergang sind nicht die 10 Prozent linker Ultras, sondern die 90 Prozent Opportunisten.«

Erstaunlich war, daß selbst herbe Wahlschlappen vor allem in den Großstädten (Frankfurt/Main, München) kein Umdenken hervorriefen. Daran zeigte sich in verhängnisvoller Weise, daß das theoriegeprägte Politikverständnis vieler Funktionäre die Informationsfunktion von Wahlergebnissen in den Hintergrund treten ließ.

Als die Rechts/Links-Diskussionen im Laufe der achtziger Jahre abklangen, war für die SPD der befreiende Erfolg des Godesberger Programms weitgehend verspielt. Das ihm nachfolgende Berliner Grundsatzprogramm bedeutete eher einen Schritt zurück und näherte sich wieder klassenkämpferischen Positionen. In ihm befand immerhin noch am 20. 12. 1989, also rund sechs Wochen nach dem Fall der Berliner Mauer, der sozialdemokratische Programmparteitag, »daß Reparaturen am Kapitalismus (womit nach dem Verständnis des Parteitages die in der Bundesrepublik herrschende marktwirtschaftliche Ordnung gemeint war) nicht genügten« und daß »eine neue Ordnung von Wirtschaft und Gesellschaft nötig« sei. Deshalb wurde zur »Überwindung der Klassengesellschaft« aufgefordert (vgl. die Abschnitte II. 1 und IV. 1 des Berliner Grundsatzprogramms). In dieser Zeit war es gelegentlich bedrückend mitzuerleben, daß auf westdeutschen Parteitagen die Sozialdemokraten aus der DDR, die ansonsten umjubelt wurden, betretenes Schweigen ernteten, wenn sie in aller Offenheit erklärten, daß für sie nach ihren Erfahrungen mit staatlicher Planung nur eine soziale Markwirtschaft in Betracht komme.

Nach dem weltweiten Bankrott des Kommunismus sind deshalb auch viele Programmansätze der SPD aus den siebziger und achtziger Jahren kompromittiert. Die Erinnerung daran löst eher Peinlichkeit aus. Sie geben jedenfalls heute als Richtschnur für praktisches politisches Handeln nichts mehr her.

Drittens: Länger als hundert Jahre ist die gesellschaftspolitische Diskussion weltweit vom Gegensatz zwischen Kapitalismus und Marxismus beherrscht worden. Nachdem in diesem Kampf die Sozialdemokratie zunächst den marxistischen Gegenpol in Deutschland parteipolitisch im wesentlichen repräsentiert hatte, war sie seit der Weimarer Republik mit der Gründung der kommunistischen Partei auf die Position einer Art dritten Weges zwischen den beiden Extremen gerückt. Dieser Platz im Spektrum der Parteien bestimmte von da an für viele Jahrzehnte die sozialdemokratischen Argumentationen. Er verschaffte der SPD im politischen Kräftespiel zudem eine komfortable Ausgangsbasis, weil sie stets als die maßvolle reformerische Kraft bei allen gesellschaftspolitischen Auseinandersetzungen auftreten konnte, bei deren Scheitern die kommunistische Extremlösung drohte.

Da mit der Wende 1989/90 das kommunistische Ideengut jedenfalls in Europa zu Grabe getragen worden ist, gibt es den Spannungsbogen zwischen Kapitalismus und Marxismus nicht mehr. Damit besteht auch für einen dritten Weg kein Raum mehr. Die Systemkonkurrenz ist beendet. Dies hat auf der Gewerkschaftsebene als erster der Vorsitzende der Gewerkschaft »Erziehung und Wissenschaft«, Dieter Wunder, mit bemerkenswerter Klarheit erkannt. Er äußerte schon im Dezember 1989: »Für die Gewerkschaften gibt es keinen Grund mehr, ihren Beschlüssen die Vorstellung einer alternativen Gesellschaftsordnung zugrunde zu legen – es gibt derzeit keine realistische Vorstellung einer wünschenswerten Alternative. ... Die Gewerkschaftsbewegung hat die Chance, ein neues Selbstverständnis zu entwickeln; frei von der Hypothek des realen Sozialismus, ohne die Krücke des besseren Sozialismus.«[7]

Diese Erkenntnis des Gewerkschaftsvorsitzenden gilt für die Sozialdemokratie in gleicher Weise. Auch sie muß ihr Selbstverständnis als linke Volkspartei neu definieren und ihre Argumentationsbasis dem weltweiten Wandel anpassen. Natürlich haben sich die sozialdemokratischen Vorstellungen von einer gerechten und solidarischen Gesellschaft durch das Verschwinden von Sowjetunion und DDR nicht erledigt. Auch wenn die Marktwirtschaft im Kampf der Systeme den Sieg davongetragen hat, darf niemand daraus den Schluß ziehen, daß künftig die sozial Schwachen keines Schutzes und das Streben der Starken nach Privilegien und Vorherrschaft keiner Begrenzung mehr bedürften. Nur müssen die sozialdemokratischen Positionen neu und eigenständig begründet werden. Der Rückgriff auf marxistische Analysen und Gesellschaftsbilder hilft nicht mehr.

Viertens: Das zentrale Ziel aller sozialistischen Bewegungen war seit ihrer Entstehung die Beseitigung der sozialen Ungerechtigkeiten, die durch das kapitalistische Wirtschaftssystem entstanden waren. Schon Karl Marx war aber durchaus klar, daß er allein mit der »Expropriation der Expropriateurs« die hungrigen Mäuler der Arbeiter nicht stopfen konnte, weil der Reichtum aller Kapitalisten nicht ausreichte, um durch seine Verteilung die Masseneinkommen spürbar anheben zu können. Er setzte deshalb auf die »Entfesselung der Produktivkräfte«. Darin sah er auch die Chance, die Frage der sozialen Verteilungsgerechtigkeit unbeantwortet zu lassen und durch Überflußproduktion gegenstandslos zu machen. Sobald alle Güter überreichlich vorhanden sein würden, müßte sich das Problem der gerechten Verteilung von selbst erledigen.

Die Steigerung der Produktivität der Volkswirtschaft steht deshalb im Zentrum der wirtschaftspolitischen Überlegungen aller sozialistischen Bewegungen. Auch das Godesberger Programm der SPD wird in seinem wirtschaftspolitischen Teil davon beherrscht. So heißt es dort: »Das Ziel sozialdemokratischer Wirtschaftspolitik ist stetig wachsender Wohlstand. (...) Das setzt eine stetige Erhöhung des Sozialprodukts bei gerechter Verteilung voraus.« In der Tat ist es vor allem seit dem Ende des Zweiten Weltkrieges in allen Industriestaaten und namentlich in Deutschland gelungen, den Lebensstandard der breiten Bevölkerungsschichten in einem früher nicht vorstellbaren Maße zu steigern.

Trotzdem wird in den letzten Jahren immer deutlicher, daß ein weiteres Wirtschaftswachstum allmählich an ökologische Grenzen stößt. Schon heute wäre eine Bewohnbarkeit der Erde nicht mehr vorstellbar, wenn alle Menschen auf der Welt den gleichen Lebensstandard erreichten wie die Bewohner der reichen Industrieländer. So gibt es derzeit auf dem gesamten afrikanischen Kontinent ungefähr so viele Kraftfahrzeuge wie in Nordrhein-Westfalen. Wenn in Afrika die Zahl der Kraftfahrzeuge pro Einwohner auf das deutsche Niveau gesteigert würde, müßte wegen der dortigen klimatischen Bedingungen bei Anwendung unserer gesetzlichen Regelungen das ganze Jahr über Ozonalarm ausgelöst werden. Auf der Welt-Erdölkonferenz im Sommer 1994 in Stavanger wurde die Erwartung ausgesprochen, daß sich bis zum Jahre 2015 die Zahl der Personenkraftwagen weltweit verdoppeln und bis zum Ende des kommenden Jahrhunderts sogar verachtfachen werde.

Dramatisch würde sich die weltweite ökologische Situation vor allem im Hinblick auf den Energieverbrauch zuspitzen. Schon wenn alle Erdbewohner den Energieverbrauch der deutschen Bundesbürger erreichten, würde sich der Weltprimärenergieverbrauch, der im Jahre 1992 bei 344 838 Eta-Joule ($= 10^{15}$ Joule) lag, auf insgesamt 955 220 Eta-Joule rund verdreifachen. Bei Erreichen des US-Standards im Energieverbrauch wäre sogar eine Verfünffachung des Primärenergieverbrauchs die Folge.[8]

Allerdings werden die »Grenzen des Wachstums« nicht – wie der »Club of Rome« in seinem berühmten Bericht im Jahre 1973 noch angenommen hatte – durch den Mangel an endlichen Rohstoffen bestimmt. Vielmehr wird umgekehrt der gewaltige Reichtum der Erde der Menschheit die Schranken weisen. Weil Erdgas, Erdöl und Kohle so reichlich vorhanden und so billig sind, wird mehr davon verschleudert und verbrannt, als die Umwelt verträgt. Würden beispielsweise alle derzeit auf der Erde lebenden 5,7 Milliarden Menschen pro Kopf soviel Kohlendioxid an die Atmosphäre abgeben wie die Bürger in Deutschland, bräuchte die Menschheit, um frei atmen zu können, fünf Planeten von der Größe unserer Erde. Das ist das Ergebnis einer Untersuchung des Wuppertaler Instituts für Klima, Umwelt und Energie, die von der katholischen Entwicklungshilfeorganisation »Misereor« und dem Umweltverband »Bund« in Auftrag gegeben wurde.[9] Hinzu kommt, daß die Erdbevölkerung jährlich immer noch um rund 95 Millionen wächst und sich bis zum Jahre 2025 selbst nach der vorsichtigsten Prognose (der Weltbank) auf 8,12 Milliarden Menschen erhöhen wird.

Demnach zeichnet sich immer deutlicher ab, daß die Grenzen der natürlichen Ressourcen unserer Erde ein schrankenloses Wirtschaftswachstum nicht zulassen. Die große Hoffnung der Väter des Sozialismus, die »Ausbeutung des Menschen« durch die »Ausbeutung der Erde« aufheben zu können, wird also nicht in Erfüllung gehen.

Aus dieser Erkenntnis muß die SPD die programmatischen Konsequenzen ziehen. Weiterhin der Wachstumsphilosophie des Godesberger Programms zu folgen, wäre nicht mehr zu verantworten. Daraus ergeben sich allerdings weitreichende Konsequenzen mit unmittelbaren Auswirkungen für die praktische Wirtschafts- und Sozialpolitik.

3
Das grüne Gift –
von der emotionalen Unterwanderung
einer Volkspartei

Eine neuartige Bedrohung ist der Sozialdemokratie aus der Partei Bündnis 90/Die Grünen erwachsen. In der alten Bundesrepublik waren die Grünen zunächst als lockere, ökologisch orientierte Protestbewegung entstanden, hatten dann aber am 12./13. 1. 1980 in Karlsruhe den Schritt zur politischen Partei vollzogen. Nach der deutschen Wiedervereinigung fusionierten sie mit dem in den neuen Bundesländern entstandenen Bündnis 90 und nahmen ihren jetzigen Namen an.

Die politische Dynamik dieser neuen Partei wurde zunächst weitgehend unterschätzt. Gelegentlich als »Partei der Körnerfresser« verspottet, traute ihr kaum jemand eine Veränderung der deutschen Parteienlandschaft zu. Diese Einschätzung hat sich inzwischen gründlich gewandelt. Nach einigen Rückschlägen hat die Grüne Partei in Deutschland die FDP deutlich überholt und ist auf Bundes-, Landes- und kommunaler Ebene fast überall zur drittstärksten politischen Kraft geworden – wenn man von der PDS in den neuen Bundesländern absieht. Die erste Koalition aus Sozialdemokraten und Grünen wurde am 15. 12. 1985 in Hessen gebildet. Obwohl diesem Regierungsbündnis kein dauerhafter Erfolg beschieden war, ist das Modell seitdem mehrfach wiederholt worden.

Für die SPD entstehen bei rot-grünen Koalitionen zwei spezifische Gefahren, die ich kurz erläutern will.

Die erste Gefahr liegt darin, daß die Grünen dem großen Partner die politische Initiative entwinden. Während in den Zeiten der sozialliberalen Koalitionen der kleine Partner FDP stets als »Bremser« auftrat, spielt in einem rot-grünen Bündnis der kleine Partner häufig die Rolle des »Schleppers«, der den schwerfälligen Tanker SPD zieht.[10] Dies hat seine Ursache zum einen in der programmatischen Verunsicherung und Uneinigkeit der SPD, zum anderen aber auch darin, daß die Grünen in vielen Punkten programmatische Ansätze der SPD übernommen haben und diese entweder konsequenter anwenden oder sogar inhaltlich weiter zuspitzen, als dies die SPD – meist aus guten Gründen – zu tun bereit ist.

Dieses politische Handlungsmuster läßt sich auf fast allen politischen Feldern beobachten.

Hierzu sollen einige Beispiele genannt werden:

- Die Sozialdemokraten haben in den siebziger und achtziger Jahren auf vielen ihrer Parteitage aus Verbundenheit mit den Gewerkschaften ein Verbot der Aussperrung beschlossen. Die Grünen jedoch gingen einen deutlichen Schritt weiter und brachten im Juni 1984 im Deutschen Bundestag einen Antrag zum gesetzlichen Verbot der Aussperrung ein. Die SPD-Fraktion reagierte darauf unsicher und unschlüssig, und bei zahlreichen ihrer Abgeordneten mußte man fast den Eindruck gewinnen, als sei ihnen erst durch die grüne Initiative die volle Tragweite eines solchen Vorhabens bewußt geworden.

- Während die SPD im Herbst 1986 auf ihrem Bundesparteitag in Nürnberg den Ausstieg aus der Kernenergie mit einer Übergangsfrist von 10 Jahren beschloß, verlangten die Grünen auf ihrem Mannheimer Parteitag 1994 eine Stillegung aller Kernkraftwerke innerhalb einer Frist von zwei Jahren.

- Die Sozialdemokraten haben in Nordrhein-Westfalen die Gesamtschule als vierte Schulform neben den bestehenden Hauptschulen, Realschulen und Gymnasien eingeführt und den Eltern zur Auswahl angeboten. Die Grünen hingegen verlangen die Ablösung aller derzeitigen Schulformen der Sekundarstufe I und II durch eine - wie sie es nennen – integrierte Stufenschule, die der Sache nach ebenfalls eine Art Gesamtschule ist.

- Anfang der neunziger Jahre signalisierte in Nordrhein-Westfalen die sozialdemokratische Landesregierung in Übereinstimmung mit der sie tragenden Landtagsfraktion, daß sie zu Verbesserungen der Mitbestimmung nach dem Landespersonalvertretungsgesetz bereit sei. Die grüne Landtagsfraktion brachte daraufhin einen Gesetzesentwurf ein, der wortwörtlich von den – weitergehenden – DGB-Vorschlägen abgeschrieben war.

Nach dem gleichen Schema verlief die politische Auseinandersetzung zwischen Sozialdemokraten und Grünen auch in vielen anderen politischen Fragen: Bei der Einschränkung des Asylrechts genauso wie bei der Einführung des Ausländerwahlrechts, bei der jährlich wiederkehrenden Frage der Anhebung der Sozialhilfesätze genauso wie bei der Bekämpfung der Gefahren der Chlorchemie, in der Frauenpolitik genauso wie bei der Frage des Bundeswehreinsatzes »Out of area«, in der Verkehrspolitik genauso wie bei der ökologischen Steuerreform. Immer treten die Grünen auf als die Partei mit der fortschrittlicheren, klareren und konsequenteren Position, während die Sozialdemokraten – auch wenn sie der realistischeren und vernünftigeren Einschätzung folgen – als diejenigen dastehen, die ständig bremsen, einknicken und zu faulen Kompromissen bereit sind.

Diese Entwicklung hat dazu geführt, daß die mittlere Führungsschicht der SPD, die bundesweit inzwischen fast nur noch aus Akademikern besteht, ein gebrochenes Verhältnis zur grünen Partei hat. Einerseits erkennen die SPD-Funktionäre in ihr den politischen Kontrahenten, der ihnen immer gefährlicher wird. Andererseits aber empfinden sie die Grünen von ihrer politischen Grundrichtung her als »Fleisch vom eigenen Fleische« und sehen in ihnen fast sogar die besseren Sozialdemokraten, die sie im stillen bewundern. Dieses Zusammengehörigkeitsgefühl wird noch dadurch verstärkt, daß in vielen gesellschaftlichen Bereichen Sozialdemokraten mit Vertretern der Grünen an einem

Strang ziehen, so in Bürgerinitiativen, Schulpflegschaften oder sozialen Betreuungsgruppen.

Die bei einer derartigen Zusammenarbeit gesammelten Erfahrungen prägen häufig auch das Bild, das sich viele sozialdemokratische Funktionäre von der politischen Einstellung unserer Bürger machen. Dieses Bild fällt aber um so einseitiger aus, je weniger gleichzeitig die Stimmungslage in dem viel größeren Teil der übrigen Bevölkerung wahrgenommen wird, der sich in dem betreffenden gesellschaftlichen Teilbereich nicht engagiert. Auf diese Weise wird Vertretern aus der mittleren Führungsebene der Partei eine einseitige Erfahrung der politischen Befindlichkeit der Bürger vermittelt. Überspitzt ausgedrückt: Diese Funktionäre, die bei der internen Meinungsbildung häufig eine entscheidende Rolle spielen, nehmen das Stimmungsbild aus Subkulturen zum Maßstab für das Stimmungsbild in der gesamten Bevölkerung.

Deshalb entstand in der jüngsten Vergangenheit manchmal der Eindruck, daß sich die SPD in ihrer praktischen Politik mehr an den Interessen von Minderheiten orientiere als an den Interessen der breiten Bevölkerungsmehrheit. Das herausragende Beispiel dafür war der Widerstand gegen die notwendige Änderung des Asylrechts, für den der überwiegende Teil unserer Bürger und Wähler überhaupt kein Verständnis hatte (Einzelheiten dazu in Kapitel 9). Ein zweites – örtlich begrenztes, aber ebenso eindrucksvolles – Beispiel waren die rigorosen Beschränkungen des Autoverkehrs in der Innenstadt von Kassel, wo es vor allem deshalb für die seit Jahrzehnten regierende SPD bei der Kommunalwahl am 7. 3. 1993 ein Desaster gab (Abstieg von 50,5 Prozent auf 29,8 Prozent der Wählerstimmen). Ähnliches gilt für manche umweltpolitischen Aktionen auf kommunaler Ebene, zum Beispiel gegen geplante Müllverbrennungsanlagen oder Industrieansiedlungen, gegen die die Mehrheit der Bürger häufig überhaupt nichts einzuwenden hat. Auch in der Frauenpolitik stoßen allzu rigide Frauenförderpläne und erst recht die hier und da empfohlenen sprachlichen Ungetüme selbst in der weiblichen

Bevölkerung allenfalls auf Desinteresse, meist sogar auf offene Ablehnung.

Diese »emotionale Unterwanderung« der SPD ist wohl auch der wahre Grund für das ständige Gerede von Sozialdemokraten über das sogenannte »Modell Rot-Grün« und über eine entsprechende Wunschkoalition. Derartige Überlegungen bedeuten zwangsläufig eine Denaturierung des Parteienwettbewerbs bei demokratischen Wahlen. Das vorrangige Bestreben jeder Partei muß es sein, möglichst viele Stimmen für die eigene Sache in die Urnen zu bringen. Deshalb ist in diesem Wettbewerb jede andere politische Partei ein natürlicher Gegner. Erst wenn sich nach der Wahl herausstellt, daß das Wahlergebnis nicht ausreicht, um den eigenen politischen Willen allein durchzusetzen, ist es angebracht, nach Verbündeten Ausschau zu halten, mit denen zusammen man eine parlamentarische Mehrheit bilden kann. Jede Ankündigung von Wunschkoalitionen vor der Wahl aber verwischt die Parteigrenzen und birgt die Gefahr, daß Randwähler aus dem Grenzbereich veranlaßt werden, dem Wunschpartner ihre Stimme direkt zu geben.

Geradezu absurd wird aber die Situation, wenn Parteifunktionäre eine Koalition mit dem Wunschpartner für genauso gut oder sogar für noch besser halten als die Alleinregierung der eigenen Partei. Dies war bei der Landtagswahl in Nordrhein-Westfalen am 14. 5. 1995 der Fall. Als Wahlkämpfer haben wir vor Ort immer wieder derartige entmutigende Erfahrungen machen müssen; es gab sogar die Einschätzung, daß rund 50 Prozent der mittleren Funktionärsschicht der SPD in Nordrhein-Westfalen schon vor dem Wahltag eine rot-grüne Koalition gewünscht oder jedenfalls nicht für ein Unglück gehalten hätten. In einigen Städten des Landes haben sozialdemokratische Vertreter aus Kommunalparlamenten nach der Wahl offen zu erkennen gegeben, daß sie ihre Stimme den Grünen gegeben hatten. Und ein Gruppenleiter aus einem nordrhein-westfälischen Landesministerium hat berichtet, daß von seinen fünf der SPD angehörenden Referenten drei erklärt hätten, am 14. 5. 1995 grün gewählt zu haben. Daß eine solche Einstellung der Partei-Führungsschicht auch von den Wählern wahrgenommen wird und das Wahlergebnis entsprechend beeinflußt, kann niemanden überraschen.

Eine Koalition mit den Grünen ist für die Sozialdemokraten aber auch noch aus einem anderen Grund riskant. Dies hat zu tun mit der heterogenen Zusammensetzung der SPD-Mitgliedschaft, die insbesondere zwei sehr unterschiedliche gesellschaftliche Gruppen umfaßt. Die erstere wird vor allem gebildet aus Angehörigen der traditionellen, gewerkschaftlich orientierten Facharbeiterschaft einschließlich der unteren Beamten und Angestellten, deren Denken im Grunde eher konservativ geprägt ist. Die zweite Gruppe, die in den letzten Jahren immer stärker geworden ist, besteht aus linksliberal eingestellten Bürgern vornehmlich der gehobenen Bildungsschichten, denen vor allem Emanzipation, individuelle Bürgerrechte und ein ausgeprägter Umweltschutz wichtig sind.

Die SPD war in der Vergangenheit immer dann stark, wenn sie eine Politik betreiben konnte, die beiden genannten Gruppen aus dem Herzen sprach. Das war insbesondere unter der Kanzlerschaft von Willy Brandt zu Anfang der sozialliberalen Koalition von 1969 bis 1973 der Fall. Die neue Ostpolitik, der Ausbau der demokratischen Partizipation (»mehr Demokratie wagen«) und die Erweiterung des Sozialstaats waren Anliegen, die von den Traditionalisten ebenso unterstützt werden konnten wie von den Linksliberalen. Schwierig wird die Lage der Partei, wenn die politischen Wünsche der beiden Gruppen mehr und mehr auseinanderdriften, und genau das ist im Laufe der letzten Jahre immer häufiger eingetreten. Es zeigte sich in geradezu dramatischer Weise bei der Asyldebatte: Was für die einen ein Herzensanliegen war, nämlich die uneingeschränkte Aufrechterhaltung der Zugangsmöglichkeit für Asylbewerber, empfanden die anderen als Bedrohung.

Dieses Spannungsverhältnis zwischen den unterschiedlichen Wählergruppen der Sozialdemokratie muß im Falle einer rot-grünen Koalition zusätzliche Belastungen auslösen. Wann immer die

SPD politische Positionen der Grünen zum Gegenstand ihrer Politik macht, verliert sie in der Mitte des Spektrums Wählerstimmen. Die zuvor beschriebene Gemeinsamkeit der sozialdemokratischen Führungsschicht mit den Grünen gilt nämlich nur zu einem geringen Teil für die breite Mitgliedschaft und überhaupt nicht für die sozialdemokratischen Traditionswähler, die die grüne Bewegung fast als Kulturschock erleben. Gleichzeitig kann die SPD aber auch ihrer linksliberalen Klientel mit einer grün orientierten Politik nicht imponieren, weil diese Wählergruppen sehr schnell erkennen, daß solche Positionen natürlich von der grünen Partei selbst sehr viel eindeutiger und nachdrücklicher vertreten werden. Das bedeutet: In einer rot-grünen Koalition wird die Sozialdemokratie ständig zu einer Politik gezwungen, die dem einen Teil ihrer Wählerschaft nicht weit genug, dem anderen Teil aber schon entschieden zu weit geht. »Recht machen« kann es die SPD in dieser Konstellation also niemandem.

Bei Wahlen nach rot-grünen Koalitionen können deshalb zwar die Grünen unter Umständen Stimmen zulegen, aber die SPD verliert entsprechend oder sogar überproportional. Alle Anzeichen sprechen dafür, daß es bei der derzeitigen und für die nächsten Jahre absehbaren gesellschaftlichen Lage in Deutschland für eine Politik aus »angegrünter« SPD plus Grünen keine Mehrheit bei unseren Bürgern gibt. Die SPD kann das Niveau ihrer in den letzten Jahren errungenen Wahlerfolge nur halten, wenn sie in der Mitte des Wählerspektrums nicht an Vertrauen einbüßt. Alles Liebäugeln mit grünen politischen Positionen und der allzu sehnlich vorgebrachte Wunsch nach rot-grünen Regierungsbündnissen bedeutet für die SPD also die Gefahr der programmierten Mehrheitsunfähigkeit.

Dies bestätigt auch die Erfahrung der letzten Jahre. Am deutlichsten fiel dabei die Lektion am 25. 6. 1995 bei der Oberbürgermeisterwahl in Frankfurt/Main aus. Der von Sozialdemokraten und Grünen gemeinsam vorgeschlagene bisherige Amtsinhaber Andreas von Schoeler erreichte in der traditionellen SPD-Hochburg trotz Amtsbonus nur 45,9 Prozent der Stimmen und wurde von der CDU-Kandidatin Petra Roth glatt geschlagen, die mit 51,9 Prozent die absolute Mehrheit errang. Bei der letzten Landtagswahl in Hessen am 19. 2. 1995 sackte die SPD nach einer rot-grünen Koalition auf 38 Prozent der Wählerstimmen ab – das schlechteste Ergebnis in diesem Bundesland seit dem Ende des Ersten Weltkrieges. In Berlin hatte die SPD nach einer rot-grünen Koalition am 2. 12. 1990 bei der Wahl zum Abgeordnetenhaus 6,9 Prozent verloren, und in Bremen büßte sie bei der Bürgerschaftswahl am 14. 5. 1995 nach einer sogenannten Ampelkoalition aus SPD, FDP und Grünen 5,4 Prozent ein. Daß auch ein Dreierbündnis aus SPD, Grünen und PDS keine Erfolgsgarantie bedeutet, zeigten die Wahlen am 3. 12. 1995 im Kreis Meißen/Radebeul. Der von allen drei Parteien unterstützte SPD-Kandidat für das Amt des Landrats erhielt mit 34,5 Prozent weniger Stimmen als die drei Parteien zusammen bei der Wahl der Kreisräte, so daß die CDU-Landrätin mit 57,7 Prozent in ihrem Amt bestätigt wurde. Der gleiche Trend wurde auch bei den Kommunalwahlen in Bayern am 10. 3. 1996 deutlich. Neben allen regional- und personenbedingten Besonderheiten war die SPD, die in zahlreichen Kommunen rot-grüne Bündnisse eingegangen war, die eigentliche Verliererin, die von mageren 27,7 Prozent im Jahre 1990 noch einmal 2 Prozent abgeben mußte. Besonders schmerzlich fiel das Ergebnis in Nürnberg aus, wo die SPD nach einer rot-grünen Koalition ihre größte Niederlage der Nachkriegsgeschichte erlitt und von 51,8 auf 44,5 Prozent der Wählerstimmen zurückfiel. Schließlich wurde auch die verheerende Niederlage der SPD bei den drei Landtagswahlen in Baden-Württemberg, Rheinland-Pfalz und Schleswig-Holstein am 24. 3. 1996 in der Öffentlichkeit einhellig als eine Absage der Wähler an das Modell »Rot-Grün« interpretiert.

Als positive Ausnahme wird in diesem Zusammenhang immer auf Niedersachsen verwiesen, wo die SPD nach einer rot-grünen Koalition bei der Landtagswahl am 13. 3. 1994 die absolute Mehrheit der Sitze errungen hatte. Dabei wird jedoch meist übersehen, daß zum einen der dortige sozialdemokratische Ministerpräsident Gerhard Schröder wegen der wirtschaftlich angespannten

Situation in der Werft- und Automobilindustrie eine außergewöhnliche Chance der Profilierung gegenüber seinem grünen Koalitionspartner nutzen konnte und daß im übrigen die SPD nach den Wählerstimmen nur um 0,1 Prozent dazugewonnen und die absolute Mehrheit der Sitze im Landtag lediglich wegen des Scheiterns der FDP an der 5-Prozent-Hürde errungen hatte.

Um so unverständlicher ist, mit welcher Besessenheit die SPD in der letzten Zeit rot-grüne Regierungsbündnisse anstrebt. Nach dem Verlust der absoluten Mehrheit bei der Landtagswahl in Nordrhein-Westfalen am 14. 5. 1995 wurde in den Führungszirkeln der Partei eine große Koalition mit der CDU überhaupt nicht in Betracht gezogen. Ein solches Vorhaben wäre auch bei den Funktionären der SPD auf völliges Unverständnis gestoßen, obwohl auf der Ebene des Landes die Unterschiede zur CDU bei rationaler Betrachtung nur einen Bruchteil der Differenzen mit der Partei Bündnis 90/Die Grünen ausmachen. Trotzdem wurde ausschließlich mit diesen verhandelt, und das auch noch mit besonderer Eile. Das ist um so erstaunlicher, als es für die SPD objektiv überhaupt keinen Zeitdruck gab. Sie stellte den Ministerpräsidenten, der theoretisch bis zum Ende der Legislaturperiode hätte amtieren können, einschließlich der Ernennung und Abberufung von Mitgliedern der Landesregierung. Außerdem hatte die CDU bereits signalisiert, daß sie für eine begrenzte Zeit zur Duldung einer Minderheitsregierung, also auch zur Verabschiedung des Landeshaushalts, bereit sei.

Die sich daraus ergebenden politischen Möglichkeiten sind in keinem Gremium der nordrhein-westfälischen Sozialdemokraten ernsthaft erwogen worden. Statt dessen hat man mit der Partei Bündnis 90/Die Grünen eine Koalitionsvereinbarung von nahezu 200 Seiten zusammengezimmert, in der jedoch – wie sich bald zeigen sollte – die Meinungsverschiedenheiten in den wichtigen Punkten keineswegs ausgeräumt waren. Ein kurzfristig einberufener außerordentlicher Landesparteitag, dessen Eröffnung von wütenden Protesten der Bergleute aus dem rheinischen Braunkohlerevier begleitet war, segnete das Unternehmen am 2. 7. 1995 in Hagen mit wenigen Gegenstimmen ab.

Zur Begründung für diesen Drang nach rot-grünen Koalitionen hört man von Sozialdemokraten häufig, daß allein ein solches Bündnis die Chance für eine Ablösung der konservativen Regierungsmehrheit in Bonn biete und daß es auf Länderebene vorbereitet werden müsse. Derartige Überlegungen sind jedoch schon deswegen zumindest voreilig, weil der Vorrat an Gemeinsamkeiten zwischen Sozialdemokraten und Grünen auf der Bundesebene gänzlich anders sein kann als auf der Ebene eines Landes. Deswegen bedingen Koalitionen in Landtagen weder ein gleiches Vorgehen auf der Bundesebene, noch schließt das Scheitern eines Bündnisses in einem Land ein Zusammengehen im Bundestag aus. Koalitionsfragen dürfen eben nicht nach den Denkschemata vermeintlicher politischer »Lager« entschieden werden, sondern müssen sich ausschließlich an der konkreten Mehrheitssituation orientieren und an den konkreten politischen Aufgaben, die man lösen möchte. Diese sind aber in aller Regel in einem Land andere als im Bund.

Hinzu kommt noch ein weiterer, ebenso wichtiger Gesichtspunkt: Wenn eine Partei spürt, daß sie – wie derzeit die SPD – bei den Wählern an Zustimmung verliert, darf ihre Antwort darauf nicht sein, um so emsiger nach Koalitionspartnern zu suchen, die ihr Ersatz für die fehlenden Wählerstimmen verschaffen können.

Vielmehr muß sie zuerst und vor allem anderen prüfen, was sie selbst tun kann, um ihre Attraktivität bei den Wählern zurückzugewinnen und ihren Stimmenanteil wieder zu erhöhen. Die Schwäche der SPD liegt zur Zeit unübersehbar in ihrer inhaltlichen Zerrissenheit. Deswegen muß es ihr erstes Ziel sein, dieses Defizit durch eine Klärung ihrer eigenen politischen Position zu überwinden. Viele sozialdemokratische Funktionäre sind jedoch offenbar der Meinung, durch ein Zusammengehen mit den Grünen auch ein Stück fortschrittlicher Programmatik »einkaufen« zu können, die sie in der eigenen Partei vermissen. Sie halten das, was die Partei Bündnis 90/Die Grünen fordert, zwar vielleicht für etwas weltfremd und überzogen, im Prinzip aber für die einzige wirklich fortschrittliche Alternative.

Auch in diesem Punkt zeigt sich die bereits beschriebene emotionale Gemeinsamkeit vieler führender Sozialdemokraten mit der grünen Partei. Die neue Ministerin für Schule und Weiterbildung in der nordrhein-westfälischen Landesregierung, Gabriele Behler, hat im Hinblick auf die rot-grüne Koalition, als diese gerade unter Dach und Fach war, sogar von einem »neuen Lebensgefühl« gesprochen. Das alles ist um so erstaunlicher, als die Sozialdemokraten mit einem solchen Bündnis ihre Chancen, wiedergewählt zu werden, offensichtlich nicht erhöhen, sondern schmälern – ein Kriterium, für das Politiker ansonsten eine untrügliche Witterung besitzen und dem sie in aller Regel höchste Priorität einräumen.

Selbstverständlich will auch ich Regierungsbündnisse zwischen Sozialdemokraten und Grünen nicht prinzipiell ausschließen. Ich habe solche sogar schon im Frühjahr 1982 – also lange vor vielen anderen in der SPD – für denkbar gehalten und bin dafür heftig kritisiert worden.[11] Es geht mir allein darum, daß eine Partei, die ihre eigene Identität wahren will, jede Koalition – mit wem auch immer – als notwendiges Übel betrachten muß und nicht als wünschenswertes Ziel anstreben darf. Wer als Sozialdemokrat die Politik der Grünen für besser hält, was legitim ist, sollte um der demokratischen Aufrichtigkeit willen die Partei wechseln. Wer aber unter der Firma SPD grüne Politik durchsetzen will, täuscht seine sozialdemokratischen Wähler.

Eine entlarvende Groteske lieferte kurz vor dem Mannheimer Bundesparteitag im November 1995 die SPD-Mitgliederzeitschrift »Vorwärts«. Ihre Anzeigenabteilung bot der Partei Bündnis 90/Die Grünen Anzeigenraum an, noch dazu zu einem verbilligten Preis. Diese versuchte auch sogleich die ihr gebotene Chance geschickt zu nutzen: Sie reichte eine Anzeige ein mit dem Slogan »Wir geben Ihrer Zukunft ein Zuhause«. Erst in letzter Minute wurde das Vorhaben von der SPD-Spitze gestoppt.

Wer auch immer rot-grüne Koalitionen ins Auge faßt, muß wissen, daß diese um so eher zu erreichen sind, je eigenständiger und unabhängiger von den Grünen die SPD vor die Wähler tritt. Nur wenn es ihr gelingt, in der Mitte des Wählerspektrums ihr

Reservoir – im wesentlichen auf Kosten der Union – voll auszuschöpfen, kann es mit den Grünen zusammen für eine Mehrheit reichen. Ein sogenanntes Modell »Rot-Grün« dagegen, bei dem die SPD auch inhaltlich »Arm in Arm« mit der grünen Partei auftritt, führt nur zur Stimmenkonkurrenz zwischen diesen beiden Parteien. Die Folge davon ist entweder, daß die Freien Demokraten wieder erstarken, oder daß die Chancen der Union steigen, die absolute Mehrheit zu erringen.

4
Von Kommunisten und
»demokratischen Sozialisten«

Von geringerer Bedeutung für die Position der Sozialdemokraten im deutschen Parteiengefüge ist die Partei des Demokratischen Sozialismus (PDS), die am 16./17. 12. 1989 in Berlin als Nachfolgeorganisation der früheren kommunistischen SED (Sozialistische Einheitspartei Deutschlands) gegründet worden ist. Sie hat es zwar inzwischen verstanden, sich als eine Art Heimatpartei für die Bundesbürger aus den Gebieten der ehemaligen DDR zu empfehlen, im übrigen Bundesgebiet tendiert ihr tatsächliches Gewicht aber eher gegen Null. Hinzu kommt, daß ihre Programmatik in zahlreichen Punkten nebelhaft geblieben und vor allem aus Positionen zusammengewürfelt ist, die von Grünen und Sozialdemokraten abgekupfert sind.

Nachdem seit dem Sommer 1994 in Sachsen-Anhalt eine rotgrüne Minderheitsregierung von der PDS mehr oder weniger offen geduldet wird, ist die Frage heftig umstritten, ob diese Partei als möglicher Koalitionspartner für die Sozialdemokraten in Betracht kommt. Diese Diskussionen haben im Frühjahr 1996 neue Nahrung erhalten durch die Entwicklung in Mecklenburg-Vorpommern, wo die SPD-Führung – trotz großer Koalition mit der CDU – immer wieder Gemeinsamkeiten mit der PDS entdeckt. Es ist unverkennbar, daß die Unionsparteien aus jeder Art der Zusammenarbeit von SPD und PDS taktisches Kapital zu schlagen versuchen. Ihnen geht es darum, die SPD einer Komplizenschaft mit ehemaligen Kommunisten zu verdächtigen, um ihr auf diese Weise die demokratische Zuverlässigkeit abzusprechen.

Ein solcher Vorwurf, mit dem schon in den fünfziger Jahren Konrad Adenauer die SPD zu treffen versuchte, ist jedoch gänzlich unbegründet. Den Parteien der Bonner Regierungskoalition fehlt dazu schon deswegen die Berechtigung, weil sie die entsprechenden Blockparteien aus der DDR-Zeit nach der Wiedervereinigung finanziell und personell vollständig aufgesogen haben und aus deren Reihen heute noch etliche Abgeordnete im Deutschen Bundestag sitzen, die in den Jahren zuvor den »Eisernen Vorhang« lautstark gerechtfertigt hatten. Hinzu kommt, daß gerade die Sozialdemokratie von den Kommunisten stets mit besonderer Schärfe bekämpft worden ist; viele ihrer Funktionäre wurden unter kommunistischen Regimen – auch in der DDR – verfolgt und eingesperrt. In der Sowjetunion der Stalin-Zeit galt »Sozialdemokratismus« als die schwerste ideologische Verfehlung – mit allen bekannten Folgen für Leib und Leben der so Verfemten.

Ein Mangel an rechtsstaatlicher und demokratischer Gesinnung kann der SPD nicht ernsthaft angelastet werden. Wer die Frage der Koalitionsfähigkeit der PDS vorurteilsfrei erörtern will, muß sich zunächst klarmachen, daß zumindest die beiden Hauptgründe, die in der Vergangenheit eine Zusammenarbeit mit Kommunisten ausschlossen, für diese Partei nicht zutreffen. Die PDS in der Bundesrepublik

- ist zum einen demokratisch legitimiert, weil ihre Volksvertreter wie die der anderen demokratischen Parteien aus freien, gleichen und geheimen Wahlen hervorgegangen sind und
- verfolgt zum anderen nicht das Ziel, die freiheitlich-demokratische Grundordnung in Deutschland zu beseitigen. Wer daran Zweifel hegt, muß den Weg des Artikel 21 Abs. 2 des Grundgesetzes beschreiten. Nach dieser Bestimmung hat darüber in Deutschland allein das Bundesverfassungsgericht zu befinden. Solange eine entsprechende Entscheidung nicht vorliegt, darf eine politische Partei in ihrer Tätigkeit nicht beeinträchtigt werden.

Allein diese formale Betrachtungsweise hilft aber nicht weiter. Jede Koalition bedeutet immer auch ein Stück politischer Legitimierung durch den Koalitionspartner. Deshalb ist in Deutschland bisher auch eine Koalition mit den rechtsextremen Republikanern genauso wie in früheren Jahren mit der NPD (Nationaldemokratische Partei) stets abgelehnt worden. Im Hinblick auf die PDS ist die Situation allerdings schwieriger. Zum einen ist unverkennbar, daß sich die Führungsriege der Partei deutlich von kommunistischen und totalitären Zielen abgesetzt hat und daß dies auch in ihrem Programm zum Ausdruck kommt. Zum anderem wird die PDS von einem nicht unerheblichen Teil der Bevölkerung in den neuen Bundesländern gewählt, und der würde sich im deutsch-deutschen Integrationsprozeß erneut vor den Kopf gestoßen fühlen, wenn die Partei seiner Wahl im parlamentarischen Kräftespiel ausgeschlossen bliebe.

Es ist auch nicht zu erwarten, daß sich das Problem der PDS durch Zeitablauf gewissermaßen von selbst lösen wird. Bei der Bundestagswahl am 6. 10. 1994 hatten überdurchschnittlich viele jugendliche Erstwähler der PDS ihre Stimme gegeben. Daran wird deutlich, daß diese Partei nicht nur von DDR-Nostalgie und von unbelehrbaren Kommunisten lebt, sondern daß sie in besonderer Weise das Selbstwertgefühl der Bürger in den neuen Bundesländern anspricht.[12]

Trotzdem würde zum gegenwärtigen Zeitpunkt eine Koalition aus Sozialdemokraten und PDS als falsches Signal einer angeblichen Zusammenarbeit mit Kommunisten mißgedeutet und mißverstanden werden. Deshalb kann ich der SPD mindestens auf Bundesebene vorläufig nur zur Zurückhaltung gegenüber der PDS raten.

Auf der kommunalen Ebene, auf der die Spielregeln von Koalitionen im eigentlichen Sinne ohnehin nur begrenzt anwendbar sind, gibt es in Ostdeutschland schon heute vielfältige Formen der Zusammenarbeit, jedenfalls zwischen PDS und SPD. Die CDU weist dieses Ansinnen zwar gegenwärtig immer noch weit von sich – genauso wie sie dies jahrelang im Hinblick auf die grüne Partei getan und letztlich nicht durchgehalten hat. Es ist nach meiner Einschätzung jedoch nur eine Frage der Zeit, wann es auf kommunaler Ebene in den neuen Bundesländern auch zu einer offiziellen Zusammenarbeit zwischen PDS und CDU kommen wird.

Zu dem Regierungsbündnis in Sachsen-Anhalt habe ich mich im Sommer 1994 bereits kritisch geäußert. Meine Vorbehalte damals waren vor allem darin begründet, daß die rot-grüne Koalition in Magdeburg nicht über eine parlamentarische Mehrheit verfügte. Da man sich zu einer – wenn auch nur begrenzten – Zusammenarbeit mit der PDS nicht offen bekennen mochte, drohte die Gefahr der politischen Handlungsunfähigkeit, was wegen der besonders dringenden wirtschaftlichen Umstrukturierung gerade in Sachsen-Anhalt nicht zu vertreten gewesen wäre. Mittlerweile hat man dort jedoch zwischen der rot-grünen Koalition einerseits und der PDS andererseits zu einer Art Duldungskooperation gefunden, die offenbar ein ziemlich reibungsloses Regierungshandeln gestattet. Welche Anziehungskraft dieses »Magdeburger Modell« auf die Wähler hat, wird erst die nächste Landtagswahl zeigen.

Insgesamt gesehen wird sich die SPD in Ostdeutschland in den nächsten Jahren nicht jeder Form einer Zusammenarbeit mit der PDS entziehen können. Dies sollte aber auf Ausnahmefälle beschränkt und unterhalb der Ebene einer formalen Koalitionsbildung bleiben. Verheerend wäre es, wenn – wie in bezug auf die Grünen – der Eindruck entstünde, die PDS würde zum Wunschpartner für die Sozialdemokraten!

5
Die SPD hat ihre Schuldigkeit getan,
die SPD kann gehn?

Trotz aller Widersprüchlichkeiten und trotz des oft beklagten Mangels an ideologischer Folgerichtigkeit war die Sozialdemokratie in Deutschland die bei weitem erfolgreichste politische Bewegung unseres Jahrhunderts. Fast alles von dem, für das die Väter der Arbeiterbewegung seit hundert Jahren gestritten und zum Teil gelitten haben, ist heute bei uns nahezu selbstverständliche politische Wirklichkeit:

- Die Arbeiterschaft ist in einem früher nicht vorstellbaren Maße an den Erträgen der Volkswirtschaft beteiligt. Seit dem Ende des Zweiten Weltkrieges haben sich die durchschnittlichen Löhne der Industriearbeiter in Deutschland nominal von 1,39 DM im Jahre 1950 auf 24,66 DM im Jahre 1994 rund verzwanzigfacht und in der gleichen Zeit real, d. h. unter Berücksichtigung der Inflation, fast vervierfacht. Rund 40 Prozent der Arbeitnehmer besitzen ein Eigenheim, und viele verfügen über ein nicht unerhebliches Sparkonto.
- Die Arbeitnehmer sind gesellschaftlich anerkannt und haben weitgehende Mitwirkungs- und Mitbestimmungsrechte nicht nur in den Fragen des technischen Betriebsablaufs, sondern bei großen Kapitalgesellschaften auch in den unternehmerischen Leitungsorganen.
- Ein differenziertes soziales Sicherungssystem schützt die Beschäftigten bei Krankheit, Alter, Invalidität und Arbeitslosigkeit vor wirtschaftlicher Not.

- Die Chancengleichheit im Bildungssystem ist weitgehend für alle gesellschaftlichen Schichten verwirklicht, und ein reichhaltiges Bildungsangebot steht für alle denkbaren Ansprüche zur Verfügung.
- Die Freiheitsrechte des einzelnen sind durch die Verfassung verbürgt, das Verwaltungshandeln der Behörden und Eingriffe der Polizei sind streng an rechtsstaatliche Schranken gebunden, und unabhängige Gerichte sorgen für einen umfassenden Rechtsschutz.

Die Erfolgsbilanz sozialdemokratischer Politik ist um so erstaunlicher, als die Partei seit dem Anfang der demokratischen Regierungsform in Deutschland zumindest auf Reichs- und Bundesebene die meiste Zeit auf den Oppositionsbänken zugebracht hat. Ihr ist es also gelungen, viele ihrer politischen Ideen auch ohne aktive Regierungsbeteiligung durchzusetzen. Die Sogwirkung sozialdemokratischer Ideen war so stark, daß sich auch die anderen politischen Kräfte ihr auf Dauer nicht entziehen konnten. So wird heute vieles als bare Selbstverständlichkeit angesehen, was vor Jahrzehnten noch heftig umstritten war und teilweise als Gleichmacherei und anderes Teufelswerk diffamiert wurde.

Der bekannte FDP-Politiker und frühere EG-Kommissar Ralf Dahrendorf hat schon in einer Schrift aus dem Jahre 1983 von dem sozialdemokratischen Jahrhundert gesprochen, das hinter uns liege. Damit wollte er zum Ausdruck bringen, daß auch nach seiner Einschätzung die Sozialdemokratie die prägende politische Kraft unseres Jahrhunderts gewesen ist.[13] Dahrendorf zieht daraus allerdings den Schluß, daß die SPD ihre historische Aufgabe inzwischen erfüllt habe und für die Zukunft überflüssig geworden sei.

Die entscheidende Frage für die SPD lautet deshalb, welche Rolle sie sich selbst im Spektrum der politischen Kräfte der Zukunft zumißt. Es ist in der Tat nicht zu bestreiten, daß viele gesellschaftspolitische Forderungen, die über Jahrzehnte Markenzeichen sozialdemokratischer Politik waren, heute im wesentlichen durchgesetzt sind – jedenfalls soweit dies bei Anlegung vernünftiger Maßstäbe realisierbar erscheint.

Das paradoxerweise infolge dieser Erfolgsbilanz entstandene Gefühl der inhaltlichen Leere hat die Partei seit dem Ende der siebziger Jahre immer mehr erfaßt. Nachdem es unter dem ehemaligen Bergarbeiterführer und ersten Bundesarbeitsminister der sozialliberalen Ära, Walter Arendt, bis zur Mitte der siebziger Jahre noch zu einem bis dahin nie erlebten Aufschwung sozialpolitischer Reformen gekommen war, zeigte sich danach immer deutlicher, daß die sozialpolitische Karte, die stets das Herzstück sozialdemokratischer Politik gewesen ist, ausgereizt war. Weitere Leistungssteigerungen auf diesem Sektor waren nicht mehr bezahlbar, aber auch angesichts der immer stärker auftretenden Mißbräuche nicht mehr durchsetzbar. Seitdem ist selbst in der sozialdemokratischen Anhängerschaft das Feuer der Begeisterung für einen weiteren Ausbau der sozialen Sicherungssysteme erloschen, und im Lager der Sozialpolitiker herrscht Unsicherheit und Ratlosigkeit. Dazu hat die hartnäckige Arbeitslosigkeit, die entgegen allen politischen Versprechungen immer weiter um sich greift, ein übriges getan.

Der Niedergang des sozialpolitischen Reformeifers war zugleich der Anfang vom Ende der gesamten herkömmlichen Programmatik der SPD. Dieser Prozeß wurde in den Folgejahren noch durch zwei andere Faktoren massiv verstärkt, die schon beschrieben worden sind: einmal durch das Ende der weltweiten Systemkonkurrenz und durch den damit verbundenen Wegfall der Position des dritten Weges zwischen Kapitalismus und Marxismus und zum anderen durch die sich immer deutlicher abzeichnenden Grenzen der ökologischen Belastbarkeit unserer Erde.

Insgesamt wurde dadurch eine programmatische Verunsicherung der Partei ausgelöst, die zu einer Lähmung in vielen politischen Grundsatzpositionen führte. Darüber kann alle Betriebsamkeit in der politischen Verlautbarungspraxis und in der Exekutive auf Länder- und Kommunalebene nicht hinwegtäuschen. In den wichtigen und drängenden politischen Fragen war die

SPD weitgehend bewegungsunfähig geworden, und dort, wo weltweite neue Herausforderungen eine Stellungnahme erzwangen, kam es zu dem berühmten »Moratoriums-Nein«, also zu einer Ablehnung, mit der man vor allem Zeit gewinnen will, weil eine wie auch immer geartete Entscheidung in der Sache vorerst nicht erzielt werden kann.

Die Folge davon war, daß die politische Entwicklung in vielen wichtigen Punkten über die SPD hinwegging. Das wurde mir persönlich zum ersten Mal in vollem Umfang bei den parteiinternen Beratungen über die bevorstehende deutsche Wiedervereinigung deutlich. Ich erinnere mich noch sehr genau an eine fast gespenstisch anmutende Sitzung des Bundesvorstandes der Partei im Herbst 1989 in Bonn. In ihr sprach sich außer mir nur der frühere Bundesminister und ehemalige Hamburger Bürgermeister Klaus von Dohnanyi mit Nachdruck dafür aus, in der aufgewühlten politischen Lage jener Wochen auch das Ziel der deutschen Wiedervereinigung ins Auge zu fassen und jede sich bietende Chance dafür zu nutzen. Im Gegensatz dazu wirkten die meisten der übrigen Diskussionsteilnehmer, als breche für sie eine Welt zusammen, und sie versuchten mit vielen Worten zu begründen, warum auch künftig zwei deutsche Staaten vorzuziehen seien.[14] Glücklicherweise hat Willy Brandt, der in der fraglichen Vorstandssitzung nicht anwesend war, mit seinem demonstrativen Patriotismus und mit seinem bekannten Satz »Jetzt wächst zusammen, was zusammengehört« allen Diskussionen darüber innerhalb der SPD den Boden entzogen und die Partei damit vor einer historischen Blamage bewahrt.

Ähnlich hilflos reagierte die Partei bei der Beurteilung der militärischen Intervention gegen den Irak im sogenannten Golfkrieg im Januar 1991, in der schon mehrfach angesprochenen Asylbewerberfrage und bei der quälenden Prozedur um den Einsatz der Bundeswehr im Rahmen der Vereinten Nationen. Selbst nach den verheerenden Wahlniederlagen im Herbst 1995 entbrannte ein neuer Streit darum, ob der »Fahrplan« zur Europäischen Währungsunion von der SPD voll mitgetragen werden solle oder nicht.

Aus dieser tiefen programmatischen Krise der Sozialdemokratie gibt es nur zwei Auswege:

- Entweder: Die SPD folgt dem nordamerikanischen Modell. Dies bedeutet tendenziell, daß die programmatische Unterscheidbarkeit immer nebensächlicher wird. Der politische Wettbewerb richtet sich im wesentlichen nur noch auf die Frage, welche Partei die überzeugenderen Persönlichkeiten zu bieten hat. Bei Wahlen spielt gewissermaßen Mannschaft A gegen Mannschaft B, aber auf prinzipielle Unterschiede zwischen beiden kommt es nicht an.
- Oder: Die SPD schafft den Kraftakt, die Position einer linken Volkspartei unter den gewandelten gesellschaftlichen und weltwirtschaftlichen Bedingungen neu zu definieren. Das wird allerdings nur gelingen, wenn die Partei konkret beschreiben kann, welches ihre unverwechselbaren Kennzeichen sind und was für sie moderne Fortschrittlichkeit bedeutet.

Obwohl die erste Alternative sicherlich dem gegenwärtigen Politikbetrieb einer medien- und personenorientierten Diskussion politischer Streitfragen am meisten entspräche, glaube ich nicht, daß ein solcher Weg für die deutsche Sozialdemokratie gangbar wäre. Er widerspräche diametral ihrem bisherigen Selbstverständnis und ihrer Tradition. Er wäre im übrigen ein Verrat an der Idee der sozialen Gerechtigkeit, die auch für die Zukunft noch für viele Millionen Menschen von existentieller Bedeutung ist. Und es wäre ein Verlust an politischer Kultur, wenn der Wettbewerb der Ideen um das wünschenswerte Bild der künftigen Gesellschaft eingestellt würde.

Wenn die SPD auch weiterhin ihrer historischen Rolle gerecht werden will, ist es ihre Aufgabe, so schnell wie möglich zumindest das Gerüst eines der heutigen gesellschaftlichen Lage entsprechenden Programms zu entwerfen und auf seiner Basis den politischen Wettbewerb neu zu eröffnen. Eine solche programmatische Neuorientierung muß von der Erkenntnis ausgehen, daß die Sozialdemokratie in Zukunft nur dann das Vertrauen der Bürger behalten oder erringen wird, wenn diese ihr zutrauen, daß sie die Welt, in der wir leben, menschlicher gestalten will und kann als die konkurrierenden politischen Kräfte. Das ist allerdings ein sehr allgemeiner Maßstab, der im Einzelfall zu konkretisieren ist. Dafür gibt es keine Patent- und erst recht keine dogmatische Lösung. Die Hoffnungen auf ein geschlossenes politisches System oder auf eine umfassende politische Doktrin sind ohnehin zerstoben. Die beiden großen Ideologien unseres Jahrhunderts, der Kommunismus und der Faschismus, sind furchtbar gescheitert und haben Hekatomben von Blut gefordert. Daraus folgt als wichtigste Voraussetzung: Das Programm der Zukunft muß ein offenes Programm sein.

Die Frage, welche politische Alternative mehr Menschlichkeit für unsere Gesellschaft verspricht, muß in allen einzelnen Sachbereichen – unter Umständen nach einem mühsamen Willensbildungsprozeß – durchdekliniert werden. Dabei werden auch gegenläufige Interessen der verschiedenen beteiligten Gruppen eine erhebliche Rolle spielen. Das schwierige politische Geschäft, im Widerstreit der differierenden Interessen Prioritäten zu setzen, kann der SPD deshalb niemand ersparen.

Entscheidend ist, daß sie sich den Herausforderungen unserer Zeit aufrichtig und mutig stellt. Als Kind der Aufklärung darf sie dabei keinen Zweifel daran aufkommen lassen, daß Politik für sie ein rationaler Deutungs- und Entscheidungsprozeß ist. Leider gewinnt man in jüngster Zeit gelegentlich den Eindruck, daß Politik immer mehr als emotionale Agitation betrachtet wird. Viele Menschen, die im Grunde das Gute wollen, aber ihre immer komplizierter werdende Umwelt nicht mehr voll durchschauen und verstehen können, sind froh, wenn ihnen endlich ein vermeintlicher Bösewicht benannt wird, an dem sie ihren Unmut über die wirklichen oder angeblichen Gefahren auslassen können. Der weltweite Protest im Juni 1995 gegen die beabsichtigte Versenkung der Öllager-Plattform »Brent Spar« im Atlantik durch den Mineralölkonzern Shell ist dafür ein alarmierendes Beispiel. Bedrückend an diesem Ereignis war vor allem, daß sich fast alle großen Rundfunk- und Fernsehsender dieser Welt – öffentlich-rechtliche ebenso wie private – trotz allen Wettbewerbsdrucks einhellig daran beteiligt haben, die Wahrheit zu unterdrücken.

Ähnliche emotionale Entladungen kann man auf unterer Ebene alle Tage beobachten, zum Beispiel bei Aktionen von Bürgerinitiativen gegen Müllverbrennungsanlagen, gegen Verkehrsprojekte oder Industrieansiedlungen. Protestierende und auch engagierte Journalisten wehren sich häufig entschieden und lautstark dagegen, bestimmte Tatsachen und Argumente überhaupt zur Kenntnis zu nehmen – offenbar weil sie fürchten, damit ihren agitatorischen Schwung einzubüßen. Ein solches Verhalten aber hat mit Rationalität nichts mehr zu tun. Der frühere Bundeskanzler Helmut Schmidt hat schon im Oktober 1981 auf einer Funktionärskonferenz der Partei in Bad Godesberg mit großem Nachdruck daran erinnert, daß Politiker »den Bedürfnissen der Agitation niemals den Vorrang vor der Wahrheit geben dürften«. Bei Demonstrationsveranstaltungen unserer Tage fragt man sich jedoch manchmal beklommen, ob das Zeitalter der Rationalität zu Ende geht und ein neues Mittelalter heraufzieht.

Wenn die Sozialdemokratie die Zukunft gewinnen will, wird sie sich in vielen Fragen zu neuen Ufern bewegen müssen. Dabei muß sie die Chance nutzen, sich von alten programmatischen Hypotheken zu lösen und den Schritt der »Befreiung zur Realität« zu wagen.[15] Mit Recht hat der bereits erwähnte Klaus von Dohnanyi darauf hingewiesen, daß die SPD in den letzten Jahren die Wahlen nicht deswegen verloren hat, weil sie sich grundlegend verändert hätte, sondern weil sie sich angesichts des eingetretenen gesellschaftlichen Wandels nicht genug verändert hat.[16]

Bei dem Bemühen um eine neue programmatische Fundamentierung muß die Partei allerdings die Fehler vermeiden, die in der Vergangenheit immer wieder zu Mißverständnissen beigetragen haben. Dabei geht es vor allem um folgende Punkte:

Erstens: Aus der marxistischen Lehre hatte die Sozialdemokratie einen zentralen Irrtum übernommen, die Überzeugung nämlich, der Mensch lasse sich durch Umgebung und Erziehung in seinem Denken und Verhalten ändern. Im Kommunismus sprach man sogar von dem »neuen Menschen«, den man schaffen wolle. Die sozialdemokratischen Vorstellungen von der anzustrebenden gesellschaftlichen Ordnung waren deshalb im Grunde immer von dem Wunsch beseelt, das rivalisierende und egoistische Wesen des Menschen zu korrigieren.[17] Viele weltfremde Debatten der letzten Jahre in der Sozial- und Bildungspolitik sind wohl nur dadurch zu erklären – ebenso wie die gelegentliche Blindheit gegenüber den Realitäten in der früheren DDR. Die Sozialdemokratie kann aber ihrem Auftrag, eine auf Freiheit und Vernunft begründete Gesellschaftsordnung herbeizuführen, nur gerecht werden, wenn sie ihren Überlegungen ein Menschenbild zugrunde legt, das der nüchternen Wirklichkeit entspricht. Von Konrad Adenauer, dem ersten Bundeskanzler nach dem Zweiten Weltkrieg, ist der Ausspruch überliefert: »Man muß die Menschen nehmen, wie sie sind; es gibt keine anderen.«

Zweitens: Auf Markt und Wettbewerb als unverzichtbare Steuerungselemente einer modernen Wirtschaftsordnung ist die SPD seit dem Godesberger Programm ausdrücklich festgelegt. Trotzdem waren in den letzten 25 Jahren die wirtschaftspolitischen Debatten innerhalb der Partei durch ein latentes Mißtrauen und durch ständige Vorbehalte gegen die marktwirtschaftlichen Mechanismen gekennzeichnet. Damit darf sich die SPD in Zukunft nicht mehr belasten, und sie sollte auch mit der Wettbewerbswirtschaft ihren inneren Frieden machen. Diese Ordnung hat sich in den vergangenen Jahrzehnten nicht nur als überaus dynamisch und leistungsfähig erwiesen, sondern sie hat auch bei neuen sozial- und umweltpolitischen Herausforderungen alle anderen Wirtschaftssysteme an Anpassungsfähigkeit bei weitem übertroffen. Wer die Marktwirtschaft bejaht, muß allerdings auch die unternehmerische Funktion als wichtigen und notwendigen Bestandteil dieser Ordnung anerkennen. Er muß zudem die

Dezentralisierung, die durch die Autonomie vieler tausend einzelner Unternehmenseinheiten gewährleistet wird, nicht als notwendiges Übel tolerieren, sondern als ein Stück Freiheit begrüßen. Das enthebt in der Politik allerdings niemanden der Verpflichtung, auch künftig darüber nachzudenken, welche weiteren Verbesserungen an dem bestehenden Ordnungssystem möglich und nötig sind, um der Forderung nach mehr Menschlichkeit in der Wirtschaft gerecht zu werden.

Drittens: Bei den innerparteilichen Beratungen muß die SPD Abschied nehmen von der bequemen Gewohnheit, es allen und jedem recht machen zu wollen. Die ausschließlichen Maßstäbe für das politische Wollen müssen einerseits die Interessen der Bürger und andererseits die gesellschaftlichen Realitäten sein, wie wir sie gegenwärtig vorfinden oder wie wir sie bei aller menschlichen Bescheidenheit für die Zukunft zu erkennen glauben. Die Übereinstimmung mit der bisherigen Beschlußlage der Partei oder mit der Auffassung von Untergliederungen kann nicht entscheidend sein. Bei der bestehenden inhaltlichen Zerklüftung wird deshalb der innerparteiliche Willensbildungsprozeß in Zukunft nicht ohne harte Auseinandersetzungen und ohne schmerzliche Mehrheitsentscheidungen zu bewältigen sein. Insofern wird sich jetzt rächen, was jahrelang an innerparteilicher Klarheit und Aufrichtigkeit versäumt worden ist.

53

II
Aufruf zu einem radikalen Neubeginn

6
Der endgültige Abschied
vom Wirtschaftswachstum

Der wichtigste Punkt, in dem die Sozialdemokratie ihre Programmatik gegenüber allem Bisherigen vollständig und gründlich ändern muß, ergibt sich aus der Notwendigkeit, die natürlichen Lebensgrundlagen unserer Erde zu bewahren. Seit dem Beginn der Industrialisierung ist die Wirtschaftspolitik über alle Partei- und Staatsgrenzen hinweg eine Politik des Wachstums der Wirtschaft gewesen. Ohne die gewaltigen Produktivitätssteigerungen der Volkswirtschaften im letzten Jahrhundert wäre es auch nicht gelungen, das soziale Elend der Arbeitermassen in den aufstrebenden Industriestaaten zu lindern und den heute breiten Bevölkerungsschichten zugänglichen Wohlstand zu erreichen. Weder die Hilfen für die sogenannten Entwicklungsländer noch die Bezwingung von Seuchen und Krankheiten, weder der Ausbau der weltweiten Verkehrs- und Informationssysteme noch das breit gefächerte Angebot von Bildung und Kultur wären ohne die hohe wirtschaftliche Leistungsfähigkeit möglich gewesen. Deshalb gab es zur Politik des Wirtschaftswachstums keine Alternative. Für den Erfolg der Wirtschaftspolitik wurde es in den öffentlichen Diskussionen sogar zum entscheidenden Kriterium, ob und in welchem Maße das Bruttosozialprodukt, also die Summe aller Produkte und Dienstleistungen, gewachsen war.

Trotz der eindrucksvollen Erfolgsbilanz der wirtschaftlichen Entwicklung seit dem Beginn des technischen Zeitalters rücken seit rund 25 Jahren die damit zusammenhängenden ökologischen Risiken und Belastungen immer stärker ins allgemeine Bewußtsein. Theoretisch hätte uns allen schon von Anfang an klar sein müssen, daß jedes System, das auf ständiges Wachstum ausgerichtet ist, irgendwann kollabieren muß, weil alle Ressourcen in unserer realen Welt endlich sind. Auf einem begrenzten Raum ist ein unbegrenztes Wachstum nicht möglich. Das bedeutet, wie es der schon erwähnte Bericht des »Club of Rome« im Jahre 1973 ausgedrückt hat, daß unser Produktionswachstum letzten Endes ein »Wachstum zum Tode« ist.

Aus dieser Erkenntnis sind bisher in der Politik keine praktischen Konsequenzen gezogen worden – weder in Deutschland noch in den anderen Industriestaaten. Das Problem wird weitgehend verdrängt, vielleicht in der stillen Hoffnung, daß die Natur in ferner Zeit schon selbst wieder für einen Gleichgewichtszustand sorgen werde. Einstweilen jedenfalls vertraut man trotz aller inzwischen eingetretenen Skepsis weiterhin auf die Technik als Allheilmittel, das auch für die ökologischen Herausforderungen wirksame Lösungen bieten werde.

In der Tat ist es der Umweltpolitik der letzten Jahre in vielen Einzelbereichen gelungen, besonders gravierende Belastungen mit Hilfe der Technik durch Produktionsverbote oder -auflagen zu mildern oder zu beseitigen. Herausragende Beispiele dafür sind:

- die Einführung der phosphatfreien Waschmittel,
- das weltweite Verbot des Unkrautvernichtungsmittels DDT,
- die Entstaubung der Stahlwerke,
- der Übergang zum bleifreien Benzin,
- die Reduzierung des Schwefeldioxyds bei industriellen Verbrennungsprozessen und insbesondere bei Kraftwerken durch sogenannte Rauchgasentschwefelungsanlagen,
- die Verminderung der Stickoxyde durch den Einbau von Katalysatoren in Kraftwerken und Automobilen und schließlich
- die Vermeidung der Dioxinbildung durch eine exaktere Steuerung der Verbrennungstemperaturen vor allem bei Müllverbrennungsanlagen.

Trotz der teilweise spektakulären Erfolge, die auf diese Weise in einigen Sektoren erzielt werden konnten, treten inzwischen die Grenzen aller umweltpolitischen Bemühungen immer deutlicher zutage. Auch die ausgefeilteste Technik kann die Naturgesetze nicht aufheben. So ist mit jeder Verbrennung fossiler Energieträger (Kohle, Erdgas, Mineralöl) naturgesetzlich und unentrinnbar die Entstehung von Kohlendioxyd verbunden, das durch keine Apparatur abgefiltert werden kann. Mit jedem Bauvorhaben wird, auch wenn man es unter den strengsten Umweltauflagen durchführt, die natürliche Erdoberfläche um ein weiteres Stück verringert. Und je mehr Menschen die verbliebenen Naturreservate nutzen, um so mehr wird der natürliche Lebensraum von Pflanzen und Tieren geschädigt oder beseitigt.

Die konservative Wirtschaftspolitik ignoriert diese Konsequenzen. Sie nutzt zwar im Rahmen des finanziell Möglichen die Chancen umwelttechnischer Verbesserungen im einzelnen, setzt im übrigen aber weiter voll auf Wirtschaftswachstum und die damit verbundenen Einkommenssteigerungen. Bezeichnend ist in diesem Zusammenhang auch das Verhalten der Bundesregierung auf dem Umweltgipfel im Juni 1992 in Rio de Janeiro. Zwar hat der Bundeskanzler dort zugesagt, in Deutschland den Ausstoß von Kohlendioxyd bezogen auf das Jahr 1987 um 25 Prozent bis zum Jahre 2005 zu verringern.[18] Diese Ankündigung wird jedoch, wenn sie überhaupt eingehalten werden kann, zu einem erheblichen Anteil erfüllt durch ohnehin vorgesehene Stillegungen oder Umstrukturierungen von veralteten Produktionsaggregaten auf dem Gebiet der ehemaligen DDR. Im übrigen sind aber – von einigen eher nebensächlichen umweltpolitischen Maßnahmen abgesehen – keine konkreten Absichten der Bundesregierung zu erkennen, in den beiden wichtigsten Sektoren, nämlich dem Straßenverkehr und der Stromerzeugung, eine spürbare Reduzierung der Kohlendioxydbelastung durchzusetzen.

Die einzige Alternative zum »Weiter so« der Konservativen liefert bisher die Politik der Grünen. Sie setzt auf Technikfeindlichkeit,

Investitionsbehinderung und bürokratische Gängelei. So will die Partei Bündnis 90/Die Grünen zum Beispiel eine Erprobung und Nutzung der Gentechnologie im Hinblick auf die damit verbundenen Risiken nicht zulassen. Die Folge davon wird sein, was heute wegen der zögerlichen Genehmigungspraxis in Deutschland ohnehin schon weitgehend eingetreten ist, daß gentechnisch hergestellte Medikamente bei uns zwar verschrieben und eingenommen, aber im Ausland hergestellt werden. Wenn aber tatsächlich mit dieser neuen Technologie Gefahren verbunden sein sollten, werden sie nicht im mindesten dadurch verringert, daß der Produktionsstandort nicht in Aachen, sondern in Lüttich liegt.

In Nordrhein-Westfalen versuchen die Grünen mit aller Gewalt den künftigen Abbau der Braunkohle zu verhindern, obwohl es sich dabei um den einzigen preiswerten heimischen Primärenergieträger zur Erzeugung von elektrischem Strom handelt. Der von ihnen zur Begründung immer wieder vorgebrachte Hinweis, es müsse mehr Energie eingespart und mehr regenerative Energie (Wind, Wasserkraft, Biomasse) genutzt werden, liegt schon deswegen neben der Sache, weil sich in diesem Bemühen ohnehin alle einig sind und weil eventuelle Einsparpotentiale – wenn sie denn realisierbar wären – jedenfalls eher zu Lasten der teureren Steinkohle oder der riskanteren Kernenergie eingesetzt werden müßten. Das Ergebnis der grünen Braunkohlepolitik könnte deshalb nur sein, daß die entsprechende Strommenge jenseits der Landesgrenzen aus Kernenergie oder Importsteinkohle erzeugt wird. Auch in letzterem Fall wird unter dem Strich die Umweltbilanz nicht wesentlich verbessert, weil bei der Verbrennung von Braunkohle die Kohlendioxydemissionen nur geringfügig höher sind als bei Steinkohle.

Die Müllverbrennung wird von der Partei Bündnis 90/Die Grünen ebenso kategorisch abgelehnt. Inzwischen ist jedoch nicht mehr zu bestreiten, daß die thermische Verwertung des Mülls zumindest in städtischen Ballungsgebieten die vernünftigste aller denkbaren Lösungen darstellt. Dadurch wird das Volumen der Abfallstoffe auf einen Bruchteil reduziert, und ein großer Teil der bei der Produktion aufgewendeten Energie kann zurückgewonnen werden. Im übrigen sind die Verbrennungsprozesse inzwischen derartig präzise steuerbar, daß sich die damit verbundenen Schadstoff-Emissionen – auch durch Dioxin – voll im Rahmen des Zulässigen und Verantwortbaren halten. Müllverbrennungsanlagen, die nach dem heutigen Stand der Technik betrieben werden, sind sogar zu »Dioxin-Senken« geworden, das heißt, die Dioxin-Belastung durch die Verbrennung ist geringer als durch den Müll (chlorgebleichtes Papier, Kunststoffgehäuse) vorher. Trotzdem sind die Grünen nicht bereit, ihre einmal eingenommene Position angesichts der neueren Erkenntnisse zu korrigieren. Sie haben vor Ort vielfach mit den protestierenden Bürgerinitiativen gemeinsame Sache gemacht und werden jetzt die Geister nicht mehr los, die sie zuvor gerufen haben.

Alle ernstzunehmenden politischen Kräfte in Deutschland sind sich inzwischen darüber einig, daß die Zeit großer Straßenbaumaßnahmen vorbei ist. Das ändert freilich nichts an der Tatsache, daß an einigen Stellen noch dringend Umgehungsstraßen oder Autobahnergänzungen nötig sind. Auch dagegen setzen sich jedoch die Grünen vehement zur Wehr, selbst wenn die Bewohner in den betreffenden Ortschaften von nicht abreißenden Autoschlangen gequält und gesundheitlich belastet werden. »Rien ne va plus« (Nichts geht mehr) ist offenbar die einzige Devise grüner Verkehrspolitik. Darüber hinaus soll den Bürgern mit rigorosen Geschwindigkeitsbegrenzungen und weitgehenden Verkehrsbeschränkungen in den Innenstädten der Spaß am Autofahren verleidet werden.

Schon diese wenigen Beispiele machen deutlich, daß die Politik der Grünen nicht die angemessene Antwort auf die großen ökologischen Herausforderungen unserer Zeit sein kann. Die Umweltpolitik der Zukunft kann nicht darin bestehen, den gerade vorgefundenen Zustand der technischen Entwicklung einzufrieren und alle neuen Erkenntnisse und Vorhaben zu blockieren oder zu behindern. Wir brauchen auch in Zukunft technologische Quantensprünge. Zur Bewältigung der vor uns liegenden Schwierigkeiten ist nicht weniger, sondern mehr technische

Innovation nötig, gerade auch in der Chemie und in der Biotechnologie. Der »Ökochonder« darf nicht zum politischen Leitbild werden.[19]

Die Politik der Grünen ist auch in ökologischer Hinsicht letztlich nicht effektiv. Sie beruhigt vielleicht das eigene Gewissen und kann im Einzelfall Investitionen verhindern oder verzögern. An dem Grundtatbestand ändert sie aber nichts. Die Verhinderung eines neuen Braunkohlentagebaues bringt nichts, solange der Stromverbrauch nicht um eine Kilowattstunde gesenkt wird, und das Verzögern einer neuen Umgehungsstraße ist ökologisch sogar schädlich, wenn der Autoverkehr in gleichem Umfang fortgesetzt wird, weil dadurch viele Kraftfahrzeuge lediglich länger im Stau stehen oder im unteren Gang gefahren werden müssen.

Trotzdem spüren immer mehr Menschen in den Industrieländern, daß wir vor einer tiefgreifenden Wende stehen. Der blinde Glaube an den »Fortschritt« gerät ins Wanken. Das Ende der Naivität kündigt sich vor allem dadurch an, daß uns inzwischen unsere eigenen Kinder vorwerfen, zu lange tatenlos zugesehen zu haben. Sie sind es ja auch, die mit der ökologischen Hinterlassenschaft fertig werden müssen. Bei ihnen ist von großen Hoffnungen auf eine Beglückung der Menschheit ohnehin nichts mehr zu spüren. Wir selbst sehen uns in einer Welt, die leerer und ärmer wird. Das Artensterben nimmt derartig beängstigende Ausmaße an, daß das Verlöschen der belebten Natur und das Verschwinden der Menschheit keine realitätsfernen Horrorszenarien mehr sind, sondern mehr und mehr in den Bereich des Möglichen rücken, und zwar nicht durch das Inferno eines Atomblitzes, sondern durch einen schleichenden, vielleicht schon jetzt nicht mehr aufzuhaltenden Prozeß.

Dabei ist daran zu erinnern, daß dieser Prozeß nur von einem kleinen Teil der Menschheit in Gang gesetzt worden ist, nämlich von den wohlhabenden Industrieländern auf der nördlichen Halbkugel der Erde. Die Folgen dieses Tuns werden aber auch diejenigen mitzutragen haben, die am Zustandekommen des

Verhängnisses nicht mitgewirkt haben, die aber nicht die Macht haben, es rückgängig zu machen. Für uns, die wir die Früchte des industriellen Prozesses in vollen Zügen genießen, ist die Vorstellung bedrückend, daß vielleicht eines Tages unsere Enkel mit Grauen an uns denken, wenn sie das Ende hinnehmen müssen, das wir für sie in Gang gesetzt haben, weil wir nicht bereit waren, an das Leben künftiger Generationen zu denken.[20]

Vor sechzig Jahren habe ich als kleiner Junge meinen Vater auf Spaziergängen oft gefragt, wo eigentlich der Rauch aus den Fabrikschornsteinen bleibe und der Dampf der Eisenbahnlokomotiven, die damals noch lange, weithin sichtbare weiße Wolken hinter sich herschleppten. Mein Vater erklärte dann jedesmal voller Optimismus, die Natur sei so weit und so gewaltig, daß alle Erzeugnisse der Menschen demgegenüber nichtig seien und von der Natur verschlungen würden. Inzwischen hat die industrielle Produktion jedoch derartige Dimensionen angenommen, daß sie die früher unbegrenzt scheinende Pufferwirkung der Natur bei weitem übersteigt. Durch die Abgase und Abwässer von modernen Industriekomplexen können die Wälder ganzer Regionen absterben und Flüsse zu Kloaken werden, in denen alles biologische Leben erstorben ist. Seit die Menschheit existiert, ist ihr Leben über die Jahrtausende hinweg gekennzeichnet durch einen ständigen Kampf gegen die Bedrohungen der Natur. Heute kämpft die Natur ums Überleben gegen das, was die Menschen angerichtet haben.

Es bestehen vielfach auch keine klaren Vorstellungen über das Tempo dieser Entwicklung. Die meisten Grunderscheinungen, die zur Belastung unserer Natur führen, also Industrieproduktion, Energie- und Rohstoffverbrauch, wachsen nämlich nach einem Muster, das die Mathematiker als exponentielles Wachstum bezeichnen. Das Kennzeichnende dabei ist, daß auch die Zunahme bei gleicher Prozentzahl nicht gleich bleibt, sondern mit der steigenden Menge selbst zunimmt. Die Zunahme wächst also immer rascher. Wie schnell exponentielles Wachstum an endgültige Grenzen stößt, zeigt sehr eindrucksvoll ein Beispiel, das in einem französischen Kinderreim besungen wird: Auf einem Teich wächst eine Wasserlilie, deren Größe sich jeden Tag verdoppelt und die den ganzen Teich in dreißig Tagen bedecken und damit alles übrige Leben im Wasser ersticken wird. In diesem Beispiel ist am drittletzten Tag vor dem Ende erst ein Achtel der Wasseroberfläche bedeckt. Niemand käme also zu dieser Zeit auf den Gedanken, darin schon eine Bedrohung zu sehen, weil ja der überwiegende Teil der Wasseroberfläche noch frei ist. Auch am zweitletzten Tag ist erst ein Viertel bedeckt, und selbst am letzten Tag vor dem biologischen Tod ist immer noch die Hälfte der Teichfläche frei. Am allerletzten Tag wächst also genausoviel zu wie in den gesamten neunundzwanzig Tagen zuvor.

»Der endgültig entfesselte Prometheus, dem die Wissenschaft nie gekannte Kräfte und die Wirtschaft den rastlosen Antrieb gibt, ruft nach einer Ethik, die durch freiwillige Zügel seine Macht davor zurückhält, dem Menschen zum Unheil zu werden.« Mit diesem Satz hat der kürzlich verstorbene deutsch-amerikanische Philosoph Hans Jonas sein Werk über das Prinzip Verantwortung eingeleitet. Und er kommt darin zu der »Feststellung, daß die Beschleunigung technologisch gespeister Entwicklung sich zu Selbstkorrekturen nicht mehr die Zeit läßt« und »daß in der dennoch gelassenen Zeit die Korrekturen immer schwieriger, die Freiheit dazu immer geringer werden«[21]. Es ist deshalb dringend erforderlich, daß in der Politik endlich umfassend und grundlegend auf die Bedrohung der Natur geantwortet wird.

Alle Einzelmaßnahmen können zwar hier und da Löcher im Damm stopfen, verhindern aber nicht, daß die Flut immer höher steigt. Wenn beispielsweise den Verbrauchern durch eine energiesparende Technik die Möglichkeit geboten wird, die Betriebskosten ihrer Heizungen oder Waschmaschinen zu senken, so machen sie davon natürlich Gebrauch. Die Umweltpolitiker bejubeln postwendend die dadurch errechenbare Energieeinsparung als ökologischen Erfolg, bedenken aber nicht, daß die so eingesparten Geldbeträge nicht etwa verbrannt oder auf andere

Weise dem wirtschaftlichen Kreislauf entzogen, sondern der Befriedigung neuer Konsumwünsche zugeführt werden, die an anderer Stelle wiederum mehr oder weniger starke Umweltbelastungen auslösen.

Dies läßt sich besonders eindrucksvoll veranschaulichen an unserem beliebtesten, aber auch umweltschädlichsten Konsumgut, dem Automobil. Der Industrie ist es in den letzten Jahren gelungen, Motoren herzustellen, die gegenüber früher bei gleicher Leistung erheblich weniger Kraftstoff benötigen. Trotzdem ist der Gesamtverbrauch an Benzin in Deutschland nicht entsprechend gesunken, sondern hat sich ungefähr auf dem gleichen Niveau gehalten.[22] Die Verkehrsteilnehmer haben nämlich ihren infolge des verringerten Kraftstoffverbrauchs der Fahrzeuge größer gewordenen finanziellen Spielraum dazu genutzt, ihre Autos schneller oder häufiger zu fahren, auf Wagen mit stärkeren Motoren umzusteigen, ein zusätzliches Fahrzeug anzuschaffen oder gar – eine besonders absurde Variante – sogenannte Geländefahrzeuge in Gebrauch zu nehmen. Diese hochbeinigen, allradgetriebenen und chromblitzenden Ungetüme werden aber in aller Regel nicht für land- und forstwirtschaftliche Zwecke – wo es sinnvoll wäre – genutzt, sondern als normale Fortbewegungsmittel im Innenstadt- und Autobahnverkehr, was bei ihrem lastwagenähnlichen Kraftstoffverbrauch allen umweltpolitischen Energiesparbemühungen ins Gesicht schlägt.

An diesem Beispiel wird deutlich, daß der entscheidende Punkt für das Maß der Umweltbelastungen das Konsumverhalten der Bürger ist. Jeder Tausendmarkschein, der den Bürgern zusätzlich zur Verfügung steht und in den Konsum wandert, führt zu einer zusätzlichen Belastung unserer Umwelt, unabhängig davon, ob sich der Verbraucher ein zweites oder drittes Auto zulegt, ob er sich ein zweites Heim im Grünen leistet oder ob er nach Mallorca fliegt. In jedem Fall ist eine Umweltbelastung damit verbunden, die Unterschiede in den ökologischen Auswirkungen der verschiedenen Konsumformen sind lediglich gradueller Natur. Selbst wenn der Bürger, was er allerdings nur in engen Grenzen tut und tun kann, Bildungsangebote oder kulturelle Leistungen davon bezahlt, erhöhen sich durch die zusätzlichen Einnahmen bei den Bildungsanbietern und Kulturschaffenden deren Spielräume für investive und konsumtive Ausgaben, die wiederum die Umwelt belasten.

An dieser Überlegung zeigt sich auch in besonders krasser Weise die Widersprüchlichkeit der grünen Einwanderungspolitik. Wer es wirklich ernst meint mit der Verhinderung weiterer Belastungen unserer Umwelt, kann nicht gleichzeitig dafür eintreten, daß unser Land, das bereits jetzt zu den am dichtesten besiedelten der ganzen Welt gehört, Einwanderer in großer Zahl aus aller Welt aufnehmen soll. Jede Million Menschen mehr in unserem Siedlungsraum bedeutet einen entsprechenden Bedarf an zusätzlichen Wohnungen, den Verkehr von zusätzlichen Kraftfahrzeugen auf unseren Straßen und den Anfall von zusätzlichen Müllbergen.[23] Wer diesen Zusammenhang nicht wahrnehmen oder nicht aussprechen will, verabschiedet sich von rationaler Politik. Die Forderung des sozialdemokratischen Gründungsvaters Ferdinand Lassalle, »Sagen, was ist«, gilt auch heute noch und gilt gerade für sogenannte »sensible« politische Bereiche. Mißtrauen und Vorurteile in der Bevölkerung wachsen vor allem dort, wo nicht ehrlich diskutiert wird.

Auch die sogenannte ökologische Steuerreform darf in ihrer effektiven Auswirkung auf den Umweltschutz nicht überschätzt werden. Diese tiefgreifende Änderung unseres Steuersystems, die von der SPD schon seit längerem gefordert und auch von der Partei Bündnis 90/Die Grünen – allerdings mit einigen Abweichungen – vertreten wird, verfolgt das Ziel, den Verbrauch von Rohstoffen und Energie steuerlich deutlich stärker zu belasten und gleichzeitig die Besteuerung der menschlichen Arbeitsleistung zu vermindern. Selbst wenn aber die Bürger, wie es die Initiatoren dieser Reform beabsichtigen, auf die Verteuerung der Energie mit sparsamerem Verbrauch reagieren, ist zu berücksichtigen, daß dadurch die steuerliche Gesamtbelastung der Bürger gerade nicht angehoben wird, weil die Lohn- und Einkommensteuer Zug um Zug im gleichen Umfang gesenkt wird.

Durch die erhöhte Energiebesteuerung wird also das Konsumverhalten der Bürger eben nicht eingeschränkt, sondern nur umgelenkt, und zwar in Richtung auf einen weniger energieverzehrenden Konsum. Wenn deshalb die Autofahrer als Antwort auf die ökologische Steuerreform und die damit verbundene Verteuerung des Kraftstoffs beispielsweise in großen Scharen unsere Wälder mit Mountainbikes verwüsten und mit Getränkedosen übersäen würden, wäre die ökologische Gesamtbilanz der Maßnahme nicht sehr überzeugend. Trotzdem halte auch ich eine höhere Energiesteuer für richtig und nötig. Die Reduzierung des Energieverbrauchs ist als ökologische Teilmaßnahme mit Sicherheit besonders vordringlich. Im übrigen könnten mit dieser Änderung unseres Steuerrechts gleichzeitig die menschliche Arbeitsleistung verbilligt und energiesparende Investitionen angereizt werden.

Der wichtigste Ansatzpunkt zur Rettung unserer natürlichen Lebensgrundlagen ist eine Begrenzung des Konsums. Alles andere trifft nicht den Kern des Problems. Wer deshalb einen wirksamen Beitrag zur Abwendung der ökologischen Katastrophe leisten will, muß als erstes dafür sorgen, daß die realen Einkommen der breiten Bevölkerungsschichten in den reichen Industrieländern in Zukunft nicht mehr wesentlich wachsen. Damit werden zwar die Umweltbelastungen gegenüber dem gegenwärtigen Zustand nicht verringert, es wird aber verhindert, daß sie weiter ansteigen.

Zwar würde sich das unmittelbar nur für die Wohlstandsregionen dieser Welt auswirken, weil in den Armutsländern ein Quasi-Einkommenstopp weder durchsetzbar noch verantwortbar wäre. Entscheidend ist aber zunächst, daß die Zielmarke, um deren Erreichung die Entwicklungsländer mit zunehmender Aggressivität kämpfen, nicht durch eine fortdauernde Anhebung der Löhne und Gehälter in den Industriestaaten noch ständig weiter heraufgesetzt wird. Erst wenn über ein Einfrieren der Realeinkommen in West- und Mitteleuropa, in Nordamerika und in Japan Einigung erzielt worden ist, müßte in wahrscheinlich jahrelangen weltweiten Konferenzen darüber beraten werden, von welchem Niveau des jeweils erreichten Lebensstandards an auch in den übrigen Teilen der Welt damit begonnen werden könnte, dort den Anstieg der Masseneinkommen zu bremsen.

Ob und wann ein solcher Einkommensstopp in den wohlhabenden Industriestaaten durchzusetzen sein wird, kann heute niemand absehen. Entscheidend ist aber, die Diskussion darüber in Gang zu setzen und eine solche Maßnahme zum Gegenstand des politischen Wollens zu machen. Die Sozialdemokratie kann und muß dazu in Deutschland die Initiative ergreifen. Wenn sie ihrem seit über 100 Jahren selbst gesetzten Anspruch, die Partei des Fortschritts und der Rationalität zu sein, gerecht werden will, gibt es für sie dazu keine Alternative. Sie wäre damit die erste Partei in Deutschland, die einen wirklich umfassenden Beitrag zur Erhaltung der natürlichen Ressourcen unserer Erde leistet. Sie ginge damit in diesem zentralen Bereich wieder in die politische Offensive und geriete nicht mehr in den Verdacht, opportunistisch um die bittere Wahrheit herumzureden. Damit könnte sie gerade bei jungen Menschen neue Kompetenz und Glaubwürdigkeit gewinnen.

Nicht einfach ist allerdings die Frage zu beantworten, wie ein solches Anhalten der Einkommensspirale in Deutschland praktisch verwirklicht werden könnte. Der wichtigste Gestaltungsfaktor für die Löhne und Gehälter ist nach unserer Sozialverfassung der Tarifvertrag. Durch ihn müßte deshalb auch der erste und wichtigste Schritt getan werden. Die Tarifvertragsparteien müßten sich darauf verständigen, für absehbare Zeit und unter bestimmten, von ihnen festzusetzenden Bedingungen die Löhne und Gehälter nur noch im Rahmen der allgemeinen Preissteigerungen anzuheben, also die Realeinkommen konstant zu halten. Dem Gesetzgeber müßte es danach ein leichtes sein, entsprechende Regelungen bei den Beamten und bei den gesetzlich festgelegten Gebühren für die freien Berufe zu treffen. Wenn dann noch die Spitzenverdiener unserer Gesellschaft, also Unternehmensvorstände und vergleichbare Manager der Wirtschaft sowie die Spitzenpolitiker die Selbstverpflichtung übernähmen, ihre

Einkünfte entsprechend zu deckeln, wäre die Macht des Faktischen so groß, daß damit eine flächendeckende Wirkung in unserer Gesellschaft erzielt werden könnte. Natürlich wären danach im Rahmen der individuellen Leistungsentlohnung und des persönlichen Aufstiegs einzelvertragliche Einkommensverbesserungen weiterhin möglich. Das generelle Einkommensniveau würde aber faktisch eingefroren, und das wäre für den beabsichtigten Zweck ausreichend.

Weil aber trotz eines solchen Einkommensstopps noch unternehmerische Initiativen und Produktivitätssteigerungen in den Betrieben möglich und wünschenswert sind, wäre es nicht gerechtfertigt, wenn die infolge der stabilisierten Lohnkosten erzielten wirtschaftlichen Mehrerträge allein den Unternehmenseignern zuflössen. Vielmehr müßten diese Zusatzgewinne abgeschöpft und dafür verwandt werden, die eigentliche soziale Frage der Zukunft zu lösen, nämlich, das unerträgliche Wohlstandsgefälle zwischen den reichen Industrienationen einerseits und den Armutsregionen dieser Welt andererseits abzubauen. Es müßte also für die Unternehmen bei entsprechenden Gewinnsteigerungen eine steuerähnliche Abgabe vorgesehen werden, die einen besonderen Fonds für entwicklungspolitische Infrastrukturverbesserungen speisen könnte. Welche Kriterien für die Abführungsverpflichtung festzulegen wären, müßte man sorgfältig überlegen, damit die Investitionsbereitschaft der Wirtschaft nicht geschmälert wird. Dabei sollte so pragmatisch wie möglich verfahren werden. Vielleicht wäre es sogar empfehlenswert, an der Verwaltung der neuen Fonds die zahlenden Unternehmen maßgeblich zu beteiligen, um ihnen die Zustimmung zu einer solchen Maßnahme zu erleichtern.

Gegen diesen Vorschlag sollte nicht das alte gewerkschaftliche Argument eingewandt werden, damit würden die derzeitigen Einkommenstrukturen festgeschrieben und ein tarifpolitischer Umverteilungseffekt ausgeschlossen. Schon im Jahre 1953 hatte der damalige Chefideologe und Leiter des Wirtschaftswissenschaftlichen Instituts der Gewerkschaften, Victor Agartz, die sogenannte »Expansive Lohnpolitik« begründet, die seit dem Frankfurter DGB-Kongreß im Jahre 1954 zum Leitbild der gewerkschaftlichen Tarifpolitik in Deutschland wurde. Ihr erklärtes Ziel war es, die bestehenden Einkommensrelationen zugunsten der Arbeitnehmer zu verändern. Dies hat sich jedoch – jedenfalls über den Weg der Tarifpolitik – nicht erreichen lassen. Die Einkommen der Arbeitnehmer sind zwar in Deutschland seit den fünfziger Jahren durch die gewerkschaftliche Tarifpolitik rasant gestiegen, die Einkommen der Unternehmer und Kapitalbesitzer haben sich aber noch stärker erhöht. Die Einkommensrelationen haben sich also für die abhängig Beschäftigten in vierzig Jahren einer ansonsten überaus erfolgreichen Tarifpolitik nicht verbessert. Es besteht deshalb kaum Hoffnung, daß dies in den nächsten vierzig Jahren anders sein wird. Eine solche Erkenntnis ist zwar aus einer höheren Sicht sozialer Gerechtigkeit unbefriedigend, kann aber im Hinblick auf den enorm gestiegenen Lebensstandard unserer Arbeitnehmerschaft heute eher hingenommen werden als in früheren Jahrzehnten. Jedenfalls wären alle Bemühungen um mehr soziale Gerechtigkeit in diesem Stadium unserer gesellschaftlichen Entwicklung den Preis der Vernichtung unserer natürlichen Lebensgrundlagen nicht wert.

Hinzu kommt, daß der Gleichheitsgedanke, der in früheren Zeiten die sozialdemokratische Programmatik und vor allem ihr Verständnis von sozialer Gerechtigkeit stark geprägt hat, in den letzten Jahren an Attraktivität verloren hat. Insbesondere ist immer deutlicher erkannt worden, daß ein Spannungsverhältnis zwischen Freiheit und Gleichheit besteht und daß von einer bestimmten Grenze an ein »Mehr« an Gleichheit zu einer unerträglichen Einschränkung der Freiheit führen muß. Deshalb gehört es sogar zum Vermächtnis von Willy Brandt in seiner Abschiedsrede an die Partei, daß die Freiheit und nicht die Gleichheit im Mittelpunkt sozialdemokratischer Überzeugungen und Ziele stehen müsse.[24]

Als letztes muß in diesem Zusammenhang die Frage beantwortet werden, ob und wie dies politisch durchgesetzt werden kann. Bei oberflächlicher Betrachtungsweise könnte man meinen, daß jede politische Partei, die den Bürgern eine weitere Steigerung ihres Wohlstandes verwehren will, keine Chance hätte, Wahlen zu gewinnen. Ich glaube jedoch, daß die Menschen – jedenfalls in Deutschland – sehr verständnisvoll auf eine solche Politik reagieren würden. Sie merken ohnehin, daß es nicht mehr lange unverändert weitergehen kann wie bisher und daß ein Umsteuern unvermeidbar ist. Deshalb ist ihnen längst klar, daß eine ehrliche Politik für die Zukunft keine zusätzliche Volksbeglückung versprechen kann.

Für mich war in dieser Hinsicht der mutige Vorschlag des IG-Metall-Vorsitzenden Klaus Zwickel geradezu bahnbrechend, den dieser unter der Überschrift »Bündnis für Arbeit« auf dem letzten Gewerkschaftstag vom 29. 10. bis 4. 11. 1995 in Berlin unterbreitet hat. Darin ist bereits die Beschränkung auf eine Reallohnsicherung enthalten, allerdings unter der Voraussetzung, daß die Unternehmer zur Schaffung von 100 000 neuen Arbeitsplätzen pro Jahr bereit sind. Ich persönlich habe seit längerem den Eindruck, daß den meisten Beschäftigten in den Betrieben ohnehin bei dem jährlichen Tarifpoker nicht mehr wohl ist, zumal wenn sie daran denken, daß der größte Teil der Tarifanhebung durch Preissteigerungen und durch höhere Steuern und Sozialversicherungsbeiträge wieder aufgezehrt wird. Stabile Löhne bei stabilen Preisen wären deshalb für sie vielleicht gar nicht die schlechteste Alternative. Es sind im übrigen durchaus Zweifel angebracht, ob die Einkommensverbesserungen der letzten Jahre wirklich noch einen echten Zuwachs an Lebensqualität für die Menschen in unseren Regionen erbracht haben.

Die Frankfurter Allgemeine Zeitung schrieb am 13. 3. 1996 in einem Kommentar: »Der Begriff des Populären wandelt sich. Vielleicht ist es schon heute so, daß die Erfüllung einer bescheidener gewordenen Erwartung an ein sicheres soziales Aufgehobensein den Bürgern wichtiger ist als die Illusion, die unentwegte Steigerung des Wohlstands sei nahezu ein verfassungsrechtliches Gebot.« Sogar der Deutsche Gewerkschaftsbund erklärt in seinen Leitbildern zur Gestaltung der Ökonomie vom April 1995 unter der Ziffer 3.1: »Lebensqualität durch qualitatives Wachstum und nachhaltige Entwicklung wird zukünftig an die Seite rein quantitativer Einkommenzuwächse treten und mehr und mehr den Wohlstand der Bevölkerung bestimmen müssen... Dies verlangt tiefgreifende Veränderungen von Konsum- und Lebensgewohnheiten.« Und der neugewählte Vorsitzende der Bauarbeitergewerkschaft, Klaus Wiesehügel, betrachtet eine sozialökologische Wende als Teil gewerkschaftlicher Reformstrategie.[25] Es ist nur zu hoffen, daß diese Ankündigungen aus dem Gewerkschaftslager auch dann durchgehalten werden, wenn ihre Konsequenzen in der Praxis sichtbar werden.

Politik der Zukunft muß auf das Verantwortungsbewußtsein der Menschen setzen. Nach Jahrzehnten andauernder Wohlstandsmehrung in den Industrieländern ist ein Paradigmenwechsel unvermeidlich. Der schon erwähnte Hans Jonas fordert eine »Ethik der Verantwortung, die heute... dem galoppierenden Vorwärts die Zügel anlegen muß«, und er äußert die Befürchtung, daß »anderenfalls und wenig später die Natur es auf ihre schrecklich härtere Weise tun würde«.[26] In Umfrageergebnissen kommt immer wieder zum Ausdruck, daß die Menschen durchaus bereit sind, für die Erhaltung unserer Umwelt Opfer zu bringen. Verantwortliche Politik muß diese Bereitschaft jetzt einfordern. Nicht Konsumrausch, sondern Verantwortungsethik muß in Zukunft das Markenzeichen ehrlicher und fortschrittlicher Politik sein.

7
Moderne Sozialpolitik:
mehr als »Arbeit, Arbeit, Arbeit«

Solange die Sozialdemokratie existiert, haben die sozialen Fragen im Zentrum ihres politischen Wollens gestanden. Auch die Wähler haben der Partei in den letzten Jahrzehnten stets eine besonders hohe Kompetenz in der Sozialpolitik zugewiesen. Für die Zukunft der SPD ist es deshalb von großer Bedeutung, daß sie mit einem überzeugenden und tragfähigen sozialpolitischen Konzept antreten kann. Da die Sozialpolitik im weiteren Sinne viele sehr verschiedenartige Teilbereiche einschließt, sollen im folgenden nur die wichtigsten erörtert werden.

Kernstück aller sozialpolitischen Bemühungen muß sein, für eine ausreichende Zahl von *Arbeitsplätzen* zu sorgen. Diesem Anspruch werden wir in Deutschland seit der Mitte der siebziger Jahre nicht mehr gerecht. Was zunächst wie die vorübergehende Auswirkung einer wirtschaftlichen Schwächeperiode aussah, ist inzwischen zu einer hartnäckigen und immer weiter um sich greifenden »Epidemie« in unserer wirtschaftlichen Entwicklung geworden. Im Januar 1996 hat die amtliche Arbeitslosenzahl in Deutschland erstmals nach dem Ende des Zweiten Weltkrieges die Marke von 4 Millionen überschritten.
In der Politik steht die Bekämpfung der Arbeitslosigkeit seit langem ganz oben auf der Themenliste. So gehört es seit nahezu 20 Jahren zum Ritual jeder politischen Rede jeder parteipolitischen Couleur, zu fordern, daß die Zahl der Arbeitslosen nun endlich spürbar reduziert werden müsse. Die Wirklichkeit auf

dem Arbeitsmarkt sieht jedoch anders aus. Seit vielen Jahren vergrößert sich in Deutschland die Beschäftigungslücke in jeder Rezession um 700 000 bis 800 000 Arbeitslose, und während des folgenden Wirtschaftsaufschwungs tritt kein entsprechender Rückgang ein. Treppenstufenartig ist also die Arbeitslosigkeit ständig weiter angestiegen und wird, wenn nichts Entscheidendes geschieht, in der nächsten Rezession eine neue Stufe erklimmen. Die Folge davon ist, daß die Langzeitarbeitslosigkeit immer mehr zunimmt und inzwischen rund ein Drittel aller Arbeitslosen umfaßt.

Immerhin ist in den achtziger Jahren in der alten Bundesrepublik die Zahl der Arbeitsplätze noch einmal um 3 Millionen vermehrt worden. Infolge der geburtenstarken Jahrgänge kletterte die Zahl der Arbeitsplatzbewerber jedoch noch schneller, so daß eine Besserung auf dem Arbeitsmarkt ausblieb. Für die Zukunft ist es nach meiner Einschätzung illusionär anzunehmen, allein durch wirtschaftspolitische Belebungsmaßnahmen oder durch Konjunkturaufschwung könne die Arbeitslosigkeit wesentlich abgebaut werden. Auch wenn es durch Produktinnovation und vielfältige wirtschaftspolitische Bemühungen gelingen sollte, das Wachstum der Wirtschaft in den nächsten Jahren wieder deutlich zu erhöhen, sind davon auf dem Arbeitsmarkt keine Wunder zu erwarten, weil gleichzeitig die Produktivität ebenso schnell oder noch schneller ansteigen wird. Es wäre deshalb ein großer Erfolg, wenn es mit Hilfe der wirtschaftlichen Belebung gelänge, den weiteren Abbau von Arbeitsplätzen zu kompensieren, um die Arbeitslosigkeit insgesamt wenigstens auf dem bisherigen Stand zu halten.

Durch die ständigen Rationalisierungsbemühungen sind wir in der Lage, mit immer weniger Menschen immer mehr Güter zu erzeugen. In der deutschen Automobilindustrie beispielsweise wurden in den vergangenen zwei Jahren 7 bis 10 Prozent der Beschäftigten »abgebaut«, gleichzeitig wurden die produzierten Stückzahlen um rund 15 Prozent gesteigert. Inzwischen liegt bei uns der Anteil der Beschäftigten in der Industrie bei 35 Prozent. Im Jahre 1970 waren es noch über 40 Prozent. In den USA ist der

Anteil der in der Industrie Beschäftigten bereits auf 25 Prozent gesunken, und wir bewegen uns in Deutschland genau in dieselbe Richtung.

Hinzu kommt, daß der Dienstleistungssektor und die öffentliche Hand nicht mehr – wie in der Vergangenheit – in der Lage sind, zusätzliche Arbeitskräfte aufzunehmen, sondern ihrerseits unter dem Diktat der Kostenreduzierung ihre Arbeitsplätze drastisch vermindern müssen. Die Deutsche Bank beispielsweise ist seit 1993 dabei, trotz weiterer unternehmerischer Expansion rund 20 Prozent ihrer über 40 000 inländischen Arbeitsplätze wegzurationalisieren. Die Deutsche Telekom, die sich in einem rasant wachsenden Markt bewegt, wird die Zahl ihrer Beschäftigten von 215 000 im Jahre 1996 auf 170 000 im Jahre 2000 zurückführen müssen; und wenn man bei ihr die Maßstäbe ihres Konkurrenten AT & T aus den USA anlegte, müßte das deutsche Unternehmen künftig sogar mit 120 000 Arbeitnehmern auskommen.

Es gibt nach meiner Einschätzung in Deutschland nur einen Sektor, in dem in größerem Maßstab neue Arbeitsplätze geschaffen werden können: den der menschlichen Hilfeleistungen im privaten, sozialen und öffentlichen Bereich. Unsere sonst so reiche Gesellschaft leidet in dieser Hinsicht allenthalben unter einem empfindlichen Mangel, dessen Behebung viele neue Arbeitsmöglichkeiten schaffen könnte. So gibt es zahlreiche junge Ehepaare, die gern berufstätig sein möchten, die dazu aber fremde Hilfe für ihren Haushalt oder zur Betreuung ihrer Kinder benötigen. Ebenso wäre mancher ältere Gutverdienende bereit, einen nicht mehr voll leistungsfähigen Arbeitslosen für häusliche Dienstleistungen im Garten, als Kraftfahrer oder bei handwerklichen Ausbesserungsarbeiten zu beschäftigen. Einen ähnlichen Bedarf an Arbeitskräften zur persönlichen Hilfe gibt es auch im Rahmen der Sozialfürsorge. So ist vielfach schon heute die Betreuung von älteren Mitbürgern durch Kirchen, Arbeiterwohlfahrt und ähnliche Einrichtungen überhaupt nur noch aufrechtzuerhalten, weil dafür in beträchtlichem Umfange Zivildienstleistende zur Verfügung stehen. Wenn wir irgendwann in Deutschland zu einer Berufsarmee kommen sollten und es die

Wehrdienstverweigerer nicht mehr gibt, stünden die meisten der genannten sozialen Betreuungseinrichtungen vor dem Zusammenbruch.

Vergleichbare Beschäftigungsmöglichkeiten ließen sich schließlich sogar im Bereich des öffentlichen Dienstes vorstellen. So berichtete kürzlich ein Vorstandsmitglied eines großen Nahverkehrsunternehmens in Nordrhein-Westfalen, daß es in den modernen Straßen- und U-Bahn-Zügen, die jeweils nur noch mit einem Fahrer besetzt sind, durchaus sinnvoll sei, ältere oder gesundheitlich nicht mehr voll leistungsfähige Arbeitslose als Zugbegleiter mitfahren zu lassen, die gebrechlichen Fahrgästen oder Müttern mit Kindern behilflich sein oder bei Streitereien von randalierenden Jugendlichen eingreifen könnten. Allen derartigen Beschäftigungsmöglichkeiten ist allerdings eine Schwierigkeit gemeinsam: Sie sind mit Tariflöhnen einschließlich der Lohnnebenkosten nicht zu bezahlen. Deshalb kommen in allen aufgeführten Fällen Arbeitsplätze nicht zustande. Im privaten Bereich hilft man sich statt dessen vielfach mit Schwarzarbeit.

In den USA sind in den vergangenen 10 Jahren 18 Millionen neue Arbeitsplätze entstanden, überwiegend im Bereich der einfachen Dienstleistungen. Dieses Ergebnis war allerdings nur erreichbar durch die Zahlung von Hungerlöhnen, die teilweise deutlich unter dem Existenzminimum liegen. Eine solche Lösung kann für uns nicht in Betracht kommen; sie wäre in Deutschland nicht durchsetzbar, aber auch sozialethisch nicht vertretbar. Wir müssen also nach einem Weg suchen, der einerseits die Entstehung dieser Arbeitsplätze ermöglicht, andererseits aber das sozialunverträgliche Lohndumping vermeidet.

Dafür bietet sich als Lösung an, private Verdienstmöglichkeiten mit öffentlichen Lohnersatzleistungen zu kombinieren. Ich will an einem Beispiel deutlich machen, was ich meine: Ein gutverdienender Chefarzt bewohnt ein Haus mit einem großen Garten. Da er zeitlich sehr beansprucht ist, bietet er einem Langzeitarbeitslosen an, diesen Garten gegen ein Entgelt von 1000 DM pro Monat in Ordnung zu halten. Da der Arbeitslose jedoch 1200 DM Arbeitslosenhilfe im Monat erhält und sich nach der geltenden Rechtslage einen solchen Zuverdienst anrechnen lassen muß, ist er an der Übernahme der Arbeit nicht interessiert. Wenn es jedoch einen Weg gäbe, beispielsweise 700 DM der Arbeitslosenhilfe von der Anrechnung freizustellen, wäre allen geholfen: Die Gartenarbeit würde geleistet, die öffentliche Hand würde jeden Monat 500 DM sparen, und der Arbeitslose erhielte statt 1200 DM monatlich 1700 DM an Einkünften und erführe vielleicht sogar ein bescheidenes Maß an beruflicher Erfüllung.

Eine solche Lösung kommt aber nur in Betracht, wenn wir zwei Barrieren überwinden: Wir müssen zum einen für diese Arbeitsleistungen eine untertarifliche Bezahlung zulassen, und wir müssen zum anderen gestatten, daß der untertarifliche Lohn durch öffentliche Zuschüsse aufgestockt werden kann. In der Wissenschaft sind derartige Modelle unter dem etwas irreführenden Stichwort »Negativ-Steuer« seit langem diskutiert und durchgerechnet worden.[27] Dabei wird vorgeschlagen, einen Stundenlohn in Höhe von 5 DM mit einem gleich hohen Betrag aus öffentlichen Mitteln zu bezuschussen, und bei höheren Stundenlöhnen jeweils die Hälfte des 5 DM übersteigenden Betrages auf den öffentlichen Zuschuß anzurechnen. Bei einem Stundenlohn in Höhe von 10 DM wäre also noch ein Zuschuß von 2,50 DM fällig, und bei einem Stundenlohn ab 15 DM entfielen die öffentlichen Ergänzungszahlungen ganz. Die so geförderten Arbeitsverhältnisse könnten in vollem Umfang der Steuer- und Sozialversicherungspflicht unterworfen werden und ließen sich ohne strukturelle Änderungen in die bestehenden Systeme des Sozial- und Steuerrechts einfügen.

Auf diese Weise könnte zwar die Beschäftigungskrise in der Industrie nicht behoben werden, es könnte aber ein quantitativ durchaus erheblicher Markt an sozial nützlicher Arbeit erschlossen werden, der heute durch das in Deutschland bestehende hohe Lohnkosten- und Sozialleistungsniveau legal nicht bedient werden kann. Dabei ist nachgewiesen worden, daß die Risiken der öffentlichen Finanzierbarkeit durchaus beherrschbar sind und daß es sogar unter dem Strich zu einer Einsparung für die öffentlichen Kassen kommen kann, wenn in genügend großer Zahl derartige Arbeitsverhältnisse neu entstehen, die ja alle Lohnsteuer- und Sozialversicherungsbeiträge sowie eine erhebliche Ersparnis an Arbeitslosen- und Sozialhilfekosten erbringen. Die Gefahr von Mißbräuchen oder Mitnahmeeffekten sollte uns ebenfalls nicht davon abhalten, zu handeln. Die Möglichkeit des Subventionsbetruges gibt es bei allen Förderprogrammen. Sie ist hier nicht größer als bei allen anderen.[28]

Dieses Programm zur Förderung legaler und vollversicherter Arbeitsverhältnisse im unteren Einkommensbereich könnte sich vielleicht sogar als besonders wirksame Waffe zur Bekämpfung der Schwarzarbeit erweisen. Und vor allem wäre es seit langer Zeit das erste Programm, das die deklassierte Unterschicht in unserem Lande nicht mit weiteren Kontrollen und Sanktionen zu disziplinieren versucht, sondern einen wirtschaftlich wirksamen und politisch sichtbaren Beitrag zu ihrer Reintegration in die Gesellschaft leisten könnte.

Die SPD müßte allerdings noch in einem weiteren Punkte über ihren Schatten springen. Sie müßte ihren bisherigen Widerstand gegen die steuerliche Absetzbarkeit von Arbeitsverhältnissen im Haushalt aufgeben. Diese aus alten Zeiten herrührenden Vorbehalte gegen wohlhabende Bevölkerungskreise (»Dienstmädchenprivileg«), in denen die Ehefrau Heim und Herd versah und natürlich nicht berufstätig war, passen nicht mehr in unsere Welt. Gerade wer es mit der Gleichberechtigung der Geschlechter ernst meint, muß alle Maßnahmen unterstützen, die es jungen Familien gestatten, ihre beruflichen und familiären Pflichten in Einklang zu bringen. Daß persönliche Dienstleistungen für andere Menschen auch sonst Gegenstand von Arbeitsverhältnissen sein können, ist uns seit langem aus dem Gesundheits- und Sozialbereich vertraut. Es gibt deshalb keinen vernünftigen Grund mehr, Arbeitsverhältnisse im Haushalt steuerlich anders zu behandeln als Arbeitsverhältnisse im Geschäft von Selbständigen oder in der Praxis von Freiberuflern.

Die übrigen arbeitsmarktpolitischen Maßnahmen, die in der Öffentlichkeit diskutiert werden, bleiben von dem hier empfohlenen Spezialprogramm für den Dienstleistungssektor unberührt. So ist es insbesondere erforderlich, die Lohnnebenkosten zu senken. Das gilt vor allem für den Anteil der Sozialversicherungsbeiträge, die aus den Lasten der Deutschen Vereinigung resultieren. Wie erheblich diese zu Buche schlagen, läßt sich daran erkennen, daß im Jahre 1991 die Sozialleistungsquote, das ist der Anteil der Sozialausgaben am Bruttosozialprodukt, im Westen 29 Prozent, im Osten dagegen 60,9 Prozent betrug. Diese Relation hat sich auch in den darauf folgenden Jahren kaum geändert. Im Hinblick auf die dadurch bedingte Verteuerung der Arbeit in Deutschland ist es dringend geboten, diese gesamtstaatlichen Lasten aus Steuermitteln zu bezahlen. Das gebietet darüber hinaus auch die Verteilungsgerechtigkeit, weil dafür Beamte und Freiberufler genauso einzustehen haben wie sozialversicherungspflichtige Arbeiter und Angestellte. Auf diese Weise könnten die Sozialversicherungsbeiträge und damit die Lohnnebenkosten um mindestens 2 Prozent vermindert werden.

Wenn zur Kompensation dieser zusätzlichen Belastungen für den Bundeshaushalt Steuererhöhungen notwendig werden sollten, wird kein Weg daran vorbei führen, die Mehrwertsteuer anzuheben. Sie läßt zwar wie alle indirekten Steuern eine soziale Differenzierung nicht zu, wäre aber im Hinblick auf die Beschäftigung und vor allem für den Export unschädlich. Im übrigen bewegt sich Deutschland mit einem Mehrwertsteuersatz von 15 Prozent am unteren Rande innerhalb der Europäischen Union. Dänemark beispielsweise erhebt eine Mehrwertsteuer in Höhe von 25 Prozent.

Eine Senkung der Lohnnebenkosten, die sich einigermaßen im Rahmen des Sozialverträglichen hält, darf allerdings in ihrer Wirkung auf den Arbeitsmarkt auch nicht überschätzt werden. Alle Kosten durch gestiegene Löhne und Sozialabgaben stehen in keinem Verhältnis zu den Belastungen, die die ständigen Veränderungen der Währungsrelationen für die Unternehmen mit sich gebracht haben. So hat in den letzten 23 Jahren die Deutsche Mark ihren Wert gegenüber den Währungen der wichtigsten anderen Industrieländer glatt verdoppelt.

Schließlich ist auch die in der öffentlichen Diskussion immer wieder geforderte Reduzierung der Überstunden richtig und nötig. Dabei muß allerdings bedacht werden, daß auf ein gewisses Maß an Überstunden in der betrieblichen Praxis nicht verzichtet werden kann. Einmal, weil es für einen vorübergehenden Arbeitsanfall keine spezialisierten Arbeitskräfte gibt, die kurzfristig eingestellt werden könnten, und zum anderen, weil viele Arbeitnehmer auf die mit den Überstunden verbundenen Mehreinnahmen gar nicht verzichten wollen. Auch wer dies angesichts der vielen Arbeitslosen für unsolidarisch hält, muß wissen, daß es insofern Grenzen der Durchsetzungsmöglichkeiten gibt. Insgesamt darf auch von einer gesetzlichen Begrenzung der Überstunden nicht etwa eine Wende am Arbeitsmarkt erwartet werden.

Beim Ausbau der *sozialen Sicherungssysteme* haben Sozialdemokraten und Gewerkschaften immer in vorderster Linie gestanden. Inzwischen stößt der Sozialstaat jedoch an die Grenzen der Bezahlbarkeit. Während im Jahre 1970 die Sozialleistungsquote noch bei insgesamt 26,5 Prozent lag, betrug sie im Jahre 1995 nahezu 34 Prozent. Dieser gewaltige Kostenanstieg hat neben den Lasten im Zusammenhang mit der deutschen Vereinigung seine Ursachen in dem Umfang und der Dauer der Arbeitslosigkeit. Was ursprünglich als Ausnahmeregelung für einige wenige vorgesehen war, die in unserer Industriegesellschaft vorübergehend keine Arbeit fanden und finanziell abgesichert werden mußten, hat inzwischen eine millionenfache Dimension erreicht. Und wer heute mit 45 Jahren seinen Arbeitsplatz verliert, muß unter Umständen 20 Jahre bis zum Eintritt ins Rentenalter alimentiert werden.

Zur Senkung der sozialen Kosten wird von konservativer Seite vor allem empfohlen, Arbeitslosenunterstützung und Sozialhilfe zu kürzen. Dazu sehe ich jedoch nach den bereits in den letzten Jahren vorgenommenen Einschränkungen keinen Spielraum mehr. Das Existenzminimum, das ein menschenwürdiges Dasein ermöglicht, in wirtschaftlich schwierigen Zeiten einfach herunterzudefinieren, ist mit meinem Verständnis von sozialer Gerechtigkeit nicht vereinbar. Dabei ist mir wohl bewußt, daß drei Viertel der Menschen auf dieser Welt mit sehr viel weniger Kaufkraft leben müssen, als sie unsere Sozialhilfesätze bieten. Und ich weiß auch, daß vor hundert Jahren die Menschen in Deutschland im Verhältnis zu den heutigen Sozialhilfeempfängern nur einen Bruchteil an Kaufkraft zur Verfügung hatten. Derartige Überlegungen helfen jedoch nicht weiter. Was zur Sicherung einer menschenwürdigen Existenz nötig ist, muß sich an den gegebenen gesellschaftlichen Realitäten hier und heute orientieren und nicht an Maßstäben aus früheren Zeiten oder anderen Teilen der Welt.

Das wirksamste Mittel, um die Soziallasten wieder ins Lot zu bringen, wäre die Schaffung von Arbeitsplätzen und insbesondere der Abbau der Langzeitarbeitslosigkeit. Dazu habe ich in diesem Kapitel bereits einen Vorschlag unterbreitet. Allerdings werden die Kosten der sozialen Sicherung auch durch Mißbräuche von Sozialleistungen erhöht. Darüber werden seit Jahren heftige Diskussionen geführt, die manchmal mehr von Emotion als von Sachlichkeit bestimmt werden. Sie reichen von dem Arbeitslosen, der zwar Arbeitslosengeld beziehen, sich aber nicht auf einen neuen Arbeitsplatz vermitteln lassen will, über die unnötige Inanspruchnahme ärztlicher Leistungen durch Mitglieder der gesetzlichen Krankenversicherung bis zum sogenannten »Krankfeiern« von Arbeitnehmern.

Den meisten Ärger im Rahmen dieser Mißbrauchsdiskussion bereitet die Lohnfortzahlung im Krankheitsfall. Das ursprünglich vorgesehene Regulativ, nämlich die Kontrolle durch die niedergelassenen Ärzte, hat sich als untauglich erwiesen. Wer in unserem Gesundheitssystem krankgeschrieben werden will, dem gelingt dies in aller Regel auch. Das liegt zum einen daran, daß die vom Patienten vorgebrachten Beschwerden auch von einem kritischen Arzt selten eindeutig ausgeschlossen werden können. Zum anderen spielt aber auch der Wettbewerbsdruck unter den niedergelassenen Ärzten eine Rolle. Wenn sich einer von ihnen standhaft an das ärztliche Ethos hält und die Ausstellung des

»gelben Scheins« bei erkennbarem Mißbrauch verweigert, muß er meist feststellen, daß der Zurückgewiesene beim Konkurrenten Erfolg hat und daß für ihn der Patient – häufig mit seiner Familie – verloren ist.

Nach Angaben des Instituts der Deutschen Wirtschaft belaufen sich die Kosten für die Entgeltfortzahlung im Krankheitsfall in Deutschland auf über 60 Milliarden DM pro Jahr. In der Industrie betrugen im Jahre 1994 durchschnittlich die krankheitsbedingten Fehlzeiten pro Beschäftigtem 5,5 Prozent. Allerdings weisen die einzelnen Branchen und Betriebe sehr unterschiedliche Krankenstände auf. Mit an der Spitze liegen die öffentlichen Verwaltungen, die auf 27,7 Fehltage pro Jahr kommen. Auch im Bereich der Krankenhäuser, wo anerkanntermaßen die pflegerische Arbeit außerordentlich belastend ist, sind die Fehlzeiten extrem hoch. Insgesamt gesehen lassen sich aber aus der Statistik der Fehltage für die Ermittlung von Mißbräuchen keine sicheren Schlüsse herleiten – auch nicht in bezug auf bestimmte Wochentage.

Daß aber Mißbräuche durch »Krankfeiern« in einem über das Erträgliche hinausgehenden Umfang vorkommen, läßt sich auch bei wohlwollender Betrachtung nicht bestreiten. Praktiker aus Betrieben und Verwaltungen berichten konkret und überzeugend von Erfahrungen aus dem betrieblichen Alltag, vor denen kein verantwortlicher Politiker die Augen verschließen kann. Sie werden auch bestätigt durch einen auffälligen Unterschied des Krankenstandes zwischen kleinen und größeren Betrieben. So lagen nach einer Statistik des rheinisch-westfälischen Handwerkerbundes aus dem Jahre 1988 die Fehlzeiten wegen Krankheit bei Betrieben mit ein bis vier Beschäftigten bei 2,4 Prozent und bei Betrieben mit 20 und mehr Beschäftigten mit 4,9 Prozent mehr als doppelt so hoch.

Vielleicht ist in der ganzen Mißbrauchsdiskussion gar nicht so sehr der reale Umfang das Entscheidende, sondern die demoralisierende und manchmal sogar Verbitterung auslösende Wirkung auf die anderen Beschäftigten. Jede Solidargemeinschaft zerbricht auf Dauer, wenn sie sich mißbraucht fühlt. Früher galt in Gewerkschaftskreisen der Satz: »Der beste Gewerkschafter ist auch der beste Arbeiter.« Deshalb liegt es im wohlverstandenen Interesse aller Beteiligten, Mißbrauchsmöglichkeiten soweit wie möglich auszuschließen.

Daß gerade die Lohnfortzahlung im Krankheitsfalle für Arbeiter jahrzehntelang besonders heftig umstritten war und erst nach einem wochenlangen erbitterten Streik in der schleswig-holsteinischen Metallindustrie Ende 1956/Anfang 1957 mühsam erkämpft wurde, erschwert eine Lösung in dieser Frage zusätzlich. Trotzdem glaube ich, daß ein vernünftiger Kompromiß möglich und nötig ist. Unter Umständen ließe sich auf diese Weise die gesamte Mißbrauchsdiskussion in der deutschen Sozialpolitik wesentlich entschärfen.

Der entscheidende Ansatzpunkt für alle Reformen unseres sozialen Sicherungssystems muß sein, in die kollektiven Schutzmechanismen individuelle Gestaltungsspielräume der Betroffenen einzufügen. Das Streben nach Selbstgestaltung und Eigenverantwortlichkeit auch im Arbeitsprozeß war immer ein Kernstück sozialdemokratischer Programmatik. Dem kommt der allenthalben spürbare Wunsch der Menschen unserer Tage nach mehr Individualität durchaus entgegen. Der mittellose Tagelöhner vergangener Jahrzehnte ist vor allem dank sozialdemokratischer und gewerkschaftlicher Politik zum mündigen Bürger geworden, der willens und in der Lage ist, auch seinen eigenen sozialen Schutz selbstverantwortlich zu gestalten.

Die Freiheit, selbst entscheiden zu können, schließt allerdings die Verantwortung für die Folgen der Entscheidung ein. Unsere Sozialordnung muß zerbrechen, wenn jeder soviel Freiheit wie möglich zu gewinnen trachtet, aber die Folgen davon bei anderen abladen will. Auf den Zusammenhang zwischen der Eigenverantwortung der Bürger und der Zurechenbarkeit der Entscheidungsfolgen hat Klaus von Dohnanyi mit Nachdruck hingewiesen und gefordert, die moderne SPD müsse zur Partei der Bürgerverantwortung werden.[29] Das gilt auch und vor allem für die Sozialpolitik. Daraus ergeben sich für die einzelnen Teilbereiche unterschiedliche Konsequenzen, die im folgenden angedeutet werden sollen.

Erstens: Die Arbeitszeit sollte im Rahmen des Produktionsprozesses soweit wie möglich von dem einzelnen Arbeitnehmer selbst bestimmt werden. Das bedeutet, wo immer es technisch durchführbar ist, die Zulassung der gleitenden Arbeitszeit. Bei mehrschichtigen Betrieben könnten sich die Beschäftigten, die den gleichen Arbeitsplatz in der vorangegangenen und der nachfolgenden Schicht besetzen, über Anfang und Ende der jeweiligen Schicht abstimmen. Auch gegen Arbeitszeitkonten sollte es keine ernsthaften Bedenken mehr geben, denn auf diese Weise kann ein aus saisonalen oder anderen Gründen schwankender Arbeitsanfall kostengünstig und betriebsbezogen bewältigt werden.

Zweitens: In der Rentenversicherung sind der Selbstgestaltung durch die Versicherten naturgemäß enge Grenzen gesetzt. Trotzdem sollten auch hier soweit wie möglich die starren Regelungen gelockert werden. Auf dieser Linie liegt das schon heute vorgesehene Recht der Versicherten, vom Jahre 2001 an selbst entscheiden zu können, ob sie sich früher oder später zur Ruhe setzen wollen. Auch der im Frühjahr 1996 eingeführte »gleitende Übergang« ins Rentenalter mit Teilzeitbeschäftigung und Zuschüssen aus der Arbeitslosenversicherung könnte als ein Beitrag zu mehr Selbstbestimmung entwickelt werden.

Drittens: Die gesetzliche Krankenversicherung ist seit über hundert Jahren vom Sachleistungsprinzip beherrscht. Dahinter stand das Bild des Arbeitnehmers früherer Zeiten, der über keinerlei finanzielle Reserven verfügte und der – auch im Interesse der Volksgesundheit – unter keinen Umständen durch eine finanzielle Eigenbelastung von der Inanspruchnahme gesundheitlicher Leistungen abgehalten werden sollte. Dieses Prinzip ist allerdings in den letzten Jahren als Folge des zunehmenden Kostendrucks in mehrfacher Hinsicht eingeschränkt worden. So wurden Rezeptgebühren, eine Eigenbeteiligung bei stationärer Behandlung und eine Begrenzung der erstattungsfähigen Leistungen eingeführt. Trotzdem ist der Kostenauftrieb in der

Gesundheitsversorgung nach wie vor ungebrochen – zum einen, weil die medizinische Wissenschaft ständig Fortschritte macht, die meist auch teurere Behandlungsmethoden zur Folge haben, und zum anderen vor allem deshalb, weil die Menschen immer älter werden.

Längerfristig wird die gesetzliche Krankenversicherung als Schutzeinrichtung der Solidargemeinschaft nur zu stabilisieren sein, wenn es gelingt, in ihr erheblich mehr Eigenverantwortung und Selbstgestaltung durch die Versicherten zur Geltung zu bringen als bisher. Dazu sollten die Kassen selbst Vorschläge erarbeiten. So müßte es möglich sein, für die Versicherten unterschiedliche Modelle zur Auswahl anzubieten, die zwar den Solidarbeitrag unangetastet lassen, aber in den Leistungen und demgemäß auch in den Beiträgen gestaffelt sind. Der heutige Arbeitnehmer ist bei bestehendem Einkommensniveau und Lebensstandard durchaus in der Lage, das Risiko eines Selbstbehalts in Höhe von beispielsweise 1000 DM pro Jahr selbst zu kalkulieren und zu tragen. Die dadurch erreichte Beitragsermäßigung dürfte allerdings nur ihm und nicht dem Arbeitgeber zugute kommen, der ja zu 50 Prozent an den Krankenversicherungsbeiträgen beteiligt ist. Die kalkulatorische Schwierigkeit, die darin besteht, daß bei der gesetzlichen Krankenversicherung die Familie mitversichert ist, müßte lösbar sein.

Viertens: Besonders schwierig ist es, eine angemessene Lösung für die Frage der Lohnfortzahlung im Krankheitsfall zu finden. Alle Ansätze über ein Bonus- oder Malussystem im Rahmen der gesetzlichen Krankenversicherung scheiden schon deshalb aus, weil in den ersten sechs Wochen der Krankheit Lohn oder Gehalt vom Arbeitgeber gezahlt wird. Wenn man also auch hier dem Arbeitnehmer einen Teil des Krankheitsrisikos zurechnen will, gibt es nur die Möglichkeit der Verknüpfung mit einer anderen Leistung des Arbeitgebers aus dem Arbeitsverhältnis.

Dafür bietet sich in erster Linie der Urlaub an. So könnte man daran denken, daß sich der Arbeitnehmer jeweils den ersten Tag einer krankheitsbedingten Arbeitsunfähigkeit auf seinen Jahresurlaub anrechnen lassen muß. Eine solche Regelung könnte wohl kaum als unerträgliche soziale Härte empfunden werden. Wer nur ein- oder zweimal im Jahr wegen Krankheit fehlt, erleidet eine fast nicht spürbare Einbuße an Urlaub. Schwankungen des jährlichen Freizeitvolumens in diesem Umfang entstehen für jeden Arbeitnehmer ohnehin schon durch den Wechsel der Wochentage bei gesetzlichen Feiertagen. Wer jedoch häufiger im Jahr Lohnfortzahlung im Krankheitsfall in Anspruch nehmen muß, kann sich bei einer deutlich reduzierten Zahl von Arbeitstagen auch mit einem reduzierten Jahresurlaub von 5 Wochen begnügen – einer Urlaubsdauer, die es in den meisten anderen Industriestaaten dieser Welt gar nicht gibt. Im übrigen ist in den Niederlanden, dem Land mit dem höchsten Krankenstand unter den Industriestaaten, gerade eine Regelung in dem hier vorgeschlagenen Sinne eingeführt worden.

Eine solche Änderung der Lohnfortzahlung im Krankheitsfall dürfte allerdings nicht auf Lohnempfänger beschränkt werden, sondern müßte für alle abhängig Beschäftigten gleichermaßen gelten, also auch für Angestellte und Beamte. Erhebliche Schwierigkeiten birgt allerdings die technische Durchsetzung einer solchen Reform, weil sowohl der Anspruch auf Lohnfortzahlung im Krankheitsfall als auch der Urlaubsanspruch für die meisten Arbeitnehmer in Deutschland durch Tarifvertrag geregelt sind, und in tarifliche Ansprüche kann der einfache Gesetzgeber nicht ohne weiteres eingreifen. Es wäre deshalb entweder eine die Sozialpartner einschließende allgemeine Verständigung über ein solches Vorhaben nötig oder eine Verfassungsänderung, die die Lohnfortzahlung im Krankheitsfall von der verfassungsrechtlich gewährleisteten Tarifautonomie ausnimmt. Voraussetzung ist in jedem Fall, daß sich die maßgeblichen politischen Kräfte aus ihren taktischen Fesseln lösen und sich in einer Art »Sozialpakt« im Interesse der Verbesserung des »Wirtschaftsstandortes Deutschland« zu einer solchen Korrektur unserer Sozialordnung durchringen. Ein solcher Schritt könnte durchaus mit der Verabredung verbunden werden, daß die soziale Sicherung im übrigen nicht angetastet wird.

Der Anspruch auf *Mitbestimmung* stand seit der Neugründung der Gewerkschaften nach dem Ende des Zweiten Weltkrieges im Mittelpunkt der programmatischen Ziele des Deutschen Gewerkschaftsbundes. Begründet wurde diese Forderung mit den sozialen Interessen der Beschäftigten, aber auch mit der aus den Erfahrungen der nationalsozialistischen Zeit gewonnenen Überzeugung, daß die Demokratie nicht wahrhaft abgesichert sei, wenn sie nicht durch eine Demokratisierung der Wirtschaft ergänzt werde. Insbesondere bei der Arbeiterschaft im Ruhrgebiet war die Forderung nach Mitbestimmung unmittelbar nach dem Kriegsende sehr populär. Die im Jahr 1951 durchgesetzte paritätische Mitbestimmung in den Unternehmen des Bergbaus und der eisen- und stahlerzeugenden Industrie entsprach weitgehend den gewerkschaftlichen Vorstellungen. Diese hatte sich auch die Sozialdemokratie von Anfang an zu eigen gemacht.

Das Mitbestimmungsgesetz von 1976, das in allen übrigen Wirtschaftsbereichen für Kapitalgesellschaften mit mehr als 2000 Beschäftigten gilt, brachte jedoch nur noch optisch eine Parität, also eine gleichstarke Besetzung des Aufsichtsrats mit Kapital- und Arbeitnehmervertretern. In der Sache beließ es dieses Gesetz durch den zwingend vorgeschriebenen Vertreter der leitenden Angestellten und durch die Zweitstimme des Aufsichtsratsvorsitzenden bei dem Alleinbestimmungsrecht der Kapitaleigner. Offenbar hatte die mobilisierende Kraft der Mitbestimmungsidee schon zu Zeiten der sozialliberalen Koalition so viel an Schwung verloren, daß das ehrgeizige Ziel einer echten Parität nicht mehr zu erreichen war.

Als die Beschäftigungskrisen ab Mitte der siebziger Jahre den Arbeitnehmern die Erkenntnis vermittelten, daß der massive Arbeitsplatzabbau nicht zu verhindern war, konnte die Mitbestimmungsidee erst recht keine visionäre Kraft mehr entwickeln. Dazu hatten sicherlich auch die Skandale in dem gewerkschaftseigenen Wohnungsbauunternehmen »Neue Heimat« und in der den Gewerkschaften nahestehenden Coop AG ihren Teil beigetragen. Spätestens der Kampf um die Erhaltung des Kruppschen

Hüttenwerks in Rheinhausen um die Jahreswende 1987/88 machte eine weitere Grenze der Mitbestimmung deutlich. Hier zeigte sich nämlich, daß sich die Beschäftigten, wenn ihre wirtschaftliche Existenz insgesamt bedroht ist und ihnen das Wasser bis zum Halse steht, nicht den von ihnen selbst gewählten Repräsentanten der Mitbestimmung anvertrauen, sondern ihr Heil auf der Straße suchen.

Trotz aller Rückschläge gehört aber nach wie vor die Grundidee der Mitbestimmung unverzichtbar zu jeder fortschrittlichen und sozialen Unternehmensordnung. Allerdings muß sie sich sehr viel mehr als bisher am Arbeitsplatz und an den konkreten Interessen der Beschäftigten vor Ort ausrichten. Im modernen, leistungsorientierten Produktionsprozeß geht es den Arbeitnehmern eben nicht nur um eine Kontrolle der unternehmerischen Leitungsebene, sondern auch und sogar vor allem um Gestaltungsspielräume am Arbeitsplatz und im täglichen Arbeitsablauf.

Die höchst komplizierten Prozesse der modernen Produktionsverfahren sind nur in Gang zu halten, wenn die Beteiligten von sich aus zur Zusammenarbeit und zur Hingabe an die Sache bereit sind. Es ist illusionär anzunehmen, man könne diesen Einsatz mit bürokratischen Kontroll- und Sanktionsmechanismen gegen den Willen der Betroffenen erzwingen. Deshalb kommt es entscheidend darauf an, die eigene Bereitschaft und innere Bejahung derjenigen herbeizuführen und zu fördern, deren Mitwirkung nötig ist. Nicht »administratives Durchpauken« ist das Erfolgsrezept unserer Tage, sondern Gemeinsamkeit in Beratung und Durchsetzung.

Dem muß die Mitbestimmungskonzeption der Zukunft Rechnung tragen. Deshalb sollten auf der Ebene der betrieblichen Abteilungen oder Leitungseinheiten Arbeitsgruppensprecher vorgesehen werden, die von den dort Beschäftigten zu wählen und dazu befugt sind, ihre Gruppe in den Fragen der Arbeitsorganisation zu vertreten. Dabei sollte die Bereichsabgrenzung und auch das Wahlverfahren weitgehend der Gestaltung durch Tarifvertrag oder ergänzende Betriebsvereinbarung überlassen bleiben, um ausreichende Flexibilität zu erreichen und eine unnötige Bürokratisierung zu vermeiden. Verhindert werden müßte allerdings, daß die nach dem Betriebsverfassungsgesetz gewählten Betriebsräte unterlaufen oder geschwächt werden. Deshalb muß der Betriebsrat in allen derartigen Angelegenheiten das letzte Wort behalten und auch das Recht haben, jede Angelegenheit der Arbeitsgruppensprecher an sich zu ziehen.

8
Der hilflose Pazifismus
oder
Friedenspolitik heute

Frieden und Abrüstung sind für die Sozialdemokratie in ihrer langen Geschichte stets vorrangige Ziele gewesen. Willy Brandt hat mit besonderem Stolz darauf hingewiesen, daß Deutschland niemals an einem Krieg beteiligt gewesen ist, wenn Sozialdemokraten die Regierungsverantwortung hatten. In diesem Punkt war ihre Position bis zur deutschen Wiedervereinigung im Jahre 1990 klar und unbestritten.

Die SPD hatte sich gegen die deutsche Wiederbewaffnung nach dem Zweiten Weltkrieg ausgesprochen und der dazu nötigen Änderung des Grundgesetzes am 26.3.1954 ihre Zustimmung versagt. Diese Auffassung wurde in der gesamten Partei einhellig getragen. Auch der Teil der Mitglieder, der nicht pazifistisch eingestellt war, stimmte dem zu, weil er in der Errichtung einer westdeutschen Armee eine Vertiefung der deutschen Spaltung erblickte, die eine Wiedervereinigung erschweren oder gar unmöglich machen würde. Als später dann die Bundeswehr etabliert war und militaristische Tendenzen durch eine moderne Führungskonzeption (Bürger in Uniform) gebannt schienen, fand sich die SPD mit den geschaffenen Tatsachen ab. Den Wendepunkt markierte Herbert Wehner, der damals stellvertretender Parteivorsitzender war, mit einer eindrucksvollen Rede im Deutschen Bundestag am 30.6.1960, die allgemein als Öffnung der SPD zu einer realistischen Sicherheitspolitik verstanden wurde. Da auch dieser Kurswechsel in der Partei auf breite Zustimmung stieß, gab es über die wesentlichen Elemente der sozialdemokratischen Wehrpolitik in den folgenden 30 Jahren bis zur Deutschen Wiedervereinigung ebenfalls keinen Streit in der Partei.

Mit dem Untergang von DDR und Sowjetunion war die eigentliche Bedrohung entfallen, zu deren Abwehr das atlantische Verteidigungsbündnis, die NATO, gegründet worden war. Gleichzeitig wurde aber sichtbar, daß das atomare Gleichgewicht der beiden Supermächte auch viele regionale Konflikte unterdrückt hatte, die jetzt aufbrechen konnten, wie sich an dem irakischen Überfall auf Kuwait und an dem blutigen Krieg der Volksgruppen im ehemaligen Jugoslawien alsbald zeigte. Da die gegenseitige Blockade der USA und der UdSSR, die 45 Jahre lang das Weltgeschehen bestimmt hatte, aufgehoben war, wurden die friedliebenden Nationen und damit auch UNO und NATO vor die Notwendigkeit gestellt, im Interesse von Frieden und Recht und zum Schutz gegen Völkermord militärisch zu intervenieren.

Sich daran zu beteiligen, wurde auch von dem wiedervereinigten Deutschland immer vernehmlicher gefordert. Damit brach der wehrpolitische Konsens in der SPD auseinander. Während immer noch Einigkeit über einen deutschen Beitrag zur Verteidigung gegen einen Angriff auf das NATO-Gebiet bestand, zerfiel die Partei bei der Frage des Bundeswehreinsatzes außerhalb dieses Verteidigungsauftrages in zwei Lager. Das eine, zu dem auch der Friedensnobelpreisträger Willy Brandt gehörte, bejaht eine deutsche Beteiligung an friedenschaffenden Maßnahmen der Vereinten Nationen (UNO); das andere, einschließlich des derzeitigen Parteivorsitzenden, des saarländischen Ministerpräsidenten Oskar Lafontaine, lehnt dies entschieden ab. In der Gruppe der Verweigerer lassen sich im wesentlichen zwei Argumentationslinien erkennen:

- Zum einen wird geltend gemacht, daß sich Deutschland angesichts der entsetzlichen Verbrechen in der Zeit des Nationalsozialismus grundsätzlich anders zu verhalten habe als die übrigen westlichen Demokratien und sich deshalb an etwaigen internationalen Kampfeinsätzen nicht beteiligen dürfe.

- Zum anderen wird der Standpunkt vertreten, militärische Gewalt sei prinzipiell ungeeignet, Konflikte zu lösen; sie schaffe mehr Schwierigkeiten, als sie beseitige, und deshalb seien Strategien der Demokratisierung, der Aktivierung von kollektiven Sicherheitssystemen und der wirtschaftlichen Gesundung vorzuziehen.

Beide Argumente halten einer rationalen Nachprüfung nicht stand. In der Tat ist es unbestreitbar, daß die nationalsozialistischen Verbrechen, insbesondere die systematische Vernichtung der Juden, in der Weltgeschichte absolut singulär sind. Gerade das aber müßte zu der Erkenntnis führen, daß die Völkergemeinschaft nicht tatenlos zusehen darf, wenn totalitäre Gewalt mißbraucht wird. Das Hitlerregime war offensichtlich durch den deutschen Widerstand nicht abzuschütteln, sondern es bedurfte dazu einer überaus blutigen kriegerischen Intervention von außen. Wenn es Dankbarkeit in der Geschichte gäbe, müßte das deutsche Volk wie kein anderes dazu bereit sein, bei der Befreiung unterdrückter Völker zu helfen. Aus dem grauenhaften Holocaust kann jedenfalls unter keinem vernünftigen Gesichtspunkt die Lehre abgeleitet werden, die Hände gegenüber verbrecherischen Regimen in den Schoß zu legen. Statt dessen müßten die Deutschen mit um so mehr Aufmerksamkeit und mit um so größerer Opferbereitschaft den Tyrannen aller Couleur Paroli bieten.

Natürlich verursacht jeder Krieg, auch der gerechte, Tod und Elend für viele Unschuldige. Und natürlich sind seine Auswirkungen oft unkontrollierbar, schießen über das Ziel hinaus und richten neues Unheil an. Das alles rechtfertigt aber nicht, ganz auf den Einsatz militärischer Mittel zu verzichten. Totalitäre Gewalt darf sich nicht auf das Prinzip der Gewaltlosigkeit der anderen Staaten verlassen. Zwar müßten alle erdenklichen Wege zur Vermeidung oder zur friedlichen Lösung des Konflikts ausgeschöpft werden, und der Einsatz militärischer Gewalt darf nur das allerletzte Mittel sein. Aber sie völlig auszuschließen, wäre nicht zu verantworten. Genauso wie im innerstaatlichen Bereich gegenüber Rechtsbrechern im Extremfall auf den Einsatz von Gewaltmitteln nicht verzichtet werden kann, muß dies auch für die internationale Staatenwelt gelten. Wer Gerechtigkeit will, muß bereit sein, für Gerechtigkeit zu kämpfen, und wer Frieden will, muß bereit sein, für den Frieden zu kämpfen. Dieser Konsequenz kann auch der Friedfertigste nicht ausweichen.

Daß sich Menschen an der Ausübung militärischer Gewalt berauschen und von ihr zu Exzessen verführen lassen, haben wir überall und zu allen Zeiten erlebt. Diese Gefahr kann auch in Zukunft niemand ausschließen. Um so notwendiger ist es, daß die Streitkräfte ständiger und demokratischer Kontrolle unterliegen. Es gibt aber keine realen Anhaltspunkte dafür, daß bei den Soldaten der Bundeswehr die Gefahr von Exzessen prinzipiell größer wäre als in den Armeen anderer demokratischer Staaten. Auch insofern dürfen und müssen wir uns 50 Jahre nach der schrecklichsten Gewaltorgie auf deutschem Boden der Normalität stellen.

Im übrigen hat schon der Golfkrieg im Januar 1991 gezeigt, daß sich Deutschland bei militärischen Interventionen der Völkergemeinschaft gar nicht ausschließen kann. Allerdings waren damals die Hilfen auf Finanzmittel beschränkt und darauf, Flugplätze und Luftraum zur Verfügung zu stellen. Die moralische Bewertung kann aber beim Einsatz des Scheckbuchs nicht anders sein als beim Einsatz eines eigenen Truppenkontingents.

Es gibt allerdings Anzeichen dafür, daß die Unmenschlichkeiten im bosnischen Bürgerkrieg im linken politischen Spektrum neues Nachdenken über den Bundeswehreinsatz »Out of area« ausgelöst haben. Nachdem zunächst im August 1995 der eigentliche Meinungsführer der Partei Bündnis 90/Die Grünen und Vorsitzende der Bundestagsfraktion, Joschka Fischer, durch ein Papier zur Kehrtwende geblasen hatte, zeigte sich der Wandel auch auf der Bundesdelegierten-Konferenz Anfang Dezember 1995 in Bremen. Dort kam es nicht nur zu heftigen Kontroversen über diese Frage, sondern die danach folgende Abstimmung ergab, daß inzwischen das Verhältnis von Gegnern und Befürwortern fast ausgeglichen war. Immerhin hatte die Partei noch im Mai

1993 mit 90prozentiger Mehrheit beschlossen, Kampfeinsätze der Bundeswehr auch bei schwersten Menschenrechtsverletzungen abzulehnen.

In der SPD ist offenbar auch in dieser Hinsicht das Vorbild der Grünen nicht ohne Wirkung geblieben. Jedenfalls war in der Bundestagsfraktion der Widerstand spürbar geringer geworden, als am 6. 12. 1995 im Deutschen Bundestag über den Bosnien-Einsatz der Bundeswehr abgestimmt wurde: 187 SPD-Abgeordnete votierten dafür und nur noch 55 dagegen, bei einer Enthaltung. Bei der Abstimmung im Deutschen Bundestag am 30. 6. 1995 über eine deutsche Beteiligung an der Unterstützung eines eventuellen Abzugs der UNO-Friedenstruppe aus dem früheren Jugoslawien war das Abstimmungsergebnis noch genau umgekehrt gewesen: Damals hatten nur 45 SPD-Abgeordnete zugestimmt, bei 190 Gegenstimmen und 5 Enthaltungen.

Bei einer programmatischen Neuorientierung muß die SPD auch ihre wehrpolitische Position klären. Dazu gehört zum einen die Einsicht, daß Deutschland mit der Wiedervereinigung ein ganz normaler, souveräner Nationalstaat geworden ist. Und zum anderen muß die Sozialdemokratie eine klare Grenze zum Pazifismus ziehen. Zwar hat es in ihren Reihen immer pazifistische Tendenzen gegeben. So ehrenwert eine solche Einstellung auch für den einzelnen sein mag, so wenig ist sie jedoch verantwortbar für eine Partei, die einen großen Staat regieren will. Die SPD muß deshalb in diesem Punkt das tun, was nicht nur in allen übrigen westlichen Demokratien, sondern auch in allen anderen sozialistischen und sozialdemokratischen Parteien Europas selbstverständlich ist: einer deutschen Beteiligung an UNO-Einsätzen im Sinne von Kapitel VII der UNO-Charta zur Erhaltung oder Schaffung von Frieden ohne »wenn und aber« zustimmen.

Im Hinblick auf die Charta der Vereinten Nationen wurde übrigens im Golfkrieg gegen den Irak nicht ganz korrekt gehandelt. Diese Intervention war keine Aktion der UNO im eigentlichen Sinne, sondern einer von ihr autorisierten Staatengruppe unter Führung der USA. Die SPD sollte deshalb ihre Zustimmung zu militärischen Einsätzen der Bundeswehr durchaus davon abhängig machen, daß sich diese streng im Rahmen der Charta der Vereinten Nationen bewegen.

Eine weitere Frage, die nur mittelbar mit dem Bundeswehreinsatz zu Friedenszwecken zusammenhängt, betrifft die künftige Struktur der Bundeswehr. Sie ist heute noch eine Armee mit Wehrpflichtigen, und an der Wehrpflicht wollen nach ihren öffentlichen Bekundungen sowohl Sozialdemokraten als auch Christdemokraten künftig unverändert festhalten. Ich glaube jedoch, daß ebenso wie in Frankreich der Schritt zur Berufsarmee – oder genauer gesagt zur Freiwilligenarmee – über kurz oder lang unvermeidlich ist. Die technische Entwicklung zwingt dazu, weil die künftigen Aufgaben der Armee mit Wehrpflichtigen nicht mehr zu erfüllen sind. Da es große Völkerschlachten nicht mehr geben wird, werden sich die modernen Streitkräfte tendenziell in Richtung der heutigen Luftlandeeinheiten entwickeln. Erforderlich sind dabei hohe Beweglichkeit und hohe Kampfkraft unter Verzicht auf schwere Waffen. Das setzt jedoch einen Ausbildungsstand voraus, den Wehrpflichtige nicht mehr erreichen können. Deswegen ist es auch in diesem Punkt an der Zeit, daß Deutschland aus den gewandelten Realitäten die nötigen Schlußfolgerungen zieht.

9
Realistische Ausländerpolitik statt Multikulti-Träumereien

Die Ausländerpolitik – und hier insbesondere die Frage der Einschränkung des Asylrechts – hat wie kein zweites Thema in den letzten Jahren Gegensätze innerhalb der Sozialdemokratie aufbrechen lassen.

Der Zuzug von Ausländern in die alte Bundesrepublik hatte mit den sogenannten Gastarbeitern begonnen. Der stürmische wirtschaftliche Aufschwung und die damit einhergehende Verknappung von Arbeitskräften veranlaßte die deutschen Unternehmer schon seit Mitte der fünfziger Jahre, in verstärktem Umfang Gastarbeiter aus Süd- und Südosteuropa anzuwerben. Deren Integration verlief zunächst gänzlich unproblematisch. Sie gestaltete sich jedoch deutlich schwieriger, als nach der Anwerbevereinbarung mit der Türkei im Jahre 1961 immer mehr türkische Arbeitskräfte in der Bundesrepublik eine Beschäftigung aufnahmen und im Laufe der siebziger Jahre sogar zur stärksten Gruppe unter den Gastarbeitern wurden. Ghettoähnliche Wohnsituationen in bestimmten Stadtteilen und die unübersehbaren Unterschiede in kultureller und religiöser Hinsicht signalisierten zunehmend Schwierigkeiten für das Zusammenleben von Deutschen und den Menschen aus der Türkei.

Das ausgesprochen kollegiale Miteinander von deutschen und ausländischen Beschäftigten in den Betrieben, die Gemeinsamkeit der Kinder in Schulen und Kindergärten und die durch den längeren Aufenthalt leichter werdende sprachliche Verständigung nährten jedoch die Hoffnung, daß sich die Lage allmählich bessern werde. Dabei erinnerte man sich an die polnischen Arbeitskräfte, die zu Beginn der Industrialisierung ins Ruhrgebiet geströmt und dort mühelos integriert worden waren. Im Laufe der Zeit wurde allerdings immer deutlicher, daß diesmal die Situation sehr viel komplizierter war und daß sich die Schwierigkeiten sogar noch verstärkten. Dabei spielten mehrere Faktoren eine Rolle.

Auch nach dem Anwerbestopp vom 23. 11. 1973 und dem praktisch damit verbundenen Verbot, weitere ausländische Arbeitskräfte einzustellen, ließ der Zustrom von Ausländern nicht nach. Lebten 1970 noch 2,6 Millionen Ausländer in der alten Bundesrepublik, stieg ihre Zahl im Jahre 1990 auf über 5,3 Millionen an und betrug 1994 in Gesamtdeutschland mehr als 7,1 Millionen.[30] Dies hatte seinen Grund zum einen darin, daß die hier tätigen ausländischen Arbeitnehmer das Recht haben, ihre Familien nachkommen zu lassen, und zum anderen, daß die Geburtenrate in den Ausländerfamilien deutlich höher liegt als bei den Deutschen. Daneben stiegen aber auch die Zahlen der Asylbewerber in beängstigender Weise an. Schon im Jahre 1980 waren es nahezu 108 000 gewesen, und nach einem vorübergehenden Rückgang in der Mitte der achtziger Jahre brachte das Jahr 1992 für Gesamtdeutschland den Rekord von über 438 000 Asylbewerbern.[31]

Gleichzeitig hatten sich in der Mitte der siebziger Jahre die Verhältnisse auf dem deutschen Arbeitsmarkt grundlegend gewandelt: Aus einem Arbeitskräftemangel war ein Arbeitskräfteüberschuß geworden. Und als sich vor einigen Jahren auch noch der Wohnraum verknappte, empfanden viele Deutsche die anhaltende Zuwanderung von Ausländern als Bedrohung. Die hierdurch hervorgerufenen Ängste wurden noch verstärkt durch den seit Jahren anhaltenden Zuzug von deutschstämmigen Aussiedlern aus Polen und dem Bereich der früheren Sowjetunion, deren Zahl sich seit Beginn der neunziger Jahre auf rund 220 000 pro Jahr eingependelt hat.[32] Diese Menschen, die einen verfassungsrechtlichen Anspruch auf Aufnahme in die Bundesrepublik haben, treten als zusätzliche Bewerber auf dem Wohnungs- und Arbeitsmarkt auf, und gerade bei der Arbeitssuche sind sie besonders erfolgreich, weil sie wegen ihrer Arbeitswilligkeit bei den deutschen Unternehmern geschätzt werden.

In diesem Klima einer sich verschärfenden Konkurrenz um die knapper gewordenen Wohnungen und Arbeitsplätze wuchsen die Vorbehalte in der deutschen Bevölkerung gegen den weiteren Zuzug von Ausländern. Dabei wurden die Bürger weniger von Fremdenfeindlichkeit oder Nationalismus geleitet als vor allem von dem Wunsch nach der Abwehr »vermeintlich parasitärer Versorgungsansprüche«.[33] Für zusätzliche Empörung sorgte auch das provozierende Verhalten einzelner Asylbewerber, die – offenbar juristisch beraten – nicht nur ihre Pässe weggeworfen hatten, sondern die Behörden auch noch durch die Angabe von Phantasienamen verhöhnten. Die Gesamtlage wurde schließlich noch durch den erstarkenden Fundamentalismus in der islamischen Welt erschwert, der sich auch bei vielen in Deutschland lebenden Ausländern bemerkbar machte und sie dazu veranlaßte, eine Anpassung an westlich orientierte Lebensweisen demonstrativ zu verweigern.

In der Politik reagierte man auf diese sich anbahnende brisante Lage unterschiedlich. Vor allem Grüne und linke Sozialdemokraten, aber etwa auch der frühere CDU-Generalsekretär Heiner Geißler sahen in der Durchmischung der deutschen Gesellschaft mit ausländischen Mitbürgern eine prinzipiell positive Entwicklung, weil die Menschen in einer multikulturellen Umgebung Toleranz lernen könnten und dadurch Nationalismus und engherziges Spießertum abgebaut würden. Viele andere waren jedoch skeptisch. Sie spürten die aufkommenden Ängste nicht nur in der deutschen Bevölkerung, sondern auch bei den ausländischen Bürgern, die schon länger hier ansässig waren. Die dadurch entstehenden Konflikte und Gefahren hat wie kein anderer der frühere Vorsitzende der SPD-Bundestagsfraktion, Herbert Wehner, mit fast seherischer Fähigkeit vorhergesehen. Er hatte schon am 15. 2. 1982 in einer Sitzung des Parteivorstandes gewarnt: »Wenn wir uns weiterhin einer Steuerung des Asylproblems versagen, dann werden wir eines Tages von den Wählern, auch unseren eigenen, weggefegt. Dann werden wir zu Prügel-knaben gemacht werden. Ich sage euch – wir sind am Ende mit-schuldig, wenn faschistische Organisationen aktiv werden. Es ist nicht genug, vor Ausländerfeindlichkeit zu warnen – wir müssen die Ursachen angehen, weil uns sonst die Bevölkerung die Absicht, den Willen und die Kraft abspricht, das Problem in den Griff zu bekommen.«

Diese Befürchtungen haben sich 10 Jahre später in schrecklicher Weise bewahrheitet. Rechtsextreme politische Gruppen entdeck-ten sehr schnell dieses Betätigungsfeld und versuchten es für sich auszunutzen. In den demokratischen Parteien wurde jahrelang nur geredet und gestritten, ohne eine Lösung für die aufgetrete-nen Schwierigkeiten zu finden. Die Sozialdemokraten hatten daran leider einen besonderen Anteil. Vor allem ihr linker Flügel hatte den Ratschlag Herbert Wehners, der ansonsten gerade bei ihnen eine hohe Autorität genoß, nicht beherzigt und sich über Jahre hin der »Steuerung des Asylproblems« versagt.

Ohne die SPD war aber die Änderung des Asylrechts nicht mög-lich, weil dieses in der alten Fassung des Artikels 16 Abs. 2 Satz 2 unseres Grundgesetzes verfassungsrechtlich gewährleistet war. Daß sich viele Politiker schwergetan haben, in dieses Grundrecht einzugreifen, ist durchaus verständlich. Die sehr liberale Rege-lung, die in keinem anderen Land der Welt eine Parallele hat, war entstanden aus den bitteren Erfahrungen der nationalsozialisti-schen Herrschaft: Viele Deutsche, die vor den Häschern der SS flohen, waren an der Grenze von den ausländischen Behörden zurückgewiesen und damit ihren Mördern ausgeliefert worden. Dieses sollte an den deutschen Grenzen künftig niemandem widerfahren, und deshalb war ein uneingeschränktes Grund-recht auf Asyl in die bundesdeutsche Verfassung aufgenommen worden.[34]

Nachdem die Euphorie der Deutschen Wiedervereinigung ab-geklungen war, heizte sich das Ausländerthema in der deut-schen Öffentlichkeit immer mehr auf. Rassistische und auslän-derfeindliche Parolen machten die Runde. Von März 1990 an kommt es auch zu fremdenfeindlichen Anschlägen, die im September 1991 einen ersten Höhepunkt erreichen, als rechtsradikale Jugendliche in Hoyerswerda die Unterkünfte von Asylbewerbern belagern. Eine weitere Eskalation erfahren die Ausschreitungen im August 1992 in Rostock-Lichtenhagen, wo Jugendliche unter dem Beifall der Anwohner ein Asylbewerberheim angreifen und anzünden. Daß auch in der alten Bundesrepublik die Situation nicht besser ist, zeigt sich spätestens bei dem Brandanschlag im November 1992 in Mölln, dem drei Türkinnen zum Opfer fallen. Den absoluten Höhepunkt in der Serie des Schreckens bildet der grauenhafte Brandanschlag auf das Wohnhaus einer türkischen Familie in Solingen in der Nacht zum Pfingstsonntag 1993, bei dem fünf türkische Frauen und Mädchen ums Leben kommen.

In dieser Phase geriet die SPD immer stärker unter Druck, der sie fast zu zerreißen drohte. In der Kommunalpolitik vor Ort erfuhren ihre Repräsentanten zwar hautnah, daß die steigende Zahl von Asylbewerbern trotz der Belegung von Schulen und Turnhallen nicht mehr zu bewältigen war. Gleichzeitig erblickten aber viele Funktionäre in der Verteidigung des Asylrechts ein Identitätsmerkmal der Sozialdemokratie, das unter keinen Umständen preisgegeben werden dürfe. Dabei war ihnen vollständig aus dem Blickfeld geraten, daß es bei der Asyldebatte gar nicht mehr um den Schutz politisch Verfolgter ging, sondern um eine weltweite und millionenfache Migrationsbewegung aus den Armutsregionen dieser Welt in die wohlhabenden Industrieländer. Nachdem der damalige Parteivorsitzende Björn Engholm Ende August 1992 auf einer Klausurtagung im Gästehaus Petersberg eine mutige Initiative ergriffen hatte, rang sich der außerordentliche Bundesparteitag am 16./17. 11. 1992 in Bonn endlich zu einer Änderung des Asylrechts durch, die den Weg für die heute geltende Regelung des neuen Artikels 16 a des Grundgesetzes freimachte.[35]

Der Parteitagsbeschluß zum Asylkompromiß wurde in der breiten Mitgliedschaft der SPD als Erlösung empfunden. Er machte die Partei wieder handlungs- und politikfähig, hatte allerdings auch zur Folge, daß einige prominente Mitglieder ihr Parteibuch zurückgaben. Nachdem die neue Regelung des Grundgesetzes in Kraft getreten war, ging die Zahl der Asylbewerber schlagartig zurück. Damit wurde die Voraussetzung geschaffen, daß sich die politische Lage in Deutschland allmählich entspannte und die ausländerfeindlichen Aktivitäten zurückgingen.

Mit der Einschränkung des deutschen Asylrechts ist natürlich das Problem des krassen Wohlstandsgefälles zwischen den unterschiedlichen Regionen dieser Welt nicht gelöst. Die relativ preiswerten Flugverbindungen rund um den Erdball und die umfassenden Informationsmöglichkeiten via Fernsehen veranlassen immer mehr Menschen in den armen Ländern, ihrer Heimat den Rücken zu kehren, um an den Segnungen der wohlhabenden Industriestaaten teilhaben zu können. So verständlich dieses Bestreben aus der Sicht der Betroffenen ist, so unrealistisch ist es, zu meinen, durch Einwanderung lasse sich das Problem lösen. Das Gegenteil ist der Fall. Gerade die Jungen, Gesunden und Tüchtigen, die sich in aller Regel auf die große Reise machen, werden in ihrer Heimat zur wirtschaftlichen Fortentwicklung dringend benötigt. Deshalb habe ich nie verstehen können, was es mit sozialdemokratischen Grundüberzeugungen, mit Solidarität und Gerechtigkeit zu tun hat, diese wenigen zu bevorzugen und ihnen mit der Krücke des Asylrechts eine Einwanderungsmöglichkeit zu verschaffen, zumal wenn man bedenkt, daß sich diese Menschen auch bei uns nur sehr schwer oder überhaupt nicht integrieren können.

Eine rationale und wirksame Politik der Hilfe für die Dritte Welt kann nur vor Ort ansetzen. Ihr Ziel muß es sein, diesen Menschen in ihrer Heimat eine neue Lebensperspektive zu eröffnen. Dies wird aber nur zu erreichen sein, wenn die reichen Industrieländer sehr viel tiefer als bisher in ihre Taschen greifen und gegenüber heute ihren entwicklungspolitischen Beitrag spürbar erhöhen (vgl. dazu auch Kapitel 6). Wir werden uns wohl in Zukunft darauf einzustellen haben, daß es die Hungernden dieser Welt nicht länger klaglos hinnehmen werden, von den Erträgen der industriellen Produktion ausgeschlossen zu bleiben. Jede Hilfe in den Entwicklungsländern selbst ist im übrigen auch schon deshalb sehr viel wirkungsvoller, weil die Deutsche Mark dort natürlich sehr viel mehr Kaufkraft repräsentiert als bei uns. So gesehen war es ebenso grotesk wie deprimierend, daß wir – jedenfalls Anfang der neunziger Jahre – in Deutschland mehr Geld für die nicht anerkannten Asylbewerber ausgegeben haben als für die Entwicklungshilfe.

Seit der Diskussion um den Asylkompromiß geistert der Ruf nach einem Einwanderungsgesetz durch die SPD. Auch der Parteitagsbeschluß vom 16./17. 11. 1992 enthält in seiner Ziffer 53 die Forderung: »Wir brauchen ein europäisch abgestimmtes Einwanderungsgesetz mit jährlichen Quoten entsprechend unserer Aufnahme- und Integrationskapazität, um auch dadurch eine unbegründete Inanspruchnahme des Asylverfahrens zu verhindern.« Vielleicht war es nötig, diese Passage in den Beschluß aufzunehmen, um Aufgeregtheiten in der Partei abzubauen und die Annahme der Vorlage abzusichern. Einen anderen Sinn kann ich darin aber nicht erkennen.

Die SPD sollte deshalb den Beschluß über ein Einwanderungsgesetz möglichst bald in Vergessenheit geraten lassen. Ein solches Gesetz in Deutschland zu verabschieden, wäre genau das falsche Signal für die Dritte Welt. Dadurch entstünde der Eindruck, Deutschland brauche Einwanderer, und dies würde den Einwanderungsdruck bei uns nicht mindern, sondern verstärken. Das vor Jahren gelegentlich auch in Wirtschaftskreisen zu hörende Argument, unsere Gesellschaft benötige Zuwanderung, um das Rentensystem auch nach dem Jahre 2000 funktionsfähig zu halten, ist an Absurdität nicht zu überbieten. Der Stabilisierung unserer Rentenversicherung dienen Zuwanderer nur dann, wenn sie auch Beschäftigung finden. Bleiben sie arbeitslos, werden sie zu einer zusätzlichen Belastung. Bei derzeit über vier Millionen Arbeitslosen und einem weiterhin rasanten Anstieg der Arbeitsproduktivität besteht auf absehbare Zeit überhaupt keine Aussicht, daß es in Deutschland jemals Arbeitsplätze geben könnte, die nicht zu besetzen sind. Selbst wenn aber tatsächlich wider Erwarten ein solcher Zustand eintreten sollte, stünde dafür der gesamte Arbeitsmarkt der europäischen Gemeinschaft von Portugal bis Irland zur Verfügung. Wenn das generative Verhalten der Menschen bei uns tatsächlich dazu führt, daß die Bevölkerung in Deutschland im Laufe der nächsten Jahre etwas abnimmt, sollte dies als Chance begriffen werden – sowohl hinsichtlich der ökologischen Belastung als auch im Hinblick auf den Arbeitsmarkt.

Schließlich müssen alle Befürworter eines Einwanderungsgesetzes die Frage beantworten, welche Behörde in Deutschland bei einer festgelegten Einwanderungsquote die Auswahl unter den Bewerbern treffen soll. Da es dabei um sehr harte Kriterien wie Qualifikation, Gesundheit und Alter geht, ist für Barmherzigkeit wenig Raum. Das alles zeigt, daß die Idee eines Einwanderungsgesetzes, die natürlich auch von den Grünen propagiert wird, wenig durchdacht ist und keinen Beitrag zur Lösung der vorhandenen Schwierigkeiten leisten kann.

Vor dem Hintergrund der Forderung nach einem Einwanderungsgesetz wird die unter Sozialdemokraten seit einiger Zeit laut gewordene Auffassung, der Zugang der deutschstämmigen Aussiedler aus Osteuropa müsse eingeschränkt werden, gänzlich unverständlich. Man mag ja der Meinung sein, daß die Integrationsfähigkeit unserer Gesellschaft allmählich an Grenzen stößt und daß wir deswegen – wie es der saarländische Ministerpräsident und SPD-Vorsitzende Oskar Lafontaine vor dem saarländischen Landtag ausgedrückt hat – auch »an diejenigen zu denken« haben, »die hier im eigenen Land Probleme haben, einen Arbeitsplatz und eine Wohnung zu finden«. Aber mit dieser Begründung ausschließlich denjenigen die Türe zuzuschlagen, die seit 50 Jahren wegen ihrer deutschen Abstammung drangsaliert und schikaniert worden sind, ist für mich indiskutabel. Deutschland bemüht sich seit Jahren durch die Verwaltungspraxis der deutschen Botschaften, den Zustrom der Aussiedler zu »strecken« und in den verkraftbaren Grenzen von gut 200 000 pro Jahr zu halten. Dabei muß es bleiben.

Alles in allem läßt sich eine vernünftige sozialdemokratische Ausländerpolitik in den folgenden drei Thesen zusammenfassen:

Erstens: Die ausländischen Mitbürger, die legal bei uns leben, verdienen unsere volle Solidarität. Um ihnen die Integration zu ermöglichen, müssen sie die deutsche Staatsbürgerschaft leichter erlangen können. Die Ausländer, die ihre kulturelle Eigenständigkeit wahren wollen, verdienen das Maß an Toleranz, das einer weltoffenen Gesellschaft angemessen ist. Die Einführung des kommunalen Wahlrechts, auch für Nicht-EU-Ausländer, kann bei längerem Aufenthalt hilfreich sein.

Zweitens: Eine weitere Einwanderung nach Deutschland ist im Hinblick auf die schon bestehende hohe Bevölkerungsdichte und die begrenzte Integrationsfähigkeit unserer Gesellschaft nicht zu verantworten. Das Grundrecht auf Asyl muß deshalb auf die Fälle wirklicher politischer Verfolgung beschränkt bleiben. Der wirtschaftlichen Not in den Armutsregionen kann nur durch Hilfsprogramme vor Ort begegnet werden; dazu sind erheblich mehr Opfer nötig als bisher.

Drittens: Gemäß Artikel 116 des Grundgesetzes ist den deutschstämmigen Aussiedlern im bisherigen Umfang auch künftig der Zuzug nach Deutschland offenzuhalten.

10
Den Bürger nicht allein lassen – die Grenzen des Rechtsstaats

Rechtsstaatliches Denken und Handeln gehört zu den Fundamenten sozialdemokratischer Politik. Der Schutz des einzelnen vor staatlicher und feudaler Willkür sowie die Gewährleistung von Bürgerrechten und Bürgerfreiheiten waren schon Kampfziele der Arbeiterbewegung. Seit dem Ende des Zweiten Weltkrieges ist in Deutschland der Rechtsstaat nahezu perfekt ausgestaltet worden. Neuerdings drohen ihm jedoch Gefahren, die auch von Sozialdemokraten nicht übersehen werden dürfen. Dabei geht es mir besonders um drei Bereiche, die im folgenden erläutert werden.

Die innere Sicherheit hat für den Bürger einen hohen Stellenwert. Deshalb ist es nur schwer zu verstehen, daß die SPD in den letzten Jahrzehnten diesen politischen Bereich meist etwas lieblos behandelt hat. Natürlich hat sie zu keinem Zeitpunkt die Notwendigkeit einer wirksamen Verbrechensbekämpfung in Frage gestellt, aber sie war nie die treibende Kraft. Mit sozialdemokratischer Politik haben die Bürger in der Vergangenheit eher humanen Strafvollzug und eine Verkürzung der Haft von Strafgefangenen assoziiert als hartes Durchgreifen gegen Kriminelle. Bezeichnend ist insofern auch, welch kritischen Unterton das aus dem Englischen übernommene Begriffspaar »law and order« von der politischen Linken erhalten hat, obwohl die deutschen Worte »Gesetz« und »Ordnung« zunächst rein sprachlich überhaupt nichts Negatives umschreiben. Das ist vor allem deshalb außerordentlich erstaunlich, weil das Gesetz in erster Linie dem Schutz der Schwachen der Gesellschaft dient, also gerade der Klientel, der sich die Sozialdemokratie stets verschrieben hat.

In der gesellschaftlichen Wirklichkeit ist es auch gerade der sogenannte »kleine Mann«, der besonders erpicht darauf ist, daß Recht und Gesetz gewahrt werden. Vielleicht hat er noch ein gesundes Gespür dafür, daß sich der Kriminelle in aller Regel durch seine strafbare Handlung einen besonderen, ihm eigentlich nicht zustehenden Vorteil auf Kosten anderer verschaffen will, also das Prinzip der Gleichbehandlung in eklatanter Weise verletzt. Im Hinblick auf das Wählerpotential ist es überraschend, daß in unserer politischen Wirklichkeit vor allem die Konservativen für die Einhaltung von Recht und Ordnung im Gemeinwesen einstehen, während sich die Linke mit besonderem Nachdruck um die Individualrechte des Rechtsbrechers zu sorgen scheint.[36] Wahrscheinlich ist auch dieses nur zu erklären aus der bei vielen Sozialdemokraten immer noch tief verwurzelten Grundüberzeugung des Marxismus, daß der Mensch in erster Linie ein Produkt seiner Umwelt sei und deshalb das Verbrechen letztlich auf die gesellschaftlichen Verhältnisse zurückgeführt werden müsse. Bei einer solchen Einstellung liegt der Schluß nahe, daß der Kriminelle in Wahrheit ein Opfer der Gesellschaft ist und deshalb besondere Nachsicht verdient.

Spätestens nach den Erfahrungen aus den sozialistischen Ländern des früheren Ostblocks beginnt sich jedoch auch hier eine realistischere Beurteilung durchzusetzen. Die Gesellschaft verlangt mit Recht von jedem Menschen, der nach seiner geistigen Verfassung in der Lage ist, die Grenzen der Rechtmäßigkeit seines Tuns zu erkennen, auch dieser Einsicht gemäß zu handeln. Das ändert freilich nichts daran, daß der straffällig Gewordene Anspruch auf ein rechtsstaatliches Verfahren hat. Das Spannungsverhältnis zwischen dem Interesse des Staates an einer möglichst raschen und lückenlosen Verbrechensaufklärung einerseits und dem Interesse des einzelnen am Schutz seiner Persönlichkeit – vor allem im Ermittlungsverfahren – andererseits ist unaufhebbar. Dabei sollen und dürfen nach sozialdemokratischer Auffassung die Rechte des Beschuldigten, wie sie sich auf dem Boden unserer Verfassung herausgebildet haben, nicht angetastet werden.

Unter dieser Vorbedingung sollte sich aber die SPD von niemandem in dem Bemühen überbieten lassen, den Bürger vor Rechtsbrechern zu schützen. Was die Vergangenheit anbetrifft, so wird man den Sozialdemokraten auf dem Feld der inneren Sicherheit keine ernsthaften Versäumnisse vorwerfen können. Die Polizei hat sogar stets ihre nachdrückliche Unterstützung gefunden. Allerdings waren es selten Sozialdemokraten, von denen Initiativen zum Ausbau der inneren Sicherheit ausgegangen sind. Meist versagte sich die SPD nicht, wenn es um neue Herausforderungen bei der Verbrechensbekämpfung ging, sie marschierte aber selbst nicht an der Spitze. Zudem gab es eine bemerkenswerte Zurückhaltung, wenn es um die Führung des Innenministeriums ging. Im Rahmen von Koalitionsregierungen wurde dieses Ressort in aller Regel dem Koalitionspartner überlassen, was dazu geführt hat, daß es bisher niemals einen sozialdemokratischen Bundesinnenminister gegeben hat.

Für die Zukunft stehen wir jedoch im Hinblick auf die innere Sicherheit vor neuen Herausforderungen. Dies gilt zum einen für die sogenannte organisierte Kriminalität. Inzwischen werden auch in Deutschland internationale Verbrechersyndikate tätig, die über die modernsten technischen Hilfsmittel verfügen. Es ist deshalb dringend erforderlich, daß die Polizei damit gleichziehen kann und beispielsweise in die Lage versetzt wird, auch Telefongespräche abhören zu können, die über eines der privaten Netze geführt werden – unter strengen, gesetzlich festgelegten Voraussetzungen natürlich. Es ist unverständlich, daß die Bundesregierung diese Lücke hat entstehen lassen und bisher nichts zu ihrer Schließung unternommen hat.

Zu einem anderen Bereich, der das Rechtsgefühl unserer Bürger immer mehr strapaziert, gehören die die nationalen Grenzen überschreitenden Demonstrationen, wie sie in letzter Zeit vor allem von der »Arbeiterpartei Kurdistans« (PKK) organisiert werden. Die polizeilichen Maßnahmen gegen die Unruhestifter laufen meist ins Leere, weil diese nach vorübergehender Festnahme entweder im Inland untertauchen oder ins benachbarte Ausland ausweichen, so daß sie deshalb weder abgeschoben noch der Bestrafung zugeführt werden können. Um dem abzuhelfen, werden zwei Maßnahmen diskutiert:

Erstens: Die Teilnahme an einer verbotenen Demonstration für Ausländer wird zu einem eigenständigen Abschiebegrund erklärt.

Zweitens: Neben der Verdunkelungs- und Fluchtgefahr wird ein dritter Grund für die Anordnung von Untersuchungshaft eingeführt, nämlich zur Sicherstellung der Hauptverhandlung bei einem sehr kurzfristig durchzuführenden Strafverfahren.

Es ist nicht zu bestreiten, daß durch solche Gesetzesänderungen die Grenze zwischen dem Sanktionanspruch des Staates und dem Individualschutz des Betroffenen geringfügig verschoben würde, und zwar zu Lasten des letzteren. Trotzdem rate ich der SPD dazu, sich derartigen Überlegungen nicht gänzlich zu verschließen. Zum lebendigen Rechtsstaat gehört auch, daß er von der großen Mehrheit der Bürger getragen und verteidigt wird. Für die PKK-Demonstrationen mit Autobahnsperrungen und brutaler Gewalt gegen Polizeibeamte fehlt unseren Bürgern jedes Verständnis. Sie mißbilligen die angewandten Mittel ebenso wie den Anlaß, daß nämlich unterschiedliche Volksgruppen einer anderen Nation auf unserem Territorium und auf dem Rücken unserer Bürger ihre Konflikte austragen.

Wenn der Rechtsstaat kein Mittel findet, derartige Aktionen zu verhindern oder wenigstens die Schuldigen zu bestrafen, beginnen die Bürger, am Rechtsstaat und seinem Ordnungswillen zu zweifeln. Deshalb muß jeder, der für die Einhaltung der Grenzen des Rechtsstaats kämpft, prüfen, ob ihm die Verhinderung solcher Detailkorrekturen wichtiger ist als der Glaubwürdigkeitsverlust des Rechtsstaats insgesamt in breiten Bevölkerungskreisen.

Alle Abschiebungen von Ausländern stehen im übrigen natürlich unter dem Vorbehalt, daß nur in ein Land abgeschoben werden darf, in dem Folter und Todesstrafe ausgeschlossen sind. Diese »Schranke« darf nach wie vor nicht zur Disposition stehen. Ob ihre Wahrung in der Türkei gewährleistet ist, wird trotz aller Zusagen der türkischen Regierung immer wieder bezweifelt. Ich habe mich bisher von der Richtigkeit dieser Zweifel nicht überzeugen können; sie wurden auch immer von den gleichen Interessengruppen vorgebracht. Trotzdem gehört es zum Verantwortungsbereich der Bundesregierung, diese Frage zu klären und dann mit ihrer vollen Autorität für die Richtigkeit der gefundenen Antwort einzustehen.

Eine weitere Gefahr droht dem Rechtsstaat auf dem Gebiet der sogenannten Bagatellstrafsachen. So hat die Bundestagsfraktion der Partei Bündnis 90/Die Grünen nach Angaben der Bonner Parlamentskorrespondenz vom 25. 7. 1995 beschlossen, bei Ladendiebstählen solle künftig von Strafe abgesehen werden, wenn der Täter nicht einschlägig vorbestraft sei und der Wert der gestohlenen Ware 250 DM nicht übersteige.
Angesichts solcher Bestrebungen kann man sich nur wundern, mit welcher Leichtfertigkeit im Namen eines angeblichen kriminalpolitischen Fortschritts die rechtsethischen Grundlagen unseres Zusammenlebens aufs Spiel gesetzt werden. Ich kann jedenfalls keinem Bürger erklären, warum die Übertretung eines Parkverbots rigoros bestraft wird, wenn Eingriffe in fremdes Eigentum straffrei bleiben. Wer will der Verkäuferin eines Warenhauses klarmachen, daß sie das Eigentum ihres Arbeitgebers zu achten und sogar zu schützen hat, wenn sich Ladendiebe ohne strafrechtliches Risiko bedienen dürfen? Mir ist unverständlich, warum verantwortliche Politiker nicht erkennen, welche elementaren Barrieren unserer Gesellschaftsordnung sie mit solchen Vorschlägen einreißen. Sie sollten sich von dem »kleinen Mann« auf der Straße darüber belehren lassen, wo die Grenzen zwischen Recht und Unrecht im Rechtsbewußtsein unserer Bevölkerung verlaufen.

Bezeichnenderweise werden solche Vorschläge unter dem Motto »Entkriminalisierung« propagiert. Als ob sich durch eine Umetikettierung am Unrechtsgehalt dieser Diebereien irgendetwas änderte! Einige Sozialdemokraten – auch hier beflissen in der Spurrille der Grünen – empfehlen, den Ladendiebstahl zwar nicht völlig sanktionslos zu lassen, aber in eine Ordnungswidrigkeit herunterzustufen.[37] Ich kann auch davor nur warnen. Der Schutz des Eigentums gehört zu den Grundlagen des Rechtsstaats. Wer sich an fremdem Eigentum vergreift, begeht eine strafbare Handlung und keine Ordnungswidrigkeit. Wenn die traditionsreiche Sozialdemokratie ihren hohen moralischen Rang bewahren will, der ihr in breiten Kreisen unserer Bevölkerung immer noch zugemessen wird, muß sie zu einem solchen modernistischen Unfug einen klaren Trennungsstrich ziehen.

Um die Grenzen des Rechtsstaates geht es für mich auch bei der Frage nach dem Schutz für das werdende Leben. Nach jahrzehntelangen politischen Auseinandersetzungen und nach zwei Grundsatzentscheidungen des Bundesverfassungsgerichts gibt es in Deutschland jetzt eine durch die Pflichtberatung der Schwangeren modifizierte Fristenlösung. Obwohl ich persönlich für eine Indikationslösung eingetreten bin und gegen alle Arten von Fristenlösungen stets Bedenken gehabt und geäußert habe (zuletzt als einziger auf dem Programmparteitag am 20. 12. 1989 in Berlin), respektiere ich das mit großer Mehrheit durch den Bundestag verabschiedete Gesetz und den damit in dieser sensiblen Frage eingetretenen Rechtsfrieden. Mir liegt jedoch daran, der SPD, die sich überwiegend immer für das Selbstbestimmungsrecht der Frau beim Abbruch der Schwangerschaft ausgesprochen hat, einen Gesichtspunkt bewußt zu machen, über den zumindest nachgedacht werden sollte.
Die Ehrfurcht vor dem Leben und vor der Natur hat in der Werteskala unserer Tage gegenüber früheren Zeiten einen ungewöhnlich hohen Rang.

Dies zeigt sich unter anderem in einem wachsenden Widerstand gegen alle Eingriffe des Menschen in die Abläufe der Natur. So bereitet es den Verbrauchern zunehmend Sorge, gentechnisch manipulierte Lebensmittel vorgesetzt zu bekommen, die nicht als solche zu erkennen sind. Die Diskussion um ein Transplantationsgesetz hat bei vielen Menschen die Angst geweckt, als Unfallopfer nach dem Kriterium des Hirntodes zur Organentnahme freigegeben zu werden, obwohl vielleicht noch eine winzige Überlebenschance besteht. Engagierte Umweltschützer übertreffen sich in ihrem Einsatz für die »Bewahrung der Schöpfung«. Gelegentlich steigert sich dieses Bemühen sogar ins Absurde. Das gilt beispielsweise für militante Tierschützer, die so tun, als ob Tiere das ewige Leben hätten, wenn sie nicht durch die bösen Menschen umgebracht würden; welche Grausamkeiten gerade die Natur für die altgewordene Kreatur bereithält, wird nicht wahrgenommen.

Die so hoch geschätzte Ehrfurcht vor dem Leben kontrastiert allerdings in auffälliger Weise zu der Bereitschaft, in bestehende Schwangerschaften einzugreifen.[38] Dieser Widerspruch ist nur dadurch zu erklären, daß im Falle des Schwangerschaftsabbruchs der natürliche Prozeß des werdenden Lebens mit einer Konfliktsituation der Schwangeren kollidiert. Die in dieser Situation notwendige Interessenabwägung war für mich immer die kritische Frage, deren Beantwortung mir außerordentliche Schwierigkeiten bereitet hat. Bei den Diskussionen darüber hat mich gelegentlich überrascht, wie leicht andere Sozialdemokraten, die bei jeder Gelegenheit ihr christliches Bekenntnis zum Ausdruck bringen, damit fertig wurden.

Seit der berühmten Entscheidung des Reichsgerichts vom 11. 3. 1927[39] ist es unbestritten, daß bei einer gesundheitlichen Gefährdung der Schwangeren ihr Schutz den höheren Rang beansprucht und einen Abbruch der Schwangerschaft rechtfertigt. Inzwischen ist ebenso anerkannt, daß es auch zahlreiche andere Konfliktsituationen gibt, die es gebieten, den Schutz der Leibesfrucht zurücktreten lassen. Ich habe mich aber nie damit abfinden können, daß jedes beliebige Interesse der Schwangeren einen Abbruch rechtfertigen könnte oder – anders ausgedrückt – daß eine Interessenabwägung überhaupt nicht stattfindet.

In diesem Zusammenhang darf allerdings nicht übersehen werden, daß ein solcher Eingriff für die betroffene Frau stets mit nicht unerheblichen physischen und psychischen Belastungen verbunden ist. Schon dies wird die Schwangere in aller Regel davon abhalten, allzu leichtfertig damit umzugehen. Die immer wieder kolportierten Fälle, in denen eine Beendigung der Schwangerschaft allein wegen einer gebuchten Urlaubsreise oder einer geplanten Anschaffung verlangt worden sei, werden von erfahrenen Kräften aus der Beratungspraxis mit Nachdruck bezweifelt.

Die Lösung des Problems wird noch dadurch erschwert, daß ein Außenstehender kaum in der Lage sein wird, die häufig komplizierten Umstände des Einzelfalles angemessen zu würdigen und die Konfliktlage der Schwangeren zu beurteilen. Deshalb mag es gerechtfertigt sein, die letzte Entscheidung darüber allein der Schwangeren zu überlassen. Allerdings wäre für mich der Zwang zur Beratung unverzichtbar. Keine Konfliktsituation kann so schwer sein, daß der Schwangeren nicht zugemutet werden könnte, noch einmal im Rahmen eines Beratungsgesprächs das Für und Wider des geplanten Eingriffs abzuwägen. Gerade dafür kann es hilfreich sein, ethisch orientierte Maßstäbe für die persönlich zu treffende Entscheidung zu diskutieren und deutlich zu machen, daß nicht jede Unbequemlichkeit in der Lebensplanung es rechtfertigt, werdendes Leben auszulöschen.

In einem der Menschlichkeit verpflichteten Rechtsstaat darf die Ehrfurcht vor dem Leben nicht auf die Ehrfurcht vor dem eigenen Leben reduziert werden. In einer Zeit des allgemeinen Werteverlustes müssen die großen politischen Gruppen Zeichen setzen und ihrem politischen Wollen erkennbar ethische Grundnormen zugrunde legen.

Die Sozialdemokratie steht wie schon sooft in ihrer langen und wechselvollen Geschichte wieder an einer entscheidenden Weggabelung. Ein Fortschreiten auf den ausgetretenen Pfaden wird sie immer weiter von der gesellschaftlichen Wirklichkeit entfernen und in die Bedeutungslosigkeit absinken lassen. Wenn sie aber ihren historischen Aufgaben gerecht werden und ein wirksames Gegengewicht gegen eine von der Dynamik der Marktkräfte benebelte Ellbogengesellschaft errichten will, muß sie in fast allen politischen Bereichen ihre Position neubestimmen. Ein solcher Kraftakt wird nur gelingen, wenn auch organisatorisch unkonventionelle Wege beschritten werden. Zu erwarten, daß ein Parteitag die Vision einer neuen Fortschrittlichkeit in einer Gesellschaft mit globalisierten Märkten und einer sich immer weiter verflüchtigenden Bereitschaft zur Solidarität erarbeiten könnte, wäre wohl unrealistisch.

Deswegen ließe sich dieses Ziel nach meiner Einschätzung nur erreichen, wenn sich die wirklich einflußreichen Köpfe der Partei, unabhängig von ihrer jeweiligen Funktion, zu einem »Rat der Weisen« zusammenfänden. Dieser müßte sich in konzentrierten Klausurtagungen auf den Entwurf eines neuen Programmgerüsts verständigen, der dann der Partei vorgelegt und auf einem Parteitag verabschiedet werden könnte.

III
»Manchmal kommt mir der Zorn hoch ...

Friedhelm Farthmann im Gespräch
mit Hans-Ulrich Jörges,
Düsseldorf, im April 1996

1
Der Streit der Enkel und die Suche nach einer Idee

Herr Professor Farthmann, Sie sind einer der letzten traditionellen Sozialdemokraten. Müssen Sie, wenn Sie heute den Zustand Ihrer Partei betrachten, nicht Ralf Dahrendorf recht geben, der die Meinung vertritt, das sozialdemokratische Jahrhundert sei zu Ende? Ist die SPD dabei, sich als prägende Kraft aus der deutschen Geschichte abzumelden?

Ich sehe in der Tat, daß dieses Risiko besteht. Ich glaube, daß die SPD am Abgrund steht – offenbar näher, als viele zu erkennen vermögen. Dabei habe ich immer den Standpunkt vertreten – und die Richtigkeit dieses Standpunktes wird von Woche zu Woche deutlicher –, daß das Problem der SPD in erster Linie nicht ein personelles, sondern ein inhaltliches ist. Wir sind inhaltlich derartig weit auseinander, daß dies auch der geschickteste und klügste Vorsitzende nicht überbrücken könnte. Das wäre auch Willy Brandt nicht gelungen. Entscheidend ist nun, daß wir damit anfangen, neu zu definieren, wofür die SPD steht, was ihre Aufgabe als linke Volkspartei ist.

Hat die SPD heute noch eine Idee? Welche wäre das?

Diese Frage treibt mich seit Jahren um. Ich habe seit langem gespürt, daß uns das Pulver allmählich ausgeht. Wir hatten in den siebziger Jahren noch einmal einen großen Aufschwung unter dem damaligen Bundesarbeitsminister Walter Arendt. Die

Sozialpolitik war unser Herzstück. Auf diesem Feld haben uns auch die Bürger die größte Kompetenz zugeschrieben. Damals ist uns noch einmal mit der Betriebsverfassung und einer Fülle von sozialen Verbesserungen ein Schritt nach vorn gelungen, wie es ihn seit Bismarcks Sozialreform vor mehr als hundert Jahren nicht mehr gegeben hatte. Danach kam dann die ganz große Leere.

War schon die Ära Schmidt, die ja durchaus noch erfolgreich war für die SPD, der Beginn der inhaltlichen Auflösung?

Ja. Unter Helmut Schmidt gab es nur noch Krisenmanagement. Es gab keine fruchtbare Weiterentwicklung mehr.

Keine Ziele mehr, sondern nur noch Verwaltung ...

Die politischen Ziele der SPD und die politische Wirklichkeit klafften immer weiter auseinander. Und – so bitter das jetzt auch klingen mag – es ist in der Partei trotz des hohen Ansehens von Helmut Schmidt fast als Erlösung empfunden worden, als er durch das konstruktive Mißtrauensvotum Helmut Kohls gestürzt wurde. Die Partei spürte, sie kann es nicht länger hinnehmen, daß unter ihrer Regierungsverantwortung die Arbeitslosigkeit immer weiter steigt und Sozialabbau betrieben wird. Daß es danach noch viel schlimmer wurde, ändert leider an diesem Befund nichts. Damals wurde das so empfunden.

Die SPD hat ein Jahrhundert lang für die Emanzipation der Arbeitnehmerschaft gekämpft. Das verstand sie als ihre historische Mission. Mitbestimmung, Vermögensbildung, Demokratisierung der Gesellschaft waren die zentralen Ziele. Kann es sein, daß sich die Partei selbst überflüssig gemacht hat, daß ihr Erfolg zugleich ihr Ende bedeutet?

Jedenfalls ihr Ende in dem Sinne, daß die bisherige Programmatik nicht mehr trägt. Denn das, was vor über hundert Jahren auf die Fahnen geschrieben wurde, ist weitgehend erreicht – jedenfalls das, was bei realistischer Betrachtungsweise erreichbar war. Unsere Vorfahren würden, wenn sie die inzwischen erreichten Erfolge sähen, zweifellos sagen: Unsere historische Aufgabe ist erfüllt. Aber wir wissen natürlich auch, daß unsere Gesellschaft heute keineswegs ideal ist. Der Unterschied zwischen Arm und Reich ist fast größer als zur Zeit von Karl Marx. Es kann auch keine Rede davon sein, daß der »kleine« Mann, daß die Unterprivilegierten keines Schutzes gegen Willkür mehr bedürften. Aber die Aufgaben sind völlig anders geworden. Und diese Umorientierung auf neue Aufgaben haben wir noch nicht bewältigt.

Globalisierung, Arbeitslosigkeit, Sozialstaat

Und die gesellschaftliche Problemlage hat sich radikal verändert. Früher konnte im Rahmen einer nationalen Volkswirtschaft Politik gemacht werden: Wirtschafts- und Sozialpolitik, Reformpolitik. Heute steht die gesamte Politik unter dem Diktat der Globalisierung der Märkte. Der verschärfte internationale Wettbewerb und der Export von Arbeitsplätzen setzen das deutsche Lohn- und Sozialsystem enormem Druck aus. Heute dreht sich die politische Debatte nicht mehr um Wohlstandsmehrung für Arbeitnehmer, sondern um Abbau und Beschneidung von Erreichtem. Kann die SPD vor dem Hintergrund ihrer Geschichte und ihres Grundverständnisses eine solche Debatte überhaupt offensiv und reformerisch führen, oder wirkt sie nicht konservativ und starr, weil sie immer defensiv reagiert?

Ihre Zustandsbeschreibung ist mir zu defensiv. Sie sagen ja praktisch: Wir können keinen Fortschritt mehr betreiben, weil die finanziellen und wirtschaftlichen Ressourcen das nicht mehr zulassen.

Das wäre ein Mißverständnis. Die Analyse, die meiner Frage zugrunde liegt, lautet: Die Gesellschaft verfügt nach wie vor über enormen Wohlstand. Aber die internationale Konkurrenz um Arbeitsplätze und der Druck durch niedrigere Standards im Ausland setzen das in Deutschland erreichte Lohn- und Sozialniveau ständiger Korrektur nach unten aus.

Das ist zwar richtig, aber dennoch eine rein defensive Position. Ihr Befund lautet: Ich kann keinen sozialen Fortschritt mehr erreichen, weil ich sonst in der internationalen Konkurrenz nicht mehr zurechtkomme. Das genügt mir nicht. Ich sage: Wir wollen gar keine materiellen Verbesserungen mehr, weil das unsere Natur nicht mehr zuläßt. Wir müssen in aller Deutlichkeit feststellen: Einen noch höheren Lebensstandard, als wir ihn in Japan, in Nordamerika und in Mitteleuropa erreicht haben, verkraftet unsere Erde nicht. Die soziale Frage der Zukunft ist nicht mehr Wohlstandsmehrung für unsere Facharbeiter, sondern das Wohlstandsgefälle in der Welt. Hier muß ein neuer Fortschrittsbegriff ansetzen.

Liegt uns nicht zunächst die Schaffung von Arbeit in Deutschland näher? Wir sind inzwischen bei rund vier Millionen Arbeitslosen angelangt, und ein Ende dieser Entwicklung ist nicht abzusehen.

Auch da muß ich etwas Wasser in den Wein gießen. Denn wenn wir uns vorstellen, daß für all diese Arbeitslosen auf dem heute erreichten Produktivitätsniveau Beschäftigung geschaffen würde, dann würde dies einen Ressourcenverbrauch auslösen, der gar nicht mehr zu verantworten wäre. Daher werden wir wohl den Begriff der Arbeit und der Erfüllung durch Arbeit anders definieren müssen. Unsere Diskussion zeigt doch, daß die Kategorien, die man bisher für Erfolg und Mißerfolg angelegt hat, nicht mehr tragen. Wir haben nur die Alternative zu sagen, wir machen die Augen zu, bis eines Tages die große Katastrophe kommt ...

Sie meinen die ökologische Katastrophe?

... die ökologische Katastrophe. Ständiges Wachstum muß irgendwann kollabieren. Ob wir das noch selbst erleben oder erst unsere Enkel, weiß ich nicht, aber daß es kommt, ist so sicher wie das Amen in der Kirche. Und deswegen gibt es nur diese Alternative: Entweder »Weiter so«, oder wir müssen Fortschritt neu definieren. Und das hat die SPD bisher nicht geschafft.

Die Sozialdemokratisierung der CDU

Bevor wir diesen Punkt weiter diskutieren: Ist der größte Erfolg der SPD im parteipolitischen Sinne nicht die Sozialdemokratisierung der CDU? Gibt es heute überhaupt noch grundlegende politische Unterschiede zwischen beiden Parteien?

In der Tat ist es richtig, daß die Sozialdemokratie fast alles, wofür sie einmal angetreten ist, erreicht hat – man kann fast sagen: von den Oppositionsbänken aus. Ihre Ideen waren so überzeugend, daß sie auch von den anderen Parteien übernommen worden sind – jedenfalls im Kern. Anders ausgedrückt: Die anderen Parteien konnten sich dem gar nicht entziehen. Deshalb wird mit einer gewissen Berechtigung gesagt: Die CDU ist in Wahrheit eine andere Form von Sozialdemokratie, jedenfalls wenn man die alten Maßstäbe anlegt. Aber auch daran zeigt sich, daß wir zu neuen Dimensionen kommen müssen.

Helmut Kohl herrscht heute unangefochtener denn je. Trotz Haushaltskrise, trotz Steuerchaos, trotz Milliarden-Schulden, trotz vier Millionen Arbeitslosen. Hat Kohl der SPD das Genick gebrochen? Ist er eine Figur von historischer Dimension – auch jenseits seiner Verdienste um die deutsche Einheit?

Ich glaube, daß Kohls Hauptverdienst in der Tat bei der Verwirklichung der deutschen Einheit lag. Da hat er die große Begabung des Politikers erkennen lassen. Er war in der entscheidenden historischen Sekunde da und hat die Initiative ergriffen, daß es den anderen fast den Atem verschlagen hat, und er hat dadurch eine wirklich historische Leistung vollbracht. Aber ich glaube auch, daß er auf anderen Gebieten von der Unzulänglichkeit des politischen Gegners lebt. In der Politik gilt wie im Fußball: Man spielt immer so gut, wie es der Gegner zuläßt. Und der Gegner, sprich: die Sozialdemokratie, hat es den Konservativen seit dem Machtwechsel 1982 sehr, sehr leicht gemacht. Kohl hatte praktisch keinen Gegner.

Die Krise der Gewerkschaften

Die Gewerkschaften stecken in der gleichen Orientierungskrise wie die SPD. Ist die Phase regelmäßigen Einkommenszuwachses bei immer kürzerer Arbeitszeit vorbei? Geht es nur noch um eines: die Rettung möglichst vieler Arbeitsplätze? Stellt sich nicht inzwischen sogar die Frage, ob die Erfolge der Arbeiterbewegung unter den neuen Gegebenheiten der Globalisierung geradezu kontraproduktiv sind, weil sie Arbeitsplätze vernichten?

Ich glaube, daß die Krise der Gewerkschaften für sie selbst, für ihre Organisation, noch gefährlicher ist als die Krise der Sozialdemokratie für meine Partei. Für die Gewerkschaften gilt das gleiche, was ich für die SPD konstatiert habe: Die Ziele der alten Arbeiterbewegung sind im wesentlichen erreicht. Da ist nicht mehr viel zu holen. Es gibt nur noch eine große Frage, die nach wie vor ungeklärt ist, das ist die Frage nach der sozialen Gerechtigkeit. Karl Marx hat sich darüber paradoxerweise im Grunde keine Gedanken gemacht. Er war dem folgenschweren Irrtum erlegen – und hat damit die sozialistische Bewegung über mehr als hundert Jahre geprägt –, daß durch die fortschreitende Entfesselung der Produktivkräfte eines Tages so viele Güter produziert werden könnten, daß man kein Geld mehr brauche, weil es des Preisregulativs gar nicht mehr bedürfe, denn jeder könne sich ja nach seinen Bedürfnissen nehmen, was er brauche. Das war ein fataler Irrtum, weil die Ressourcen der Erde nicht ausreichen und weil die Wünsche des Menschen unendlich sind: Je mehr er hat, desto mehr will er. Deswegen ist auch der Wunsch der Sozialdemokratie und der Gewerkschaftsbewegung, daß über die Verteilung des Mehrertrages soziale Gerechtigkeit zu erzielen sei, nicht in Erfüllung gegangen. Die Gewerkschaften haben zwar dafür gesorgt, daß die Kaufkraft der breiten Arbeitnehmerschaft in einem unglaublichen Maße gesteigert worden ist. Aber man hat die Kapitalbesitzer und Freiberufler niemals einholen können, weil deren Vermögen in einem noch stärkeren Maße gestiegen ist. Die Differenz in der Vermögens- und Einkommensverteilung ist deshalb heute mindestens so groß wie zur Zeit von Karl Marx. Wenn ich heute lese, daß die Jahreseinkommen von Vorstandsmitgliedern großer Aktiengesellschaften in zweistellige Millionenhöhe getrieben werden sollen, dann halte ich das für absurd, für eine unglaubliche Instinktlosigkeit, was von einem völligen Unverständnis für soziale Gerechtigkeit bei immer weiter steigender Arbeitslosigkeit zeugt. Daran zeigt sich, daß die ganz große Aufgabe, für die die Gewerkschaften mal angetreten sind, nämlich soziale Gerechtigkeit herzustellen, nicht gelöst worden ist. Und in Zukunft wird ihre Lösung noch schwieriger, weil wir keinen Zuwachs der Masseneinkommen mehr haben und vielleicht auch nicht mehr haben dürfen. Die soziale Frage ist heute nicht mehr, ob der soziale Status unserer Facharbeiter weiter verbessert werden kann. Wir müssen uns konzentrieren auf die Armut in der Dritten Welt und natürlich auch auf die Armut in unserer eigenen Gesellschaft. Aber dabei geht es nicht mehr um die Armen, die die Arbeiterbewegung mal im Auge hatte – also die Beschäftigten in den Betrieben –, sondern um die sozialen »Outlaws« unserer Gesellschaft. Das sind alleinerziehende Mütter, das sind Kranke, das sind auch Ausländer und Asylbewerber.

»Bündnis für Arbeit« – Abschied vom Wachstum

Die Gewerkschaften stehen doch vor der Wahl, ob sie für einen immer kleiner werdenden Teil von Facharbeitern immer größeren Wohlstand erzielen oder ob sie ihre eigene Mitgliederbasis dadurch erhalten, daß sie ihr Hauptaugenmerk auf die Schaffung neuer Arbeit richten. Die Idee des »Bündnisses für Arbeit« deutet ja darauf hin, daß dieser Widerspruch erkannt worden ist. Das heißt, die Gewerkschaften sind im Moment dabei, sich andere Ziele zu setzen, indem sie einen Teil dessen wieder zurücknehmen, was sie früher in Lohnkämpfen erreicht haben.

Genauso ist das. Die Gesellschaft verabschiedet sich langsam von dem alten Ziel allgemeinen Wirtschafts- und Einkommenswachstums. Man erkennt die Grenzen, nicht nur die ökologischen Grenzen, sondern auch die Begrenztheit des Arbeitsvolumens. Es ist ganz klar: Wenn die Produktivität der menschlichen Arbeit immer weiter steigt, dann steht – jedenfalls in der klassischen Organisation von industrieller Beschäftigung – für immer weniger Menschen Arbeit zur Verfügung – unabwendbar.

Ist es nicht absurd, daß der alte Traum der Menschheit, die Befreiung von Arbeit durch technischen Fortschritt, heute als Last empfunden wird? Daß die Gesellschaft nicht in der Lage ist, die Befreiung von Arbeit durch Umverteilung und Neuorganisation der Beschäftigung zu einem Fortschritt für alle zu machen?

Ich stimme Ihnen völlig zu. Es ist geradezu widersinnig, daß die Fron der Arbeit gesucht wird und daß Lebensbefriedigung vermißt wird, wenn sie verlorengeht. Wir müssen sicher zu einer neuen Definition von Arbeit kommen, und wir müssen Beschäftigung in ganz neuen Feldern organisieren. Ich glaube, daß es im Bereich von sozialen Dienstleistungen Millionen von neuen Arbeitsplätzen geben könnte – gerade für solche Menschen, die den unglaublichen Anforderungen des modernen Arbeitsprozesses nicht mehr gewachsen sind. Die Gesellschaft leidet ja unter einem dramatischen Mangel an menschlichen Hilfeleistungen. Wenn wir die Zivildienstleistenden nicht mehr hätten, dann brächen doch viele soziale Einrichtungen zusammen. Ich glaube, daß hier eine Entlastungsoffensive für den Arbeitsmarkt gestartet werden könnte. Das wird allerdings nicht zu Tariflöhnen gehen, sondern da werden wir neue Wege finden müssen, hin zu einer Kombination von privatem Zuverdienst und öffentlichen Lohnersatzleistungen. Aber irgendwann wird natürlich auch diese Möglichkeit erschöpft sein. Denn der Produktivitätszuwachs geht ja immer weiter. Vor hundert Jahren arbeitete mehr als die Hälfte der Berufstätigen in der Landwirtschaft. Heute sind es bei uns weniger als drei Prozent, und die machen uns nicht nur alle satt, sondern wir sind sogar noch ein Agrar-Exportland. In der industriellen Produktion sind heute noch knapp 40 Prozent der Arbeitnehmer beschäftigt. Eines Tages werden es nur noch 20 Prozent sein, vielleicht sogar nur noch 10 Prozent. Und die werden die gleiche Gütermenge erzeugen wie bisher. Das bedeutet: Unsere Gesellschaft wird sich abfinden müssen mit ganz neuen Vorstellungen von der Bewertung menschlicher Arbeit, auch des Verhältnisses von Arbeit und Freizeit.

Gewerkschaften und SPD: Zerbricht das Bündnis?

Kommen wir noch mal auf die Gewerkschaften zurück. Teilen Sie die Einschätzung, daß sich die Gewerkschaften zunehmend von der SPD lösen? In Bayern gibt es fast so etwas wie ein herzliches Einvernehmen zwischen dem dortigen DGB-Landesvorsitzenden und dem CSU-Ministerpräsidenten Edmund Stoiber. Neigt sich auch das historische Bündnis zwischen SPD und Gewerkschaftsbewegung dem Ende entgegen?

Ich würde das nicht überbewerten. Es gibt eine Verunsicherung in beiden Organisationen, das ist richtig. Aber ich glaube nicht, daß das eine prinzipielle Frage ist. Gewerkschaften und SPD sind ja nicht irgendwann mal ein historisches Bündnis eingegangen, sondern sie haben denselben Ursprung. Beide werden sich nun eine neue Aufgabe suchen müssen, und diese neue Aufgabe werden sie gemeinsam finden, oder sie werden zugrunde gehen. Deswegen kann ich die Gewerkschaften nur davor warnen, zu glauben, sie könnten mit den konservativen Parteien oder sogar den Grünen eine bessere Form der Zusammenarbeit finden als mit der SPD. Das wären nur ganz kurzatmige, absolut zukunftsunfähige Bündnisse.

Was ist denn die neue zentrale Aufgabe der Gewerkschaften? Nicht mehr Einkommenssteigerung, sondern Schaffung von Arbeit?

Darum müßte es gehen. Obwohl die Gewerkschaften natürlich genau wissen, daß sie damit für diejenigen, die Arbeit haben, wenig attraktiv sind.

Weil sie ihnen die Überstunden nehmen...

Genauso ist das. Und deswegen glaube ich, daß die Zukunft der Gewerkschaften noch elementarer bedroht ist als die der SPD. Ich sehe mit einer gewissen Bitterkeit, auch mit einer gewissen Enttäuschung, daß sich die jüngere Generation der Gewerkschaftsführer dieser Aufgabe nicht mutig genug stellt, daß sie nicht neue Ziele ins Auge faßt, sondern nur taktisch reagiert.

Die Flächentarifverträge brennen überall lichterloh. In Ostdeutschland gibt es ganze Branchen, in denen die Unternehmer gar nicht mehr den Arbeitgeberverbänden angehören, in denen statt dessen Haustarife abgeschlossen werden. Der Trend ist offenbar nicht aufzuhalten. Es gibt auch einen heftigen Streit im Arbeitgeberlager, ob überhaupt noch Flächentarifverträge abgeschlossen werden sollen. Sind die Gewerkschaften nicht irgendwann in der Lohnfrage überflüssig, wenn das so weitergeht?

Ich befürchte das. In dem Moment, in dem die Lohnfrage nicht mehr entscheidend ist, oder anders ausgedrückt: in dem die Lohnsteigerung nicht mehr auf der Tagesordnung steht, ist die über hundert Jahre alte Rolle der Gewerkschaften vorbei. Ihr Kernanliegen war immer der Lohntarif. Und wenn die Tarifmaschine nicht mehr läuft, ist dies das Ende der historischen Aufgabe der Gewerkschaften. Dann stellt sich die Frage, ob es auch das Ende ihrer Existenz bedeutet, oder ob sie eine neue Aufgabe finden.

Also war das Angebot der IG Metall zum »Bündnis für Arbeit« ein taktisch geschickter, aber ein defensiver Schachzug?

Es war ein taktisch geschickter Schachzug, es war ein sehr mutiger Schritt und es war auch der Versuch, die Not der bisherigen Gewerkschaftspolitik zu signalisieren. Daß das ein Gewerkschaftsvorsitzender getan hat, vielleicht mehr instinktiv als rational, habe ich als unheimlich belebend empfunden.

Der Zusammenbruch des »realen Sozialismus«

Hat die SPD eigentlich wirklich begriffen, was mit dem Zusammenbruch des »real existierenden Sozialismus« im Osten passiert ist? Daß damit auch ihre eigene Existenzberechtigung in Frage gestellt ist, nämlich die Suche nach dem dritten Weg?

Das habe ich mich auch oft gefragt. Die Erschöpfung der historischen Mission der Sozialdemokratie war schon vor 1989 deutlich zu spüren – der Konkurs des »real existierenden Sozialismus« hat ihr aber dann die letzte Decke weggezogen. Bis dahin konnte sich die SPD immer hinter der behaglichen Position des dritten Weges verstecken, nach dem Motto: Wenn ihr uns nicht akzeptiert, dann droht die radikale Lösung. Daß sie nun völlig nackt dastehen, haben die Sozialdemokraten überhaupt nicht begriffen. Ich erinnere mich noch genau, als ich eingeladen war, um anläßlich des 90jährigen Bestehens der Bremer SPD-Fraktion eine Rede zu halten. Das war Ende Januar 1990, also wenige Wochen nach der Öffnung der Mauer. Ich habe damals gesagt, dieser Umbruch wird für uns tiefgreifendere programmatische Auswirkungen haben, als wir heute alle ahnen. Und wir haben noch nicht den Versuch unternommen, darauf zu reagieren. Da haben mich alle verständnislos angeguckt und waren wie erstarrt.

Damals lebte die SPD ja noch in der Illusion, das historisch »rote« Mitteldeutschland werde wieder zur SPD kommen und die Partei in Gesamtdeutschland mehrheitsfähig machen.

Ein Irrtum von historischer Dimension. Die SPD hat damals gar nicht begriffen, daß sie plötzlich ganz hilflos dastand. Inzwischen ist ihre klägliche programmatische Lage vollends sichtbar geworden, ohne daß die Partei irgend etwas konstruktiv dagegengesetzt hätte. Einer, der das damals früh erkannt hat und auf den ich mich in Bremen schon berufen konnte, war der Vorsitzende der Gewerkschaft Erziehung und Wissenschaft, Dieter Wunder, der in einem bemerkenswerten Aufsatz Ende 1989 geschrieben hat: Wir müssen uns darauf einstellen, daß die Systemkonkurrenz zu Ende ist. Wir sind nicht mehr die große, verlockende Alternative, wir müssen ganz neu nachdenken und unseren eigenen Weg finden.

Welche Bedeutung hat heute noch der Begriff »demokratischer Sozialismus«?

Tja...

Ist das nur eine historische Worthülse, die die SPD noch mit sich rumschleppt, ohne sie füllen zu können, oder können Sie damit unter den veränderten Bedingungen noch etwas verbinden?

Als ich Student war, hat mich mal jemand gefragt: Was ist eigentlich der Unterschied zwischen sozial und sozialistisch? Da habe ich geantwortet: Sozial sein heißt, Almosen verteilen, und sozialistisch sein heißt, Ansprüche durchsetzen. So gesehen ist Sozialismus – im Sinne des Anspruchs auf Gleichheit aller Menschen – noch immer ein tragender Grundsatz.

Aber das ist die denkbar reduzierteste Definition von Sozialismus. Ursprünglich hatte die SPD mal die Vergesellschaftung der Schlüsselindustrien im Programm. Das war der Kern von Sozialismus, des wirtschaftssozialistischen Modells. Davon redet heute doch kein Mensch mehr, der Kapitalismus triumphiert, und die SPD hat sich damit abgefunden.

Im Prinzip haben Sie recht. In der Tat hat die Arbeiterbewegung mal geglaubt, ein menschenwürdiges Dasein, die Gleichheit aller Menschen sei nur möglich, wenn die Privilegierung mit Hilfe des Produktionsmittelbesitzes abgeschafft werde. Inzwischen wissen wir, daß das ein Irrtum war, daß die Eigentumsfrage gar nicht so entscheidend ist, sondern daß das Bedienen der Machthebel von ganz anderen Faktoren abhängig ist. Heute wissen wir außerdem, daß das Gleichheitsgebot auch seine Grenzen hat. Wie der Kommunismus erwiesen hat, kann es sogar fürchterliche Folgen haben, wenn man dem Gleichheitsgebot den absolut dominierenden Rang einräumt. Wir wissen heute, daß der Gleichheitsbegriff mit dem Freiheitsbegriff kollidieren und daß die Freiheit unter überzogenen Gleichheitsvorstellungen leiden kann. Aber natürlich muß die SPD mit aller Kraft auf der Gleichheit der Chancen für alle Menschen beharren. Inwiefern sie diese dann wahrnehmen, überhaupt wahrnehmen wollen und auch nach ihren Fähigkeiten wahrnehmen können, ist eine andere Frage.

Das Versagen bei der deutschen Einheit

Kommen wir noch mal zurück zur deutschen Einheit. Wäre Willy Brandt nicht gewesen, hätte die SPD in dieser historischen Situation wahrscheinlich vollkommen versagt. Wie erklären Sie sich, daß die Partei, die zu Konrad Adenauers Zeiten in Westdeutschland die gesamtdeutsche Partei überhaupt war, dann 1989 und 1990 die sanfte Revolution in Ostdeutschland nicht verkraftet hat? Was ist da passiert? Lag es am Generationenwechsel, daß die SPD in ihrer

überwältigenden Mehrheit die deutsche Zweistaatlichkeit verteidigt hat?

Das ist eine ganz schwierige Frage ...

Was die SPD immer propagiert hat, nämlich »Wandel durch Annäherung«, war doch endlich eingetreten. Aber als es passiert war, wollte
sie es nicht mehr annehmen.

Genauso ist es. Ich war schockiert, als ich erfahren mußte, wie der
größte Teil unserer Funktionäre darüber dachte. Es war für mich
persönlich nie zweifelhaft, nicht eine Sekunde in meiner ganzen
Laufbahn, daß unsere politische Arbeit immer unter dem Vorbehalt der deutschen Wiedervereinigung stand. Alle Europa-Akti-
vitäten habe ich immer auch mit einem weinenden Auge beobachtet, weil ich die Sorge hatte, jede Vertiefung der europäischen
Einigung könne den Graben zum anderen Teil Deutschlands
breiter werden lassen. Und ich habe ein unbeschreibliches
Glücksgefühl erlebt, es hat mir die Tränen in die Augen getrieben, als ich plötzlich spürte, wir stehen vor der Möglichkeit, die
beiden deutschen Staaten wiedervereinigen zu können. Um so
entsetzter war ich, als ich merkte, daß das überhaupt nicht der
Gefühlslage der meisten Funktionäre meiner Partei entsprach.

War das eine Generationenfrage?

Es war sicher vieles im Spiel dabei. Zunächst mal Opportunismus
und geistige Bequemlichkeit. Denn man muß natürlich auch
berücksichtigen, daß Politik nur von Menschen gemacht wird,
und jeder denkt bei einem solchen Umbruch natürlich auch daran, was das für die Position bedeutet, die er sich erarbeitet hat.
Bricht dann nicht alles zusammen? Viele hatten wohl auch die
Befürchtung, die Bewegung in Ostdeutschland könnte unkontrollierbar werden. Aber als Hauptgrund sehe ich die fatalen
Auswirkungen der 68er Bewegung. Die 68er hatten sich weit von
dem entfernt, was der normale Bürger dachte, und lutschten statt

dessen ideologische Kamellen. Man träumte von einem neuen Sozialismus-Modell in der DDR. Dieses Hätschelkind wollte man nicht pleite gehen lassen.

Hat die SPD damals – möglicherweise aus den gleichen Ursachen – ein Problem mit dem Begriff »Nation« gehabt?

Früher hatte sie damit nie Schwierigkeiten, man denke nur an Kurt Schumacher.

Die deutsche Teilung galt ja für viele als eine Art »historische Strafe« für den Zweiten Weltkrieg und die deutschen Verbrechen ...

Das habe ich auch vernommen von Leuten, die sonst sehr klug sind und die nun meinten, durch Auschwitz sei es uns verboten, jemals wieder den Wunsch nach der deutschen Einheit zu äußern. Ich hielt das für absurd, ja geradezu für pervers. Weil so kluge Leute wie Günter Grass diesen Standpunkt dezidiert vertreten haben, habe ich mich darum bemüht, ihn zu verstehen. Aber ich kann ihn nicht verstehen. Manchmal habe ich auch das Gefühl, daß Leute, um nicht in den Verdacht des Nationalismus oder gar des Nationalsozialismus zu geraten, auch meinen, sie dürften nichts Nationales mehr denken, nicht mal mehr von der Nation sprechen. Aber es müßte doch eigentlich so selbstverständlich wie nur irgend etwas sein, daß es Nationen gibt und daß dies eine Kategorie ist, die vor der Geschichte ihre Wahrheit und ihre Wirklichkeit hat.

Haben Sie den Eindruck, daß die SPD heute, im Jahre sieben nach dem Fall der Mauer, die Einheit in ihrer ganzen Dimension begriffen hat?

Ja und nein. Es hat mich innerlich amüsiert zu sehen, wie viele Sozialdemokraten, deren Bedenken gegen die Einheit ich noch im Ohr habe, ihre Hälse gar nicht schnell genug vor die Fernsehkameras wenden konnten ...

...um zu verkünden, daß die Einheit die Konsequenz ihrer Politik gewesen sei.

Ja (lacht). Obwohl das natürlich objektiv stimmt – bloß nicht subjektiv, was die Motive der handelnden Personen betrifft. Ich bin wirklich der Meinung, daß die deutsche Wiedervereinigung nicht gekommen wäre ohne den Wandel durch Annäherung. Die Ostpolitik Willy Brandts war eine existentielle Voraussetzung für die Annäherung der beiden Blöcke und letzten Endes für deren Überwindung. Aber es ist richtig, daß manche, die damals schon zur Führungsriege der SPD gehörten, dies nicht gewollt haben.

Offenbar hat ja auch heute noch die große Mehrheit der Ostdeutschen das Gefühl, daß die SPD in dieser Frage weder Fisch noch Fleisch ist. Die SPD ist in vielen Landschaften Ostdeutschlands nach wie vor eine unbedeutende Größe.

Das hängt allerdings auch mit der Enttäuschung der Ostdeutschen über die Folgen der Wiedervereinigung zusammen. Und dies ist natürlich zum Teil auf das Versagen der Bundesregierung zurückzuführen. Man hat – um das mal salopp zu sagen – den Deutschen die Wiedervereinigung zu leicht gemacht. Der Kanzler hätte sagen müssen: »Dieses historische Geschenk kriegen wir nicht umsonst. Jetzt werden Rechnungen präsentiert, die in den vergangenen vierzig Jahren schon fällig gewesen wären. Und das wird für uns alle Opfer bedeuten, es wird morgen noch keine blühenden Landschaften geben können.« Die Menschen haben ja die Eigenschaft, daß man ihre Erwartungen unheimlich beeinflussen kann. Und Helmut Kohl hat eine völlig unrealistische Erwartungshaltung in der ostdeutschen Bevölkerung erweckt. Die Menschen, die vierzig Jahre die Grundfreiheiten entbehren mußten, haben deshalb dieses Geschenk der Geschichte nicht als Geschenk empfunden, sondern fast als Betrug der Geschichte. Darunter leidet auch die SPD. Ich glaube nicht, daß die SPD in Ostdeutschland ein schlechteres Renommee hat als die anderen West-Parteien.

Nun ist ja die Ost-SPD in der düsteren Übergangsphase, als die großen Enttäuschungen eintraten – Betriebe zerschlagen und Arbeitsplätze vernichtet wurden, zum Teil von miesen Figuren und windigen Geschäftemachern –, nicht eben durch besonders deutliche Opposition hervorgetreten. Sie hat mitgemacht.

Die SPD hat in dieser Phase alle Fehler gemacht, die sie nur machen konnte. Sie hat zuerst deutlich zum Ausdruck gebracht, daß ihr die Wiedervereinigung in Wirklichkeit nicht in den Kram paßt. Das hat schon eine große Ernüchterung hervorgerufen. Danach war sie aber auch nicht die politische Kraft, die für den Vereinigungsprozeß die große Alternative gegenüber der Bundesregierung entwickelt hätte. Dabei ist bei der Abwicklung der ostdeutschen Wirtschaft in einem unglaublichen Maße Korruption zutage getreten. Ich bin weit entfernt von idealistischen Vorstellungen. Aber dort haben sich Leute in einem Maße bedient, wie wir es nicht hätten tolerieren dürfen. Auch das hat der Einheit eine eigenartige Wildwest-Brutalität gegeben.

Es hat sehr lange gedauert, bis in Bonn ein Treuhand-Untersuchungsausschuß eingesetzt wurde. Als er zu Ende war, wurde er sang- und klanglos beerdigt.

So ist es. Man hat gar nicht gehört, daß er zu Ende gegangen ist.

Dabei wurde der Ausschuß von Otto Schily aus der SPD geleitet, von dem man eigentlich annahm, er würde mit besonderer staatsanwaltlicher Genauigkeit zu Werke gehen. Ist da die Mitwirkung von Genossen in den Aufsichtsgremien der Treuhand zugedeckt worden?

Das glaube ich nicht. Daran haben viele mitgewirkt.

Bündnisse mit der PDS?

Halten Sie es eigentlich für möglich – wir haben das Thema schon mal am Rande berührt –, daß der Begriff des Sozialismus in neuer Form wiederaufersteht? In Osteuropa gibt es ja schon so etwas wie eine postsozialistische Renaissance.

Ich kann mir nicht denken, daß das Streben der Menschen nach gleichen Lebenschancen durch den Untergang des »real existierenden Sozialismus« zu Ende ist. Anders ausgedrückt: Der Sieg der Marktwirtschaft kann nicht bedeuten, daß das Streben nach sozialer Gerechtigkeit erstirbt. Auch in Deutschland nicht, trotz der Überflußgesellschaft, in der wir leben. Ob man an diesem Begriff festhält, steht auf einem anderen Blatt, ich hänge nicht daran. Aber wenn es uns nicht gelingt, eine moderne Position des demokratischen, des freiheitlichen Sozialismus zu finden, eine neue Plattform für eine linke Volkspartei, dann werden wir das Feld allein den Erben Honeckers überlassen. Ich würde das bedauern. Deswegen rate ich dazu, wirklich ernsthaft daranzugehen, eine Alternative zum Markt, zum Wettbewerb und zur Herrschaft des Geldes zu formulieren.

Die PDS befindet sich trotz aller widerstreitenden Kräfte, die es in der Partei noch gibt, auf einem ziemlich rasanten Kurs der Sozialdemokratisierung. Halten Sie es für denkbar, daß SPD und PDS offen koalieren, irgendwann vielleicht sogar – auch wenn das im Moment sehr gewagt klingt – fusionieren?

Ich bin nicht sicher, ob sich die PDS eher der SPD annähert oder eher den Grünen. Wenn ich ihr Programm richtig verstanden habe, ist es zusammengewürfelt aus abgekupferten Positionen von Grünen und linken Sozialdemokraten. Was die PDS eigentlich als Ganzes will, weiß sie – glaube ich – selber noch nicht. Ihre Wirkung, ihre Attraktivität besteht im Moment nur darin, daß sie das Lebensgefühl der ostdeutschen Bürger wie keine andere politische Gruppe anspricht. Ich glaube nicht, daß die PDS eine ernsthafte programmatische Alternative darstellt. Dazu ist das alles zu unausgegoren, zu widersprüchlich. Deswegen vermute ich auch, daß die PDS eine zeitlich sehr begrenzte Existenz haben und daß in zehn oder zwanzig Jahren niemand mehr über sie reden wird. Aber das kann auch anders kommen, wenn die Sozialdemokraten nicht in der Lage sind, die neue Alternative der demokratischen Linken zu formulieren.

Wenn die PDS als Regionalpartei in Ostdeutschland weiter bestehen sollte, stellt sich doch möglicherweise irgendwann die Frage, warum es eigentlich zwei sozialdemokratische Varianten nebeneinander gibt. Ist es nicht denkbar – auch wenn diese Überlegung heute viele Abwehrreaktionen auslöst –, daß es irgendwann einmal heißt: Was trennt uns eigentlich noch in Ostdeutschland?

Das kommt darauf an, welche Strömung innerhalb der PDS die Oberhand behält. Ich glaube, daß der größte Teil derjenigen, die heute die PDS repräsentieren, den Kommunismus nicht wieder will. Die streben auch nicht das Ende der freiheitlich-demokratischen Grundordnung an. Deshalb darf die PDS auch nicht als undemokratisch bezeichnet werden. Ich hätte im Prinzip keine Bedenken gegen Koalitionen mit der PDS. Lieber wäre mir allerdings, es gäbe in Ostdeutschland zunächst eine Koalition zwischen PDS und CDU. Ich bin auch davon überzeugt, daß es bald eine geben wird. Die CDU weist das heute genauso von sich, wie sie es früher gegenüber den Grünen getan hat. Inzwischen hat sich die Position da merklich aufgelockert. Auf kommunaler Ebene gibt's heute schon viele Berührungspunkte zwischen CDU und PDS. Auch auf Länderebene ist eine Kooperation nicht mehr völlig auszuschließen. Der SPD würde ich im Augenblick zur Vorsicht raten. Aber eigentlich – wenn ich ehrlich bin – mehr aus taktischen Gründen. Der CDU würde es zu leicht gemacht, der SPD demokratische Unzuverlässigkeit anzuhängen. Aber ich glaube, daß das Ganze wirklich nur zeitbedingt ist.

Was heißt moderne Wirtschaftspolitik?

Kommen wir noch mal auf das »Herzstück« Wirtschafts- und Sozialpolitik zurück. Die SPD war nach meinem Eindruck in der Nachkriegszeit nur ein einziges Mal mehrheitsfähig, nämlich als sie mit Karl Schiller das modernere, zukunftsweisendere Wirtschaftskonzept hatte. Muß die Partei heute nicht alle Kraft darauf konzentrieren, wieder ein modernes, der heutigen Problemlage angepaßtes Programm für Wirtschaft, Technik und Arbeitsplätze zu entwickeln?

Ja, aber wir dürfen nicht den Fehler machen, den die meisten Feldherren in der Geschichte begangen haben, nämlich den Krieg von morgen mit den Methoden von gestern gewinnen zu wollen. Die SPD muß, wenn sie überleben und wieder attraktiv sein will, dem Bürger vermitteln, daß sie die moderne Alternative darstellt. Allerdings darf diese moderne Alternative nicht mehr in Schillerschen Kategorien denken.

Klar, die sind überholt. Aber so meinte ich das auch nicht.

Wir kommen immer wieder auf dieselbe Frage zurück: Was ist modern? Und da bin ich der Meinung: modern ist Verzichtsethik. Und nicht neues Wirtschaftswachstum.

Gerhard Schröder hat gesagt, und dafür wird er bis heute schwer gescholten, die Frage sei nicht mehr, ob es eine konservative oder eine sozialdemokratische Wirtschaftspolitik gebe, sondern eine moderne oder eine unmoderne. Hat er recht damit?

Ich glaube, er hat recht damit. Er hat das etwas unglücklich ausgedrückt. Den Bürger interessiert in der Tat nicht, ob es eine sozialdemokratische Wirtschaftspolitik gibt oder eine christdemokratische, sondern der will eine gute, sprich: eine moderne, sprich: den heutigen Erfordernissen angemessene Antwort haben.

Schröder sprach ja eigentlich mehr aus der Sicht eines Länder-ministerpräsidenten, der feststellen muß – egal ob er Gerhard Schröder oder Edmund Stoiber heißt –, daß sich die Politik nur noch darauf konzentrieren kann, mit allen ihr zur Verfügung stehenden begrenzten Mitteln Krisen zu managen, Arbeitsplätze zu erhalten, Betriebe zu retten und Neuansiedlungen zu beschleunigen, um das dramatische Wegbrechen von Arbeitsplätzen abzubremsen.

Ich bin der Meinung, daß es in der Tat ein absurdes Ansinnen wäre, einem Länderchef zu sagen: Du mußt jetzt sozusagen das Ende des Wirtschaftswachstums bei dir im Lande einläuten. Das kann der gar nicht. Er ist eingebunden in die nationale, ja die europäische Wirtschaftspolitik. Und solange die auf Wirtschafts-wachstum setzt, muß er das auch tun. Deswegen wird er in erster Linie daran interessiert sein, daß der Automobilkonzern, der sein Land in besonderer Weise prägt, den notwendigen Absatz erzielt. Das darf uns aber natürlich nicht daran hindern, gemeinsam zu sagen: Jetzt laßt uns mal zusammenkommen und überlegen, ob denn Wirtschaftswachstum überhaupt noch das Motto der Zukunft sein kann. Das ist ja auch der Irrtum der Grünen, die meinen, sie könnten in einer Nebenstraße mit der Änderung der Weltordnung anfangen. So wie ich mich nur kaputtlachen konn-te über Funktionäre unserer Partei, die ihre ganze Energie daran-setzten, eine Straße zur atomwaffenfreien Zone zu erklären. Daher darf man natürlich einen Landesvater nicht überfordern, der mit den Problemen der Auto- und der Flugzeugindustrie zu kämpfen hat. Das ist nicht nur verständlich, sondern das ist auch seine legitime Aufgabe. Es darf ihn allerdings nicht daran hin-dern – und ich glaube auch nicht, daß Gerhard Schröder sich dar-an hindern läßt –, darüber nachzudenken, ob der große Dampfer überhaupt auf diesem Kurs weiterfahren kann.

Was hat eigentlich die SPD so rasend gemacht, als er diesen Satz ausgesprochen hatte? Hat sie das Gefühl, da spricht jetzt einer etwas aus, das wir schon alle ahnen, das aber nicht gesagt werden darf?

Das mag sein. Es kann aber auch einen anderen Grund geben: In der SPD herrscht eine eigenartige Feindseligkeit gegenüber der CDU. Die ist der Klassenfeind, selbst wenn es, wie etwa in Nordrhein-Westfalen, kaum noch Differenzen gibt. Wer immer eine Position vertritt, die nicht mehr die klare Unterscheidbarkeit signalisiert, der begeht eine Sünde wider den Heiligen Geist. Ich glaube, daß das die scharfe Reaktion auf Gerhard Schröder ausgelöst hat. Aber wenn wir die praktizierte Wirtschaftspolitik von SPD und CDU in den Ländern analysieren, sehen wir, daß sich die Rezepte zur Bekämpfung der Arbeitslosigkeit gleichen wie ein Ei dem anderen. Und man sieht das verzweifelte Bemühen Oskar Lafontaines, nun wenigstens noch eine Differenz zu konstruieren. Aber mit seiner Polemik gegen die deutschstämmigen Rußlandaussiedler hat er voll danebengegriffen.

Wenn sich jetzt in der CDU noch mehr Anhänger für Öko-Steuern finden, ist auch die allerletzte sozialdemokratische Zauberformel weg, die letzte Idee, mit der sich Rot-Grün fundamental vom konservativen Lager unterscheidet.

Da kann ich Ihnen nicht widersprechen.

Was die Schaffung von Arbeit angeht: Schauen wir mal in die USA. Da ist so etwas wie ein Job-Wunder zu besichtigen. Es werden Hunderttausende von neuen Arbeitsplätzen geschaffen ...

... achtzehn Millionen sind es bisher!

... und der Schlüssel dafür sind vor allem niedrigere Löhne.

So ist es.

Muß dieses Modell nicht auch für Deutschland zu denken geben? Muß nicht auch hier Einkommensverzicht geübt werden, um Millionen von Menschen wieder in Lohn und Brot zu bringen?

Ich glaube, wir müssen das amerikanische Modell aufmerksam zur Kenntnis nehmen, aber wir sollten es nicht kopieren. Wir müssen erkennen, daß es in jeder hochentwickelten Gesellschaft erhebliche Defizite im Bereich der menschlichen Hilfeleistungen gibt – auf allen Sektoren. Und wir müssen auch zur Kenntnis nehmen, daß es illusorisch wäre anzunehmen, daß diese menschlichen Hilfen mit Tariflöhnen, einschließlich Lohnnebenkosten, bezahlbar wären. Die USA haben daraus die marktwirtschaftliche Konsequenz gezogen und Hungerlöhne zugelassen – Löhne, die teilweise nicht einmal das Existenzminimum sichern.

Diese Entwicklung reicht ja in den USA bis in die Mittelschichten hinein.

So ist es. Und da muß ich sagen: Das kann nicht richtig sein. Hier ist ein Punkt erreicht, wo das soziale Gewissen der neuen Linken – wenn Sie so wollen: des neuen freiheitlichen Sozialismus – einsetzen muß. Wir müssen einen Weg suchen, wie wir diese Arbeitsplätze ohne Lohn-Dumping erreichbar machen. Und da sehe ich nur eine Lösung, die in der Wissenschaft seit Jahren diskutiert wird, nämlich die Kombination von relativ niedrigen Löhnen und öffentlichen Zuschüssen. Man muß natürlich verhindern, daß Mißbräuche in großem Stil praktiziert werden, aber das ist nach meiner Meinung der Weg, der einer sozialen Demokratie angemessen ist. Das wäre moderne und dennoch typische SPD-Wirtschaftspolitik.

Ein Signal für Reformbereitschaft ist die heftig umstrittene Frage des Ladenschlusses. Im Ausland lacht man sich kaputt über die deutsche Position, die fürchterlich unflexibel ist, und selbst die Reformpläne der Bonner Koalition sind nur ein fauler Kompromiß. Warum verteidigt die SPD so verbissen diese starren Verkaufszeiten?

Schlimm ist daran zunächst, daß nicht aufrichtig diskutiert wird. Ich übernehme mal Ihre These, daß mit der Freigabe der Öffnungszeiten neue Arbeitsplätze entstehen würden. Dafür spricht auch einiges. Aber man muß dann auch hinzufügen – und hier fängt die Unaufrichtigkeit an –, daß dies alle bezahlen müssen. Die Einzelhandelspreise werden steigen. Das ist nicht anders machbar. Wir haben heute im deutschen Einzelhandel einen so mörderischen Wettbewerb, wie es ihn wohl in keinem anderen Land der Welt gibt. Die deutschen Verbraucher wissen gar nicht, welches Glück ihnen mit den extrem niedrigen Einzelhandelspreisen widerfährt. Wenn jetzt die Ladenöffnungszeiten freigegeben werden...

... tun sie ja nicht alle. In den USA sind auch nicht alle Kaufhäuser rund um die Uhr geöffnet. Die größeren machen zu, kleinere Läden haben länger geöffnet.

Aber insgesamt gesehen werden die Öffnungszeiten länger werden. Dann muß auch das Verkaufspersonal vergrößert werden, und das muß bezahlt werden. Aber das liegt ja vielleicht im Trend von mehr Freiheitlichkeit. Die Leute haben Geld genug. Daher glaube ich auch, daß die Erweiterung der Ladenschlußzeiten einer modernen Lebensauffassung entspricht und deswegen nicht aufzuhalten ist. Es zu verhindern versuchen, ist wohl ein Kampf gegen Windmühlenflügel. Das sollten die SPD und die Gewerkschaften sein lassen. Aber wir sollten hinzufügen: Ihr müßt das alles bezahlen! Eine Million Arbeitsplätze in ganz Deutschland sind ja nicht aus dem Nichts zu finanzieren, jedenfalls nicht aus den heutigen Renditen des Einzelhandels.

Der Widerspruch von Ökologie und Ökonomie

Eine Formel, an der sich die SPD stets festklammert, ist die Versöhnung von Ökonomie und Ökologie. Inzwischen haben das auch andere Parteien übernommen. Zeigt sich nicht heute, daß dies eine Lebenslüge ist?

Eine absolute Lebenslüge.

Weil wir merken, daß beim Kampf um Arbeitsplätze doch wieder die Ökonomie den Ausschlag gibt?

Das ist ein typischer Selbstbetrug von Lebenskünstlern in der Politik, die solche oberflächlichen Formeln erfinden, um den Leuten zu imponieren. Und dann machen diese Formeln die Runde und werden tausendfach nachgebetet. In Wirklichkeit sind es Lügen. Jede ökologische Maßnahme muß bezahlt werden durch ökonomischen Verzicht.

Wir haben es gerade in Nordrhein-Westfalen erlebt beim Streit um den Köln-Bonner Flughafen: Ein drohendes Nachtflugverbot für mehrere Stunden bewegt ein großes Transportunternehmen dazu, nach Belgien auszuweichen…

Ein typischer Fall. Der Konflikt ist unaufhebbar. Man muß sich entscheiden, man muß Prioritäten setzen.

Auch die ökologische Steuerreform ist zum Zauberbegriff geworden, der meistens im Zusammenhang mit der Versöhnung von Ökonomie und Ökologie gebraucht wird. Er soll belegen, daß mit der Ökologisierung der Wirtschaft neue Arbeitsplätze geschaffen werden können, daß damit die Gesamtwirtschaft umgekrempelt werden kann. Jetzt wird darüber diskutiert, ob Öko-Steuern in der augenblicklichen Krisensituation eingeführt werden könnten oder ob damit bis zu einem Konjunkturaufschwung gewartet werden sollte. Was ist Ihre Meinung dazu?

Es gibt bei der Einführung von Öko-Steuern sowohl taktische als auch grundsätzliche Probleme. Steuern sind das Komplizierteste, was es in der modernen Volkswirtschaft gibt. Und anzunehmen, man könnte das Steuersystem von heute auf morgen wie einen Lichtschalter umlegen, ist eine Illusion. Deswegen ist es schon richtig, wenn besonnene Leute sagen, das kann man nicht jetzt und in einem Schritt tun. Das heißt ja nicht, daß man damit nicht schon beginnen könnte. Aber insgesamt wird die Umstellung nur peu à peu zu vollziehen sein. Das sind aber die technischen Probleme. Politisch muß ich davor warnen, Wunder zu erwarten. Denn es steht zu befürchten, daß Öko-Steuern gar nicht so viel verändern werden. Es ist nicht auszuschließen, daß die Menschen gar nicht reagieren, wenn Energie teurer wird. Wer sagt uns, daß sie nicht die höheren Preise zahlen und dafür an anderer Stelle sparen?

Benzin ist seit den siebziger Jahren erheblich teurer geworden, die Menschen sind aber nicht weniger Auto gefahren ...

Exakt. Aber selbst wenn Öko-Steuern den Verbrauch von Energie einschränken sollten, werden die Menschen an anderer Stelle konsumieren und damit die Umwelt auf andere Weise belasten.

Die Krise der Sozialsysteme

Kommen wir zur Debatte über die Reform des Sozialsystems. Einhellig scheint akzeptiert zu sein, daß das Sozialsystem bei steigender Arbeitslosigkeit nicht länger haltbar ist. Muß nicht längerfristig über eine neue Form von sozialer Grundsicherung nachgedacht werden, die es dem einzelnen überläßt, wie er sich darüber hinaus selber versichert? Und zwar sowohl in der Kranken- als auch in der Rentenversicherung?

Ich denke in die gleiche Richtung, würde es aber etwas anders formulieren. Wir müssen die kollektiven sozialen Sicherungssysteme, die ich auch in Zukunft für unverzichtbar halte, kombinieren mit mehr Selbstgestaltungsmöglichkeiten und Eigenverantwortlichkeit der Versicherten. Es darf nicht mehr so sein, daß die kollektiven Systeme überhaupt keine Selbstgestaltung zulassen. Warum muß eigentlich mit 65 Jahren für alle Schluß sein mit der Arbeit? Das ist eine absurde Vorstellung. Warum sollen wir nicht zulassen, daß die Leute auch schon früher aus dem Erwerbsleben aussteigen? Das müssen sie dann allerdings selbst bezahlen, entweder mit geringeren Renten, oder sie müssen freiwillig höhere Beiträge entrichten, damit der Anspruch nicht sinkt. Andererseits muß den Menschen auch die Möglichkeit geboten werden, länger zu arbeiten, wenn sie das wollen. Wir müssen wegkommen von den starren Regelungen, die gerechtfertigt waren, als die Sozialversicherten noch arme Proletarier waren. Dank unserer Politik haben wir es heute mit mündigen Bürgern zu tun. Und die wollen auch ein Stück Selbstgestaltung.

Nebenbei bemerkt, es erreicht ja auch jemand, der sich eine private Lebensversicherung leisten kann, eine weit höhere Leistung, als er sie mit dem gleichen Beitrag in der gesetzlichen Rentenversicherung je erreichen könnte.

Das ist eine bittere Wahrheit. Aber wir müssen auch in einer reichen Gesellschaft, in einer Gesellschaft mit neuen Selbstgestaltungschancen noch solidarische Sozialsysteme erhalten. Wir müssen darauf bestehen, daß der Gesunde, der Starke, der Arbeitsfähige einen Beitrag leistet, um die nicht so Leistungsfähigen mitzutragen. Deswegen beharre ich darauf, daß es kollektive Zwangssysteme der sozialen Sicherung gibt.

Was heißt das für die Krankenversicherung?

Auch da sollten freiheitliche Gestaltungsmöglichkeiten eingeführt werden. Warum soll nicht die gesetzliche Krankenversicherung verschiedene Modelle der Selbstbeteiligung an den Krankenkosten anbieten, dann allerdings bei entsprechend niedrigeren Tarifen? Und daneben natürlich weiterhin eine teurere Vollversorgung zu höheren Tarifen – vielleicht auch zur Abdeckung von Karenztagen. Es kann mir doch keiner erzählen, daß heute ein Arbeitnehmer bei dem erreichten Lebensstandard nicht in der Lage wäre, pro Jahr tausend Mark Selbstbeteiligung zu kalkulieren.

Was halten Sie von der Idee einer steuerfinanzierten Grundsicherung für das Alter anstelle der beitragsfinanzierten Rente?

Wenn wir noch mal die Gnade hätten, am Nullpunkt zu beginnen, könnte ich mir das vorstellen: eine Grundsicherung aus dem Steuersäckel und beitragsfinanzierte Ergänzungen. Aber heute ist das praktisch nicht mehr möglich. Eine solche Umstellung wäre aus meiner Sicht mit unzumutbaren Härten und exorbitanten Kosten verbunden. Der Weg ist nicht mehr umkehrbar. Deswegen sollten wir diesen Vorschlag begraben.

Warum hat die SPD eigentlich den bestechenden Gedanken einer Wertschöpfungsabgabe wieder fallengelassen, also einer Rentenversicherungs-Abgabe derjenigen Großunternehmen, die hochautomatisiert fast ohne Belegschaft auskommen?

Das weiß ich auch nicht.

Diejenigen, die Arbeitsplätze schaffen – vor allem der Mittelstand und kleinere Betriebe –, werden doch durch das heutige lohngebundene Beitragssystem bestraft. Große Unternehmen – wie Zigarettenfabriken, Brauereien oder andere vollautomatisierte Betriebe – haben mit der Finanzierung des Sozialversicherungssystems fast nichts mehr zu tun. Den kleinen personalintensiven Firmen werden die wachsenden Lasten dagegen voll aufgeladen.

Ich habe immer viel gehalten von der Idee der Wertschöpfungsabgabe, die besser »wertschöpfungsbezogener Rentenversicherungsbeitrag der Unternehmen« heißen sollte. Ich glaube, daß das eine fortschrittliche und gute Idee ist.

... die übrigens inzwischen von Teilen der Grünen wieder aufgegriffen wird, in Baden-Württemberg etwa.

Wir leben offenbar in einer Zeit sehr kurzatmiger politischer Debatten. Da werden Ideen in den Medien durchgehechelt, und wenn sie sich nicht schnell verwirklichen lassen, verschwinden sie gleich wieder in der Versenkung.

Also ist es eine Frage des politischen Mutes?

Es ist weniger eine Frage des politischen Mutes, es ist eine Frage der politischen Energie und des langen Atems. Als wir noch in der Bundesregierung saßen, wäre der Koalitionspartner FDP ja nicht bereit gewesen, das mitzumachen. Aber wir haben die Wertschöpfungsabgabe danach ziemlich schnell fallengelassen. Ich wiederhole: Ich verstehe das nicht.

War die Pflegeversicherung historisch gesehen die letzte Erweiterung des Sozialsystems in Deutschland? Sind in Zukunft solche kollektiven Systeme noch politisch und ökonomisch durchsetzbar?

Das glaube ich nicht. Wenn die Verhältnisse so bleiben, wie sie jetzt sind, war diese vierte Säule die letzte der möglichen Ergänzungen der kollektiven Sicherungssysteme.

Der Streit über den Euro

Die SPD ist auch gespalten in der Frage des Europäischen Währungssystems. Nachdem das Thema in Deutschland von der politischen Klasse jahrelang tabuisiert worden ist, setzt man sich nun um so heftiger mit den Konsequenzen der Währungsunion auseinander. Wie sehen Sie die Chancen und Risiken, insbesondere für den Arbeitsmarkt?

Ich glaube, daß für uns Deutsche die Chancen größer sind als die Risiken. Denn jedermann muß sich darüber im klaren sein: Unserer wirtschaftlichen Entwicklung hat in den letzten Jahren nichts so sehr geschadet wie die ständige Aufwertung der D-Mark und damit die Verteuerung unserer Exporte. Wenn wir eine einheitliche Währung haben, gibt es in Europa – und da sind unsere wichtigsten Handelspartner, fast 70 Prozent unseres Exports geht in die EU – keine Währungsturbulenzen mehr. Ich erwarte also eine Stärkung des Produktionsstandortes Deutschland.

Das ist eine Theorie. Ist es nicht genausogut denkbar, daß dann erst recht Arbeitsplätze aus Deutschland in andere EU-Länder verlagert werden, weil dort für dieselbe harte Währung, aber zu ungleich niedrigeren Lohn- und Sozialstandards produziert werden kann?

Das befürchte ich nicht. Das könnten deutsche Unternehmen heute doch auch schon tun.

Aber mit einem Währungsrisiko.

Das kann kein entscheidender Grund dafür sein, nicht heute schon die gesamte Produktion in andere, billigere EU-Länder zu verlagern. Es gibt eben auch andere entscheidende Standortfaktoren außer den Kosten: die Qualifikation der Arbeitnehmer, die Nähe zum Verbraucher, die Transportkosten ... Ich bin davon überzeugt, daß die einheitliche Währung – wenn sie denn kommt – eine Stärkung der heute schon starken Regionen bringen wird und eine weitere Schwächung, ein Ausbluten der armen. Die meisten Leute ahnen gar nicht, was sie mit der einheitlichen Währung herbeiführen. Die gefühlsmäßige Erwartung geht dahin, daß das die Billiglohnländer in Europa begünstigen würde. Das Gegenteil wird aber der Fall sein. Das Problem wird dann nur sein, daß die ökonomischen Leistungsunterschiede durch Wechselkursanpassungen, wie wir sie heute alle paar Jahre erleben, nicht mehr ausgeglichen werden können. Ob wir allerdings die dadurch entstehenden sozialen Spannungen innerhalb Europas ertragen können, bezweifle ich. Daran habe ich im übrigen von Anfang an gezweifelt, nicht erst seit die SPD das Thema entdeckt hat. Ich glaube daher, daß das forcierte Vorantreiben der Währungsunion überhastet ist. Wir sind noch nicht soweit.

Der Wirtschaftsraum zwischen Irland und Portugal einerseits und den hochtechnisierten Regionen um London, in der Rheinschiene und im Mailänder Raum andererseits ist zu uneinheitlich, um ihn unter dem Dach einer einheitlichen Währung vereinigen zu können.

Das Problem ist doch bei der SPD noch gar nicht ausdiskutiert. Gerhard Schröder und Oskar Lafontaine haben sich kritisch geäußert, Dieter Spöri hat gegen den Euro in Baden-Württemberg Wahlkampf gemacht, auf der anderen Seite ballen die Europa-Anhänger vor Wut die Fäuste in den Taschen. Wenn die SPD damit 1998 Wahlkampf machen will, muß sie doch eine klare Haltung haben. Aber ich sehe nicht, wie die beiden Flügel zu versöhnen wären.

Das ist genau der Punkt. Wir haben in den vergangenen Jahren ein Programm nach dem anderen geschrieben. In all diesen Papieren steht zur Währungsunion nicht eine Silbe. Wir haben diese Streitfrage nie entschieden.

Die Bundestagsfraktion hat einmütig zugestimmt, als über die Währungsunion abgestimmt wurde, so wie die anderen Fraktionen – mit Ausnahme der PDS – auch. Wußten die Abgeordneten überhaupt, wofür sie die Hand gehoben haben?

Das bezweifle ich. Die Tragweite der Entscheidung war den meisten nicht bewußt, und das Thema ist auch nicht ausdiskutiert worden. Das ist ein typischer Fall, ich könnte noch ein Dutzend anderer aufzählen, in denen entscheidende Herausforderungen unserer Zeit keine einheitliche Antwort aus der SPD erhalten. Und deswegen rate ich meiner Partei mit allem mir noch zu Gebote stehenden Nachdruck: Es ist überlebenswichtig, daß sie sich schleunigst zusammenfindet. Es hat gar keinen Zweck, einen Parteitag einzuberufen, sondern die Elite der SPD – ich benutze ganz bewußt diesen Begriff –, diejenigen, die in der Partei etwas zu sagen haben, müssen sich sozusagen in einem »Rat der Weisen« zusammensetzen und Vorschläge für die wichtigsten

Grundpositionen erarbeiten. Unterbreitet der SPD einen Vorschlag und laßt ihn in Gottes Namen danach durch den Parteitag absegnen! Es muß dringend Klarheit geschaffen werden in den Fragen, die in den nächsten Jahren auf uns zukommen.

Zerreißprobe: Rot-Grün oder Große Koalition?

Aber die Partei ist doch tief zerrissen zwischen Traditionalisten, die sich als »Betriebsräte der Nation« verstehen, und postmodernen Reformern, für die alles vorstellbar ist: von Studiengebühren bis zu einschneidenden Öko-Steuern. Die einen wollen lieber mit der CDU und seit neuestem auch wieder mit der FDP koalieren, die anderen halten Rot-Grün für ein historisches Bündnis. Mit wem kann, mit wem soll sich die SPD verbünden?

Ich halte alle diese Debatten für völlig absurd. Je mehr Wähler die SPD verliert, um so intensiver sucht sie sich Koalitionspartner. Als ob die Antwort lauten könnte: Das, was wir bei den Wählern verlieren, holen wir uns beim Koalitionspartner zurück. Das ist das Groteskeste, was ich je erlebt habe! Wenn wir merken, daß wir Wähler verlieren, kann die Reaktion doch nur sein zu überlegen, woran das liegt, und aus der Analyse die Konsequenzen zu ziehen. Nach der Bundestagswahl 1998, aber nicht früher, können wir entscheiden, sofern wir überhaupt für die Übernahme der Regierung in Betracht kommen, mit welchem Koalitionspartner wir uns zusammentun. Aber jetzt von einer Diskussion in die nächste zu stolpern und damit noch die letzten Wähler zu vertreiben, ist das Dümmste, was wir tun können.

Ein maßgeblicher Teil des sozialdemokratischen Funktionärskörpers unterscheidet sich doch in Wahrheit kaum mehr von den Grünen: im Denken, in den programmatischen Äußerungen, im täglichen Handeln. Man bewundert sogar teilweise deren Klarheit, versteht sich als Brückenkopf der Grünen in der SPD. Ist denn die Parteiführung in der Bündnisfrage überhaupt noch handlungsfähig? Ich verweise auf das Beispiel Heide Simonis in Schleswig-Holstein, die im Wahlkampf erklärt hatte, mit diesen Grünen wolle sie nicht zusammengehen. Nach der Wahl stand sie fast angeekelt neben der grünen Spitzenkandidatin und wiederholte: Mit der will ich eigentlich nicht. Dann mußte sie aber doch, weil das ganze Denken und Handeln der Partei darauf ausgerichtet ist. Sind SPD und Grüne unten schon so zusammengewachsen, daß das gar nicht mehr auseinandergeht?

Dasselbe haben wir ja auch in Nordrhein-Westfalen erlebt. Die Abneigung bei Johannes Rau war ja nicht geringer als bei Heide Simonis. Und das zeigt im Grunde die Situation, in der wir uns befinden. Die mittlere Funktionärsschicht unserer Partei hat das Gefühl, daß sie programmatisch von ihrer eigenen Führung nicht mehr versorgt wird, und sie orientiert sich deshalb an denen, die sie für fortschrittlich hält. Man ordnet sich den Grünen unter und begreift gar nicht, daß damit der eigenen Identität der Todesstoß versetzt wird.

Die Verluste in den Hochburgen

In den früheren sozialdemokratischen Hochburgen, dort wo die sogenannten »kleinen Leute« wohnen, verliert die SPD seit Jahren am dramatischsten. Die Leute gehen entweder überhaupt nicht mehr zur Wahl oder sie wählen CDU, wenn nicht gar rechtsradikal. Wie ist denn vorstellbar, diese Leute wieder an die Wahlurnen zu kriegen beziehungsweise sie für sozialdemokratische Politik zu gewinnen? Es gibt doch immer weniger SPD-Politiker, die sich überhaupt noch in diesen Quartieren bewegen, die also den sozialen Kontakt aufrechterhalten. Die Partei ist überwiegend eine Lehrer- und Akademikerpartei, die ganz anders denkt und lebt.

Da kommen mehrere Gesichtspunkte zusammen. Das eine ist: Wir haben Jahrzehnte dafür gekämpft, daß die Wähler sich lösen von konfessionellen oder familiären Vorprägungen. Wir wollten den mündigen Wähler, der von Wahl zu Wahl entscheidet, welche Partei für ihn attraktiv ist. Das haben wir weitgehend erreicht. Wir haben erreicht – und das war sogar eine der Voraussetzungen unseres Erfolgs in den sechziger und siebziger Jahren –, daß die konfessionelle Bindung nachließ und Leute uns wählten, weil sie uns für die modernere, die attraktivere Partei hielten. Und die tun natürlich auch heute genau das, was wir ihnen beigebracht haben. Die fragen sich: Wo ist die SPD noch attraktiv, und sie stellen fest: Da ist nichts mehr.

Es gibt auch tiefe kulturelle Brüche, die die Menschen spüren. Ich nehme mal Frankfurt als Beispiel, wo die SPD enorme Probleme in ihren ehemaligen Hochburgen hat. Wenn die Leute dort einem Politikertypus wie Andreas von Schoeler begegnen, dann riechen sie förmlich: Der gehört nicht zu uns. Der kommt woanders her, der lebt anders, der hat mit uns nichts mehr zu tun.

Das amüsiert mich innerlich etwas: Ich habe das nämlich bei Andreas von Schoeler genauso empfunden. Mit ihm kann sich der sozialdemokratische »kleine Mann« nicht mehr identifizieren. Dennoch wehre ich mich etwas dagegen, daß der gleiche Stallgeruch entscheidend sein müsse.

Das sicher nicht. Aber es darf jedenfalls keinen Abstoßungseffekt geben. Bei Willy Brandt hat's den nicht gegeben, obwohl er alles andere als ein klassischer Arbeiterführer war. Karl Schiller kam auch nicht aus einer Arbeitersiedlung. Aber diese Männer wurden bewundert, sie hatten eine Vorbildfunktion, sie waren kulturell nicht fremd.

Das ist genau der entscheidende Punkt. Die Menschen wollen das Gefühl haben, daß sie sich mit denjenigen, die sie wählen, identifizieren können. Und die heutige Führungsgeneration in der SPD bietet dazu offenbar nicht mehr die Voraussetzungen. Weil sie zum Teil einen Lebensstil präsentiert, der die eigenen Wähler schockiert. Wenn dann auch noch nichts Programmatisches mehr kommt, ist es kein Wunder, daß es bergab geht.

Gibt es, wenn Sie mal die Riege der Mandatsträger und der Länderministerpräsidenten an Ihrem geistigen Auge vorüberziehen lassen, noch Figuren, die eine solche Integrationsaufgabe ausfüllen könnten?

Ich glaube schon, daß es auch heute noch Politiker gibt, die die Voraussetzungen dazu mitbringen. Und man muß ja auch ganz nüchtern sehen: Früher gab es auch sehr viele Biedere, die wirklich noch aus dem Arbeitermilieu kamen, Bundestagsabgeordnete, Landtagsabgeordnete; das waren nicht alles charismatische Persönlichkeiten. Brandts und Wehners sind eben Solitäre. Die gibt's nicht alle Jahre. Aber ich glaube durchaus, daß noch Talente da sind. Gerhard Schröder hat ganz sicher etwas davon. Oskar Lafontaine hat ebenfalls eine begnadete Ausstrahlung; vielleicht fehlt ihm noch ein wenig Selbstbeherrschung. Ich glaube auch, daß Reinhard Klimmt im Saarland solch ein Typ werden könnte.

Und Manfred Stolpe?

Den sehe ich in Grenzen auch so. In gewisser Weise sicher auch Heide Simonis und vielleicht sogar Henning Voscherau in Hamburg. Das Entscheidende ist, daß die Leute das Gefühl haben, der, der da antritt, ist nicht nur glaubwürdig, sondern der hat auch eine Mission. Der will nicht nur Karriere machen, sondern der hat etwas zu sagen. Das darf manchmal sogar falsch sein, aber wenn der Bürger das Gefühl hat, der Politiker ist mit Herzblut bei seiner Sache, nimmt er das nicht übel. Das ist im übrigen eine Überlebensfrage der Demokratie. Die Menschen wollen, daß Politiker auch etwas riskieren. Daß sie ihr Herz in die Hand nehmen und sich mit vollem Risiko für eine Sache einsetzen. Insofern ist das Berufspolitikertum eine ganz gefährliche Entwicklung. Wir erleben ja immer mehr Karrieristen, die sozusagen die Lücke zwischen Ausbildungsabschluß und Rente durch politische Tätigkeit überbrücken wollen ...

... und ohne Lebenserfahrung in die Politik gehen ...

... eine ganz gefährliche Sache. Ich habe mir, als ich jung war, geschworen: Du behältst immer das Standbein deines Berufes, damit du nie Klinken putzen mußt in Parteibüros. Dieser Ehrgeiz ist heute kaum noch vorhanden.

Rot-Grün: nur ein Nullsummenspiel?

Kommen wir zurück zu Rot-Grün, zu der emotionalen Affinität im mittleren Funktionskörper der SPD. Nun müßten doch eigentlich die Wahlergebnisse, die seit einigen Jahren zu beobachten sind, deutlich gemacht haben, und zwar beiden Parteien, daß Rot-Grün ein wahl-arithmetisches Nullsummenspiel ist – bestenfalls. Häufig sogar ein Minusbündnis, was die addierten Ergebnisse beider Parteien angeht. Welche Konsequenzen muß die SPD daraus ziehen und welche Konsequenzen die Grünen, wenn Sie sich in deren Lage versetzen?

Ich glaube, daß rot-grüne Bündnisse dann am erfolgreichsten sind, wenn sie nicht als solche propagiert werden, sondern wenn die SPD ihren Wahlkampf als SPD-Wahlkampf führt, ihre Klientel mobilisiert und das Vertrauen, das sie in den letzten dreißig Jahren errungen hat, ausschöpft. Wenn sie dann nach der Wahl sieht, es reicht nicht, und sagt: ich gehe mit den Grünen ein Bündnis ein, dann kann es durchaus eine Mehrheit links von der Union geben, sofern die Grünen um Stimmen gekämpft haben, die sonst für die SPD nicht zu gewinnen sind. Aber der Effekt, den Sie beschreiben, tritt immer dann ein, wenn man von rot-grünen Modellen spricht, von rot-grünen Wunschkoalitionen, und wenn man inhaltlich Arm in Arm auftritt. Dann verlieren wir in der Mitte Stimmen, die wir bestenfalls auf der linken Seite kompensieren, niemals aber überbieten können. Meist verlieren wir dabei.

Ich glaube ja nicht, daß es eine linke Mehrheit in Deutschland gibt.

Das glaube ich auch nicht, jedenfalls nicht in absehbarer Zeit. Und deswegen ist es absurd, daß wir von rot-grünen Modellen reden, obwohl jeder weiß, daß er damit seine Wahlchancen schmälert.

Das Lagerdenken ist von Heiner Geißler erfunden worden, als er noch CDU-Generalsekretär war. Es ist nun vom linken Lager, das damit stigmatisiert werden sollte, freiwillig übernommen worden. Die CDU kann sich dafür bedanken, denn eigentlich ist doch damit nur eines garantiert – die Mehrheit des bürgerlichen Lagers. Was die Wiederauferstehung der FDP ja auch zeigt.

Wer dieses Lagerdenken auf der Linken propagiert, revitalisiert die FDP oder führt die Union zur absoluten Mehrheit. Das ist die Konsequenz. Es ist eine Illusion anzunehmen, man könnte mit rot-grünen Bündnissen die Wähler in ein bestimmtes Karree treiben, und dann bildete sich auf einmal die Mehrheit links von der Schranke. Absurd.

Nun wird ja die SPD nicht umhinkommen, vor der nächsten Bundestagswahl eine – voraussichtlich heftige – Debatte darüber zu führen, ob man eine rot-grüne Koalitionsaussage trifft oder offen bleibt. Sehen Sie überhaupt eine Chance, daß eine rot-grüne Koalitionsaussage vermieden werden kann?

Ich würde der Partei jedenfalls ganz dringend dazu raten. Ich würde einen Bundestagswahlkampf um SPD-Positionen führen und würde ankündigen, daß wir uns nachher denjenigen Partner suchen, der die größte Gewähr dafür bietet, unsere Positionen optimal durchzusetzen. Das kann die FDP sein, das können die Grünen sein, das kann sogar die CDU sein, denn auch eine große Koalition würde ich angesichts der Bewegung, die in die parteipolitische Landschaft gekommen ist, nicht mehr ausschließen.

Obwohl natürlich gegen eine Koalition mit der CDU die gewichtigen verfassungspolitischen Gründe sprechen, daß damit eben die Opposition zu sehr minimiert wird und die Radikalen Auftrieb erhalten.

Rot-Grün in Nordrhein-Westfalen: Modell für Bonn oder Projekt ohne Zukunft?

Der Fraktionschef der Grünen im baden-württembergischen Landtag, der Realo Fritz Kuhn, hat kürzlich das rot-grüne Bündnis in Nordrhein-Westfalen als »optische Täuschung« bezeichnet. Er sagte, das sei »roter Beton mit grünem Efeu umrankt«. Ist das Düsseldorfer Modell, das bei seiner Gründung als Probelauf für die Funktionsfähigkeit von Rot-Grün in Bonn gedacht war, nicht längst zum Beweis des Gegenteils geworden? Ist die Düsseldorfer Koalition nicht in Wahrheit eine Belastung des rot-grünen Projekts?

Das ist so, das muß man in aller Nüchternheit sehen. Ich habe das auch von Anfang an gesagt. Es geht dabei ja nicht um Meinungsverschiedenheiten in Nebenfragen, wir haben es mit zwei verschiedene Welten zu tun. Man kann nicht gleichzeitig sagen, wir wollen unser Land voranbringen und die Attraktivität des Wirtschaftsstandortes Nordrhein-Westfalen erhöhen und gleichzeitig Flugplätze dichtmachen und Straßenbau stoppen. Das ist nicht vereinbar. Und deswegen kann ich nur sagen: Die rot-grüne Koalition in Düsseldorf war im Grunde von Anfang an zum Scheitern verurteilt. Ich habe damals in der mir eigenen Leichtfertigkeit kurz nach der Bildung der Koalition gesagt: »Die SPD kann in dieser Koalition nur überleben, wenn sie die Grünen demütigt.« Das hat sie bisher auch getan. Sie ist dabei bislang ganz gut gefahren, weil die Grünen es geschluckt haben ...

...die haben sich in einer erstaunlichen Weise demütigen lassen ...

...sie haben sich in einer Weise demütigen lassen, wie ich es nicht für möglich gehalten habe. Aber das ist für die SPD die einzige Chance, um einigermaßen überleben zu können. Irgendwann wird natürlich der Punkt kommen, an dem die Grünen das nicht mehr ertragen können.

Bei der Beobachtung der Grünen in Nordrhein-Westfalen hat man ein eigenartiges Gefühl. Die beiden Minister im Kabinett genießen sichtlich die Freuden ihrer Ämter. Man fragt sich aber, ob sie inhaltlich überhaupt etwas eingebracht haben, das Substanz hat. Und als Rechtfertigung gegenüber der eigenen Basis werden Konflikte auf der kleinen Ebene entzündet, um Bürgerinitiativen vor Ort zu bedienen. Gibt es in Nordrhein-Westfalen eigentlich so etwas wie eine Schnittmenge gemeinsam definierter Politik? Also: großer Kreis SPD-Politik, kleinerer Kreis grüne Politik und in der Mitte eine Schnittmenge fest umrissener gemeinsamer Projekte – Energiepolitik, Verkehrspolitik, Bildungspolitik, was auch immer. Man hat den Eindruck, daß diese Schnittmenge gar nicht vorhanden ist, daß insofern Kuhns polemische Feststellung »roter Beton mit grünem Efeu« eigentlich richtig ist. Kuhn hat ja auch erklärt, er hätte diesen Koalitionsvertrag gar nicht unterschrieben.

Man hat wohl, wenn ich es recht sehe, versucht, diese Schnittmenge, von der Sie sprechen, zu finden. Und so gibt es eine Reihe von Projekten, die den Grünen Herzensanliegen sind, die aber gar nicht so ins öffentliche Bewußtsein gedrungen sind...

...aber das sind doch Minderheitenthemen...

...absolute Minderheitenthemen...

...da werden Frauenprojekte und örtliche Umwelt- oder Verkehrsprojekte bedient. Aber der eigentliche Sinn dieser Koalition in Nordrhein-Westfalen soll doch sein, die ökologische Modernisierung einer klassischen Industrielandschaft vorzuführen. Die Grünen reden ständig von »umsteuern«. Wo wird denn umgesteuert?

Nirgends, absolut nichts. Es werden statt dessen die Grundlinien der Politik so weitergeführt, wie es auch bei einer absoluter Mehrheit der SPD gewesen wäre. Und daß die grünen Minister so sichtbar an ihren Ämtern hängen, liegt natürlich auch an einer fatalen Regelung bei den Grünen, die nämlich nach der Bildung der Koalition nichts Eiligeres zu tun hatten, als ihren Ministern das Landtagsmandat zu entziehen.

Das heißt, sie hängen existentiell an den Ämtern?

Existentiell. Die fallen wirtschaftlich und politisch ins Nichts, wenn diese Koalition scheitert. Und daher fressen sie aus der Hand.

Wie laufen denn eigentlich Kabinettssitzungen im Regelfall ab, wenn es keine Konflikte gibt? Sind die beiden grünen Minister als Grüne erkennbar im Kabinett, im Tagesgeschäft?

Ich bin ja nicht mehr dabei, aber nach dem, was ich höre, wird das alles vom großen Zuwender Johannes Rau ...

... auf klassische Weise moderiert ...

... richtig (lacht), auf klassische Weise moderiert, mit viel Esprit und viel Humor, aber ohne klare Entscheidungen. Zu meiner Zeit war es natürlich so, daß man sich im Kabinett abstimmte, wie man auf Anfragen aus dem Parlament reagiert. Heute ist das wohl so, daß darüber diskutiert, aber keine Entscheidung getroffen wird. Sondern es wird der Beschluß gefaßt, der zuständige Minister antwortet darauf. Und das tut der dann so, wie er es für richtig hält.

Wie häufig geht das schief?

Das führt immer wieder dazu, daß der eine Minister »a« sagt und der andere Minister »b«. Das ist alles mit meinen Vorstellungen von solider, rationaler, berechenbarer Politik nicht mehr zu vereinbaren.

Und dennoch ist wohl eher davon auszugehen, daß diese Koalition bis 1998, nämlich bis zur Bundestagswahl, halten muß – aus übergeordneten bündnispolitischen Gründen. Oder haben Sie eine andere Prognose?

Ich finde, die SPD sollte in dieser Koalition die übergeordneten politischen Linien vorschreiben. Es gibt doch keinen Zweifel daran, daß die SPD, wenn sie nicht die letzte Glaubwürdigkeit und Wählbarkeit verlieren will, die Positionen durchsetzen muß, die sie laut verkündet hat, insbesondere ihre verkehrspolitischen Projekte und den umstrittenen Braunkohlentagebau Garzweiler II. Ich kann mir aber nicht denken, daß die Grünen das alles hinnehmen werden. Theoretisch kann ich also keine Überlebenschance für die Koalition erkennen. Aber die Leidensfähigkeit ist ja offenbar erheblich.

Man muß sich doch durchmauscheln in Nordrhein-Westfalen – weil es eben das Testgebiet für eine rot-grüne Koalition in Bonn ist.

Das ist schon die völlig falsche Voraussetzung, unter der man angetreten ist. Es kann doch sein, daß der Vorrat an Gemeinsamkeiten zwischen Rot und Grün auf Bundesebene völlig anders ist als auf Landesebene! Deswegen bedingen weder rot- grüne Koalitionen auf Landesebene eine gleiche Koalition auf Bundesebene, noch schließt das Scheitern auf Landesebene ein gelungenes Bündnis auf Bundesebene aus. Das ist doch das Fatale: Man denkt in Lagern, anstatt nach den konkreten Bündnismöglichkeiten und den konkreten politischen Aufgaben, die man lösen will, zu entscheiden, wer der geeignete Partner ist.

Es wird in beiden Parteien wie selbstverständlich, fast formelhaft, vom rot-grünen Reformprojekt geredet. Niemand hat das jemals definiert.

Das ist genau der Punkt.

Was ist das rot-grüne Reformprojekt?

Das habe ich mich auch immer gefragt. Es kann doch nicht sein, daß von Joschka Fischer verkündet wird, wir dürfen das rot-grüne Reformprojekt nicht gefährden, und keiner weiß, was das eigentlich ist. Ich kann hier in Nordrhein-Westfalen nicht ein einziges wirkliches Reformprojekt entdecken, von dem beide gemeinsam sagen: Jawohl, das wollen wir ändern. Bei den Fraktionsberatungen der SPD, an denen ich teilnehme, geht es immer nur um Streit mit dem Koalitionspartner. Von der Abschiebung der Bosnien-Flüchtlinge über die Drogenpolitik bis zur Verkehrs- und Energiepolitik – nur Streitpunkte. Ich möchte wirklich mal wissen, wo die große Reform ist. Auf Bundesebene kann man vielleicht sagen: Die rot-grüne Reformkoalition muß verhindern, daß der soziale Abbruch stattfindet. Na gut. Das spielt aber hier auf der Landesebene keine Rolle.

Ich habe den Eindruck, daß beide Parteien – SPD wie Grüne – immer noch den Klassenfeind als historisches Gepäck mit sich rumschleppen. Der Klassenfeind ist heute das bürgerliche Lager, CDU und FDP. Diese Fixierung ist doch inzwischen in vielerlei Hinsicht fragwürdig geworden. Den Grünen dämmert ja auch langsam, daß sie vielleicht in einzelnen Ländern, aus genau den Gründen, die Sie eben geschildert haben, Schwarz-Grün ausprobieren sollten. Im Saarland zum Beispiel, wo es keine Atomkraftwerke gibt, keine großen Verkehrsprobleme. Ist es nicht längst an der Zeit, traditionell mitgeschleppte Feindbilder – seit 1982 heißt es ständig: Wir müssen Kohl stürzen – zu kippen? Die Parteien haben sich doch weiterentwickelt, und zwar sowohl auf der linken Seite als auch im sogenannten bürgerlichen Lager. Aber die alten Reflexe funktionieren immer noch.

Das hat mit rationaler Politik nichts mehr zu tun.

SPD ohne Jugend

Das Verhängnisvolle für die SPD ist ja, daß ihr auf der einen Seite die Frauen und die Arbeitnehmer weglaufen, auf der anderen Seite fressen die Grünen die SPD von unten an, sie nehmen ihr die Jugend weg. Die Partei vergreist auf dramatische Weise. Wie kommt das? Die SPD war doch früher mal die Partei der Jugend. Wann ist der Faden gerissen? Mit Helmut Schmidt?

Das ist eine fürchterliche Entwicklung. Ich habe dafür keine wirklich überzeugende Erklärung. Manchmal kommt mir der Zorn hoch über die Undankbarkeit der heutigen Jugend. Ich weiß auch nicht mehr, was die Jugend eigentlich will. Ob sie immer nur für diejenigen ist, die gegen alles sind? Ob sie ein so tiefes Mißtrauen gegen demokratische Machtausübung hat, daß ihr zum Sturz der Mächtigen jede politische Ideologie recht ist? Ich weiß es nicht.

Es ist ja nicht so, daß die Jugend geschlossen zu den Grünen laufen würde. Es gibt ja auch große Teile der Jugend, die wieder zur CDU gehen.

Ich glaube aber, daß der Anteil der jugendlichen Wähler bei der CDU noch geringer ist als bei uns.

Aber dieser Abstand war früher viel dramatischer.

Die politisch engagierte Jugend neigt offenbar zu extremen Positionen, auf der linken Seite mehr zu den Grünen. Das ist, man muß das ganz nüchtern sehen, ein Stück politischer Unreife. Vielleicht gehört ja der Lernprozeß im Laufe eines Lebens einfach dazu. Deshalb dürfen wir der Jugend auch nicht einfach hinterherlaufen, wie das teilweise in den letzten Jahren geschehen ist. Nicht alles ist allein schon deshalb richtig, weil es von der Jugend kommt.

Das ist richtig, und dennoch zuwenig. Es muß doch Faszination von Politik ausgehen, wenn sie die Jugend ansprechen will. Und diese

Faszination ging über lange Jahre von der SPD nicht mehr aus. In der Ära Willy Brandt gab es noch einen sehr starken Sogeffekt, weil Bewegung in der Partei war und weil es Projekte gab, für die man sich begeistern konnte. Später, während Helmut Schmidts Kanzlerschaft, waren es der Umweltgedanke und die Friedensbewegung, die die SPD verschlafen hat und die die Jugend deshalb zu den Grünen getrieben hat. Das Problem ist nicht jugendliche Unreife, das Problem ist die mangelnde Faszination der SPD. Helmut Kohl war über lange Jahre überhaupt nicht faszinierend, erst jetzt gewinnt er Qualität und wird geschätzt. Als er jung war und an die Macht kam, wurde er verachtet, lächerlich gemacht. Die SPD hat, weil sie langweilig und uninteressant war, aus Kohls früherer Schwäche nichts machen können.

Ich glaube, daß Sie zumindest teilweise recht haben. Insofern muß ich meinen kleinen Gefühlsausbruch politisch ergänzen. In der Tat hängt – gerade bei jungen Wählern – viel von der persönlichen Ausstrahlung und der Attraktivität der Politik insgesamt ab. Es ist einfach nicht zu bestreiten, daß die SPD in den letzten Jahren eine eigenartige Betonköpfigkeit und Langeweile ausgestrahlt hat. Deshalb müssen wir wieder – wie unter Willy Brandt – Ideen entwickeln, die aus dem Konventionellen ausbrechen und die die Menschen fordern, ihnen vielleicht sogar Opfer abverlangen. Wir brauchen einen politischen Aufbruch, der die Gefährdung der Zukunft unserer Kinder und Enkel in den Mittelpunkt stellt. Das könnte uns auch kompetentes Ansehen bei jungen Leuten zurückgeben. Aber es muß sicherlich auch persönliche Ausstrahlung hinzukommen. Wenn die Partei solche Wendemarken nur routinemäßig, ohne besonderes Engagement auf langweiligen Parteitagen vollzieht, wird sich die Jugend sehr schnell wieder abwenden. Die führenden Köpfe müssen sich ganz einbringen, mit vollem Risiko, und sie müssen deutlich machen, daß sie eine Mission haben, nicht nur Worthülsen produzieren.

Die FDP hat sich bei den Landtagswahlen vom 24. März 1996 mit zum Teil überraschenden Ergebnissen wieder gefangen. Sofort hat

in der SPD die Debatte über eine mögliche Wiederauflage von sozialliberalen Bündnissen begonnen. Sehen Sie die FDP wieder als
potentiellen Partner?

Ich schließe das nicht aus. Warum eigentlich nicht? Aber daß sie
nun ein Partner wäre, den man schon jetzt mit aller Energie
umwerben müßte, das kann ich wiederum auch nicht erkennen.
Die FDP soll erst mal klarmachen – sie hat ja ähnliche Schwierigkeiten wie wir –, was denn eigentlich ihre Linie ist.

Kommen wir noch mal auf die personelle Situation der SPD zu sprechen. Es gibt in der CDU, bei den Grünen – und wenn man Guido
Westerwelle betrachtet, sogar bei der FDP – eine Reihe von interessanten Nachwuchspolitikern. Fällt Ihnen in der SPD überhaupt ein
einziger unterhalb der Enkelebene ein, der eine Ausstrahlung
hat?

Nein, mir fällt keiner ein. Wir haben ja auch in Nordrhein-Westfalen gesehen, daß da im Grunde genommen nichts mehr nach-
kommt. Das ist in der Tat ein Punkt, der Unruhe auslösen muß bei
allen, denen die Partei am Herzen liegt. Aber ich bin da nicht
kleingläubig. Es wachsen viele an ihrer Aufgabe, und manchem,
der später Nationalspieler geworden ist, hat man das vorher in
der Landesliga nicht angesehen. Viel gefährlicher ist, daß viele
Jüngere heute nicht etwa in die Politik gehen, weil sie eine Mission haben, sondern weil sie gerne Berufspolitiker sein wollen. Das
ist genau der falsche Weg. Die SPD hat bis heute nicht verkraftet,
daß sie aus der »Kleine-Leute-Partei«, die bis in die sechziger Jahre im wesentlichen nur kommunale Mandate zu vergeben hatte,
plötzlich zur Machtpartei wurde. Das hat einen unheimlichen
Sog ausgeübt auf viele, gerade in der akademischen Jugend, die
dann in der SPD das berufliche Heil suchten.

Müßte deshalb nicht auch über eine innere Parteireform nachgedacht werden, um Menschen, die sich für die SPD interessieren,
nicht von vornherein die Ochsentour abzuverlangen? Über lange

Jahre hinweg abendfüllende, ermüdende Gremiensitzungen, dann Kommunalpolitik, dann möglicherweise Landespolitik und erst ganz am Ende, wenn man das überhaupt so lange durchhält, eine Chance in der Bundespolitik? Muß man nicht Wege finden, um talentierte Menschen von außerhalb der Partei schneller in Verantwortung zu bringen?

Die Partei hat auch schon früher immer mal wieder Wege gefunden, um Seiteneinsteiger nach vorne zu bringen. Diese Möglichkeit muß es natürlich auch in Zukunft geben. Aber daß das nicht der übliche Weg ist, halte ich nicht für einen Nachteil. Ich glaube schon, daß es auch eine gewisse Solidität, vor allem aber Erfahrung – fast hätte ich gesagt: Liebe zur Partei – bringt, wenn man den »kleinen Mann« unten in der Partei kennt, wenn man für ihn gerungen hat und wenn man menschliche Schicksale mit politischen Entscheidungen verbinden kann.

Die Enkel sind eigentlich der schlagende Beweis des Gegenteils.

Tja. (lacht).

Elend der »Enkel« – Elend der Partei?

Auf die Enkel müssen wir jetzt dringend zu sprechen kommen. Das ist ja eine ganz eigentümliche Generation von Politikern. Zunächst mal: Wenn Oskar Lafontaine scheitern sollte, ist auch der letzte der Enkel verschlissen und danach, das haben wir gerade schon besprochen, kommt zunächst einmal nichts mehr. Haben auch die Enkel die SPD ruiniert?

Ich würde das nicht so formulieren, denn damit täte man ihnen unrecht. Aber die Enkel sind natürlich Teil ihrer Generation. Und ich glaube schon, daß die 68er Bewegung ein Stück dazu beigetragen hat, die SPD zu ruinieren. Darunter leiden wir heute noch. Jemand hat mal gesagt: Die Linken haben in Wirklichkeit gar keine andere Politik gewollt, sondern sie haben nur diesen linken Sturm entfacht, um die Alt-Sozis beiseite zu räumen. Als sie dann eine Strecke von Alt-Sozis hingelegt hatten, hat sich in der Politik nichts geändert. Man hat dann oft den Eindruck gehabt, daß sie keine wirkliche Mission hatten. Die Bürger haben ein sehr feines Gespür dafür, ob jemand mit Engagement dabei ist, oder ob einer nur Karriere machen will. Und das ist tödlich für eine Partei.

Hans Apel hat kürzlich Oskar Lafontaine als einen »politischen und moralischen Luftikus« bezeichnet. Trauen Sie Lafontaine die Rettung der SPD zu?

Er kann die SPD ganz sicher allein durch seine Persönlichkeit nicht retten – und wenn er Willy Brandt wäre –, sofern die Partei nicht selbst wieder zu einer entschlossenen und geschlossenen politischen Bewegung wird. Oskar Lafontaine hat ein bemerkenswertes politisches Talent, natürlich auch seine Fehler, das wissen wir alle, aber es ist ihm gewiß nicht zuzuschreiben, daß die SPD jetzt in dieser schwierigen Situation ist. Entscheidend ist, daß die SPD zu einer glaubwürdigen Alternative findet. Daß die Menschen erkennen, wofür die SPD steht. Was ist das Anliegen der Partei, unter den Bedingungen der Globalisierung der Märkte und des Endes des Ost-West-Gegensatzes? Was macht nun eine moderne linke Volkspartei aus? Das kann der Beste nicht allein leisten. Ich habe das übrigens auch schon gesagt, als Rudolf Scharping noch Parteichef war. Dabei muß ich hinzufügen: Was die Öffentlichkeit ihm an Demütigungen und Erniedrigung zugemutet hat, ist unglaublich. Ich wäre an seiner Stelle nicht mehr auf die Straße gegangen. Daß der Mann sich nicht mehr frei bewegen und nicht mehr locker reagieren konnte, ist doch kein Wunder. Der ist kaputtgemacht worden. Und deswegen kann ich meiner Partei nur dringend raten, nicht auch noch unsere letzten Talente zu verbrennen, sondern endlich dafür zu sorgen, daß die Voraussetzungen für Führungsfähigkeit wiederhergestellt werden. Die Frage, wer dann an der Spitze steht, ist vergleichsweise zweitrangig.

Die Situation ist offenbar so bedrohlich, daß nach den Landtagswahlen vom 24. März 1996 etwas passiert ist, was es nach meiner Erinnerung noch nie gegeben hat in der SPD. Daß nämlich diese Partei, die zu allen Zeiten ihre Schwächen öffentlich diskutiert hat, selbst in den zuständigen Gremien eine Debatte über die Ursachen der Niederlagen vermieden hat, um zu verhindern, daß der letzte der Enkel darüber als Führungsfigur verschlissen wird. Oskar Lafontaine hat sich auf eine gespenstische Weise öffentlich hingestellt und die Niederlagen zu Erfolgen umgedichtet und damit ja auch die Parteimitglieder allein gelassen, die dann am Arbeitsplatz, im Verein, wo immer sie als Sozialdemokraten in Erscheinung treten, Hohn und Spott ausgesetzt waren. Es gab keinen kollektiven Lernprozeß mehr. Ist es nicht ein Alarmsignal allererster Güte, wenn eine Partei die Ursachen von Wahlniederlagen nicht mehr diskutieren kann, weil sie fürchtet, daß sie allein die Diskussion weiter nach unten zieht?

Es ist deswegen so besonders bedrückend, weil es der Ausdruck völliger Hilflosigkeit ist. Es ist ja nicht so, daß durch einen rationalen Prozeß entschieden worden wäre: Wir dürfen darüber jetzt nicht sprechen, weil es uns schadet. Sondern es ist deswegen nicht diskutiert worden, weil keiner mehr weiß, was er sagen soll. Weil es im Grunde keine Erklärung mehr gibt. Die SPD hat einen Tiefstand erreicht, wie ich ihn noch nicht erlebt habe und wie ich ihn auch nicht für möglich gehalten habe.

Lafontaine hat ja auch nach den Wahlniederlagen noch seine Kritik an der Aussiedlerpolitik fortgesetzt. Das führt zu solchen Urteilen, wie sie Apel dann ausgesprochen hat. Lafontaine gilt bei vielen in der Partei als machtbesessen, arrogant, unberechenbar, auch bequem in gewisser Weise. Teilen Sie das Urteil?

Nein, das teile ich nicht. Er zeigt natürlich sehr viel mehr Spontaneität als viele andere. Aber ich habe das immer als eher positiv empfunden. Obwohl ich glaube, daß er sich in der Aussiedlerfrage in der Tat vergaloppiert hat. Und zwar deswegen, weil man nicht auf der einen Seite sagen kann: Kommet her zu mir alle, die ihr mühselig und beladen seid aus der ganzen Welt, um auf der anderen Seite ausgerechnet denjenigen, die fünfzig Jahre lang wegen ihrer deutschen Abstammung in Rußland drangsaliert worden sind, schlicht die Tür vor der Nase zuzuschlagen. Aber ich bin nach wie vor der Meinung, daß Lafontaines Ideenreichtum positiv zu beurteilen ist, weil viele andere nur die alten Formeln runterbeten. Wenn man die Führungsentwicklung der letzten Jahre miterlebt hat, darf man sich nichts mehr vormachen. Auch im Parteivorstand hat es in den letzten Jahren, solange ich dabei war, kaum eine aufrichtige Diskussion mehr gegeben. Die wirklichen Streitfragen wurden nicht angesprochen, teils aus Opportunismus, teils wegen der Art und Weise, wie dort diskutiert wurde. Deshalb darf man auch nicht so tun, als ob jetzt plötzlich alles schlecht geworden und vorher alles herrlich gewesen wäre. Der Verfall der Führungskultur war ein langer Prozeß. Und er zeigt sich gerade in der nordrhein-westfälischen SPD seit vielen Jahren. Wir sind mit Abstand die stärkste Partei. Wir haben Wahlergebnisse eingefahren, die nicht zu überbieten waren, und trotzdem haben wir zur inneren Festigung der Partei und zur Schärfung ihres Profils nichts beigetragen. Im Gegenteil: Wir haben fast verhindert, daß das geschehen konnte. Da sollte sich keiner aus meiner Generation schäbig auf die Seite drücken. Wir haben unseren Teil dazu beigetragen.

Scheitert Lafontaine?

In der Partei hat wieder die Debatte über die persönlichen Schwächen Lafontaines begonnen. Die ist ja nicht neu. Es wird auch diskutiert, ob seine Wahl aufgrund einer einzigen Rede auf dem Mannheimer Parteitag nicht ein Fehler gewesen sei, und es gibt sogar so etwas wie eine gewisse Scharping-Nostalgie. Können Sie das nachvollziehen?

Nein, das ist alles derartig kurzsichtig und irrational, daß ich ganz deprimiert bin. Wenn sich ein gewählter Parteitag allein durch die Lautstärke einer Rede zu einem Führungswechsel, zu einer 180-Grad-Wende bewegen läßt, dann kann ich nur sagen: Die Delegierten sollten sich ihr Schulgeld wiedergeben lassen. Der entscheidende Mangel dieses Parteitags in Mannheim ist für mich gewesen, daß vorher nicht der Mut aufgebracht wurde, darüber ein offenes Wort im Parteivorstand zu finden. Das ist eine unglaubliche moralische Disqualifizierung dieses Parteivorstandes.

Der Führungswechsel war offenbar Ergebnis eines gruppendynamischen Prozesses in Hotelzimmern.

Was damals in der Öffentlichkeit über Scharping geschrieben wurde, kann ja keinem entgangen sein. Da konnte es doch nur die Alternative geben, daß man sich entweder zusammensetzt und sagt: »Hört mal, wie ist es nun? Wenn wir die Führungsfrage in Mannheim nicht ansprechen wollen, dann müssen wir wie ein Mann auf dem Parteitag stehen. Und jeder, der davon abweicht, wird aus dem Fenster gestürzt.« Oder man hätte sagen müssen: »Rudolf, merkst du nicht, daß die Reise zu Ende ist? Es hat doch keinen Zweck, daß wir das ignorieren. Wie werden wir damit fertig?« Daß eine gestandene Riege von Männern und Frauen, die die Elite der Partei sein wollen, zu einem so offenen Wort nicht fähig war, disqualifiziert diesen Vorstand in einer Weise, wie es schlimmer nicht mehr sein kann. Da wird hinter dem Rücken gestichelt, da wird aber offen nichts gesagt, da werden Sprüche geklopft, und dann kommt es plötzlich zu solchen emotionalen Ausbrüchen, wie sie durch die Rede von Lafontaine freigesetzt wurden.

Zum Watschenmann für alle Probleme der Partei ist Gerhard Schröder geworden. Auch nach den Landtagswahlen war das wieder so. Zudem hat er sich durch die Trennung von seiner Frau, die in der Öffentlichkeit immer eine große Rolle gespielt hat, vorerst selber matt gesetzt. Ist er überhaupt noch als Kanzlerkandidat vorstellbar?

Für mich durchaus. Wie die Partei darüber denkt, weiß ich nicht. Ich glaube, daß er eines der großen Talente ist, aber ich wiederhole: Es wäre eine Illusion anzunehmen, daß die Probleme der SPD gelöst wären, wenn Gerhard Schröder käme und die Erwartungen hundertprozentig erfüllte. Er würde genau die gleichen Schwierigkeiten haben wie seine Vorgänger, er würde genauso erleben, daß wir nur noch Dissonanzen im eigenen Lager haben, und daß kein Mensch weiß, wofür die SPD steht.

Innerparteiliche Kritiker beschuldigen Schröder, er sei in Wahrheit kein Sozialdemokrat mehr. Wie erklären Sie sich dieses Urteil?

Es ist leider schon seit längerem zu beobachten, daß jeder in der Partei, der ein bißchen aus der Schablone des grauen Alltags herausragt, erst mal eins auf den Deckel kriegen muß. Die Mißgunst gegen persönliches Profil ist stark ausgeprägt. Es gibt eine Einigkeit der Mittelmäßigkeit, die zum Maßstab geworden ist. Wenn wir nicht mehr in der Lage sind zu tolerieren, daß Leute auch mal etwas Falsches laut denken und dann vielleicht revozieren müssen, können wir einpacken.

Das Führungs-Trio Lafontaine–Schröder–Scharping ist auf eine ganz komplizierte Weise miteinander über Kreuz, jeder mit jedem und alle drei zusammen. Aber alle drei werden allein schon wegen ihres Alters noch mindestens ein Jahrzehnt gemeinsam Politik machen müssen, wenn sie nicht vorher das Handtuch werfen. Ist nicht schon deshalb, weil diese drei Menschen durch einen Zufall der Biographien an der Parteispitze zusammengeführt worden sind, das personelle Elend der Partei auf lange Sicht vorprogrammiert?

Ich möchte folgende Behauptung riskieren: Drei Leute – wen auch immer – als Führer einer Partei zusammenzubringen und zu erwarten, daß die sich in freundschaftlicher Verbundenheit bewegen, ist eine Illusion. Das gibt Politik in einer offenen Gesellschaft nicht her. Ich habe das selbst erlebt. Ich habe mich mit Händen und Füßen dagegen gewehrt, daß menschliche Beziehungen zu politischen Mitstreitern kaputtgemacht werden durch Medien und durch verdeckte Tratscherei. Es war nicht zu ändern. Deswegen kann ich nur sagen: Der Prozeß der politischen Willensbildung, die Arbeit in der Partei und die Selbstdarstellung in der Öffentlichkeit sind derartig strapaziös und die charakterlichen Deformationen, die damit unabdingbar verbunden sind, so gravierend, daß es eine blanke Illusion wäre zu glauben, das könnten drei Freunde sein, die miteinander um die Durchsetzung politischer Ziele ringen. Das ist aber auch gar nicht entscheidend. Entscheidend ist, daß da Persönlichkeiten sind, die in ihrer Eigenart toleriert werden müssen und die sich entwickeln können. Daß es dann auch mal kracht, ist selbstverständlich, das sollte auch nicht schädlich sein. Das war im übrigen bei der berühmten Troika Willy Brandt, Helmut Schmidt, Herbert Wehner ganz genauso. Die waren doch derartig über Kreuz, da gab es so viele Verletzungen und so tiefe persönliche Abneigung, wie es gar nicht zu mehr zu überbieten ist.

Dennoch hatten sie ein gemeinsames Projekt.

Das ist der Punkt. Sie wußten, welche historische Aufgabe sie hatten und welche Aufgabe die Partei hatte, und sie haben versucht, das gemeinsam zu erreichen. Schlimm ist, daß wir das heute nicht mehr haben. Man kann nicht eine Reformpartei führen nach dem Motto: Wir wollen jetzt reformieren, aber wir wissen nicht, wohin.

Stimmt es denn überhaupt, wenn Sie an die große Troika denken, daß es zwischen dem jetzigen Führungs-Trio und dem damaligen wesentliche charakterliche Unterschiede gibt? Und wenn ja, wo liegen die? Es heißt ja häufig: Die Enkel sind Hedonisten, die leben nur für sich, die wollen Karriere machen, die haben keinen inneren Halt mehr, die kennen keine Pflichten mehr. Stimmt das? Oder liegt der Unterschied nicht in Wahrheit primär darin, daß die damals noch ein politisches Ziel hatten und die heute nicht mehr?

Das ist in der Tat der entscheidende Unterschied. Die junge Generation mag heute ein bißchen hedonistischer sein ...

Willy Brandt war doch auch kein Asket, oder?

Das wollte ich sagen. Und auch Herbert Wehner nicht, das muß man mal in aller Deutlichkeit sagen, das ist auch bezeugt: Der war ein durchaus vitaler Mann mit allen menschlichen Sehnsüchten und allen menschlichen Erfahrungen.

Wie sehen Sie Wolfgang Clement? Können Sie sich vorstellen, daß er in ein paar Jahren eine bundespolitische Führungsrolle übernimmt in der SPD?

Durchaus. Ich glaube aber nicht, daß er ein politischer Visionär ist. Er ist eher ein Macher, also ein Mann wie Helmut Schmidt und nicht wie Willy Brandt. Aber er ist ein Politiker mit Verstand, Ehrgeiz und Disziplin. Deswegen glaube ich schon, daß er eines der wirklichen Talente ist, das auch auf Bundesebene gefragt sein könnte.

Der Verfall der Baracke

Die Bonner SPD-Zentrale ist nach meinem Eindruck in den vergangenen Jahren in dramatischer Weise auf den Hund gekommen. Sie hat keine politische Führungsfunktion mehr, es gibt weder Input noch Output. Der letzte große Bundesgeschäftsführer war der durchaus umstrittene Peter Glotz. Der letzte Parteisprecher, der in den Medien Wirkung hatte, war Wolfgang Clement. Kann die Partei in diesen Zeiten, da Politik im wesentlichen durch die Medien vermittelt wird, von einem Vorsitzenden aus Saarbrücken geführt werden, dazu von einem Bonner Fraktionschef, der gerade demonstrativ von der eigenen Partei demontiert wurde, und einem dissonanten Chor von Länder-Ministerpräsidenten? In der Baracke ist der Faden zu den Medien ja schon seit Jahren abgerissen.

Ich will die Gegenfrage stellen: Könnte der beste Bundesgeschäftsführer seine Arbeit fruchtbar gestalten, wenn er eine Partei zu managen hat, die nicht weiß, was ihre politischen Ziele sind? Wie soll der arme Mann das machen?

Man kann natürlich alles auf dieses Grundproblem zurückführen, aber es gibt doch neben diesem Grundwiderspruch noch eine ganze Reihe von Nebenproblemen, die dann zusammen das Gesamtproblem der SPD ausmachen. Sie waren doch selbst mal als Bundesgeschäftsführer im Gespräch...

Das war mein Traumjob...

...das heißt, Sie müssen doch auch einen Eindruck davon gehabt haben, was Sie in der Baracke vorfinden würden. Mich würde interessieren, ob Ihr Eindruck sich mit meinem deckt. Als Journalist außerhalb von Bonn hat man mit der Baracke nichts mehr zu tun, die gibt's gar nicht.

Ich wäre furchtbar gerne Bundesgeschäftsführer geworden, um die Basis zu motivieren und eine schlagkräftige Parteiorganisation aufzubauen. Ich habe mich auch mehrere Male dafür interessiert. Schon als es Peter Glotz wurde, hat ihn damals Willy Brandt mir vorgezogen. Ich habe es dann noch mal versucht, als es Anke Fuchs wurde. Da kam ich nicht gegen den Vorzug der Weiblichkeit an. Wenn ich heute die Situation betrachte und den armen Franz Müntefering auf seinem Stuhl sitzen sehe, frage ich mich wirklich: Was soll der noch aus dieser dissonanten und desolaten Organisation machen? Die Baracke in Bonn ist nie sehr vorbildlich gewesen – solange ich denken kann. Das war schon unter Willy Brandt eher ein Chaosbetrieb. Gott sei Dank gab es immer ein paar herausragende Persönlichkeiten – Sie haben eben einige genannt –, die das ein bißchen überstrahlt haben. Aber die Effektivität des Apparats war nie sehr ausgeprägt. Es gab viele Eifersüchteleien der Bezirke, die das verhindert haben.

Aber hatte die Baracke nicht trotzdem zeitweise Leute, die sich programmatisch den Kopf zerbrochen, Ideen und Papiere produziert haben? Es gab doch mal einen Output in Richtung Öffentlichkeit. Heute ist das nach meiner Beobachtung alles vorbei. Ich weiß auch nicht, inwieweit die Parteiführung die Baracke überhaupt noch nutzt.

Das ist, glaube ich, eine richtige Beobachtung. Die Partei ist in Alltagsroutine versunken. Der Apparat hat sich erschöpft. Das gilt aber auch für das, was Sie »Papiere machen« genannt haben. Auch das war schon längst zur Alltagsroutine geworden. Da wurde ein Papier nach dem anderen produziert. Zuletzt stand nichts mehr drin.

...bis der Overkill da war...

Ja. Jeder Apparat eines Unternehmens hat sein Kriterium, an dem der Erfolg gemessen wird. Das ist die Rentabilität. Dieses Rentabilitätskriterium haben wir in der Politik nicht. Was ist das Erfolgskriterium eines Parteiapparats? Es kann nicht darum gehen, möglichst viele Papiere zu produzieren. Der Parteiapparat muß in erster Linie dazu da sein, die Führungsgremien zu unterstützen und mit der nötigen organisatorischen Kraft auszustatten. Daran hat es schon seit Jahrzehnten gehapert. Ich hatte schon lange vor Peter Glotz den Eindruck, daß da nicht immer optimal gearbeitet worden ist.

Reif fürs Museum?

Wenn wir all das zusammenfassen, was wir erörtert haben, drängt sich eine Frage automatisch auf: Muß sich die SPD nicht vielleicht grundsätzlich damit abfinden, daß sie nur noch eine Variante deutscher Parteipolitik ist, aber nicht mehr das unverwechselbare Modell, das sie früher einmal war? Daß über Wahlerfolge, ähnlich wie es in Großbritannien bei der Labour Party unter Tony Blair zu beobachten ist, nur noch die Tagesform entscheidet, vor allem aber das jeweilige Führungspersonal? Mit einem Wort: daß die über hundertjährige Geschichte der SPD reif ist fürs Museum?

Ich glaube, daß die SPD, wenn sie überleben will, nur zwei Möglichkeiten hat: Entweder auf ein Programm zu verzichten, das wäre die nordamerikanische Lösung...

...und sich ausschließlich tagespolitisch zu entscheiden...

...sich nur auf die Frage zu konzentrieren: Mannschaft A spielt gegen Mannschaft B. Wer die besseren Leute hat, gewinnt das Spiel. Die Alternative dazu ist ein neues Programm. Ich persönlich fürchte, daß die SPD den ersten Weg gehen wird, weil er auch unserem medien- und personenorientierten Politikbetrieb entspricht. Aber ich würde bedauern, wenn es nicht mehr den Streit der Ideen um das bessere gesellschaftliche Konzept gäbe. Und deswegen kämpfe ich dafür, der Partei einen Weg zu zeigen, auf dem sie wieder als eigenständige linke Volkspartei erkennbar wird. Ich habe aber Zweifel, ob dieser Weg gefunden wird.

2
Zwischen Engagement und Scheitern: ein sozialdemokratischer Lebenslauf

Die Rückkehr in den Landtag

Herr Farthmann, im Mai 1995 haben Sie bei der für die SPD desaströsen Landtagswahl nach 20 Jahren in der nordrhein-westfälischen Politik Ihr Landtagsmandat verloren. Ein halbes Jahr später, im November 1995, sind Sie als Nachrücker wieder ins Düsseldorfer Parlament eingezogen. Sind Sie jetzt ein Hinterbänkler? Welche Rolle spielen Sie in Fraktion und Landespolitik?

Ich bin bestenfalls noch Beobachter. Ich spiele keine aktive Rolle mehr. Ich will auch keine aktive Rolle mehr übernehmen. Erstens, weil ich mich mit der jetzigen Politik nicht identifiziere, und zweitens, weil ich mir und meiner Partei nicht zumuten möchte, als ewig quengelnder alter Fuhrmann herumzulaufen. Das Landtagsmandat habe ich eigentlich nur noch aus Neugier angenommen, weil ich sehen will, wie es in diesen schwierigen Zeiten weitergeht. Ich habe aber keine politischen Ambitionen mehr.

Wo sitzen Sie im Landtag?

Der Platz ist mir zugeteilt worden.

... hinten, in der Mitte, vorne?

Ziemlich genau in der Mitte.

Wird Ihr Rat gesucht, und wenn ja, von wem?

Nein, er wird nicht gesucht, von der Landespartei jedenfalls nicht. Ich habe noch viele alte Kontakte und spüre, daß ich von den Ortsvereinen gefordert, etwa zu Referaten gebeten werde. Und da erlebe ich dieselbe Wärme, denselben Zuspruch wie früher. Ich werde heute sogar auf der Straße häufiger angesprochen als in meinen populärsten Ministerjahren. Das tut mir auch gut.

Haben Sie das Gefühl, manche haben Ihre Rückkehr als Belastung empfunden?

Zumindest haben sie Angst davor gehabt, es könnte belastend werden. Aber ich habe ja gewußt, was ich der Partei schulde und habe von Anfang an keine bösen Absichten verfolgt.

Wie sind Sie bei der Rückkehr aufgenommen worden von den Fraktionskollegen, vor allem aber von Johannes Rau?

Von Johannes Rau hat es überhaupt kein Zeichen gegeben, weder positiv noch negativ. Ich weiß gar nicht, ob er das überhaupt wahrgenommen hat.

Ich glaube, daß er solche Dinge sehr genau wahrnimmt...

Von den Fraktionskollegen bin ich sehr freundschaftlich und locker aufgenommen worden, demonstrativ begrüßt hat mich der Fraktionsvorsitzende Klaus Matthiesen, was ich gar nicht erwartet hatte.

Wie häufig nehmen Sie noch an Landtagssitzungen teil?

An den Fraktionssitzungen nehme ich fast immer teil, an den Landtagssitzungen auch, wenn es um aktuelle Dinge geht: Fragestunden, Aktuelle Stunden und dergleichen. Ich möchte einfach die sehr sensible politische Stimmung im Landtag spüren. Aber vor langen Beratungen drücke ich mich gelegentlich.

Wenn Sie die Fraktionssitzungen heute vergleichen mit denen zu Ihrer Zeit: Hat sich an der Grundstimmung der Fraktion durch die rot-grüne Koalition etwas verändert? Ich meine nicht die Debattenthemen. Die sind natürlich andere geworden, weil es andere Konflikte gibt. Aber ist das jetzt eine andere Fraktion geworden? Denkt sie anders als früher?

Nein. Sie ist seltsamerweise dieselbe geblieben, mit einem unglaublichen Frustrationspotential und mit einer kritischen Unzufriedenheit, für die ich schon zu meiner Zeit wenig Verständnis hatte.

Wem gegenüber unzufrieden?

Das ist rational nicht zu erfassen. Ich habe manchmal das Gefühl, die Landtagsmitglieder spüren, daß die politische Bedeutung des Landtags in keinem Verhältnis steht zu dem Ritual, das da ständig abläuft. Ob man das ändern könnte, weiß ich nicht. Durch den föderalen Aufbau der Bundesrepublik, der seinerseits wieder überwölbt wird von der politischen Ebene Europas, ist die Landespolitik praktisch auf reine Verwaltungsaufgaben reduziert worden. Da ist durch den Parlamentarismus nur noch wenig zu gestalten. Anders ausgedrückt: Die Funktion des Parlaments reduziert sich fast ausschließlich darauf, die Regierung zu unterstützen beziehungsweise zu kontrollieren. Selbst aktiv zu werden, selbst Gesetze einzubringen, dazu ist fast kein Raum mehr.

Funktioniert denn wenigstens noch das Kontrollieren der Regierung?

Jedermann weiß – das gilt in der Wirtschaft ähnlich für Aufsichtsräte –, daß das Kontrollieren immer ein fast hoffnungsloses Hinterherhetzen ist. Das spürt man natürlich auch im Landtag. Deswegen führt ja auch der Verlust an unmittelbarer politischer Gestaltungsmacht zu Frustrationen. Zu meiner Zeit konnten sich die SPD-Landtagsabgeordneten theoretisch noch sagen: Wir haben die absolute Mehrheit, wir können alles durchsetzen. In Wirklichkeit haben sie dann allerdings erfahren müssen, daß sie kaum etwas verändern.

Das heißt: Der Abgeordnete ist in Wahrheit zurückgeworfen auf die Betreuung seines Wahlkreises.

Mehr oder weniger auf die Funktion eines Überbringers von Empfindungen und Befindlichkeiten vor Ort, mehr aber nicht.

Klaus Matthiesen:
Fraktionschef gegen Raus Willen

Wie beurteilen Sie den Führungsstil Ihres Nachfolgers Klaus Matthiesen?

Es ist nicht mein Führungsstil, aber ich habe daran nichts zu kritisieren. Manchmal spürt man für mein Gefühl ein bißchen zu sehr die Taktik. Aber jeder Politiker, der in vorderer Linie steht, ist taktischen Gesetzen unterworfen. Er kann sich davon nicht freimachen. Aber ich glaube schon, daß Matthiesens Kurs, diese harte Linie unmittelbar am Bruchpunkt der Koalition – nicht den Bruch selbst zu betreiben, aber sozialdemokratische Identität bis zum äußersten zu wahren –, unserer Partei sehr guttut.

Seine Wahl zum Fraktionschef war aus Sicht des Ministerpräsidenten Johannes Rau eine Panne.

Das ist so berichtet worden.

Wie ist es dazu gekommen? Matthiesen war ja durch einen vorangegangenen Landtags-Untersuchungsausschuß stark angeschlagen, und man hatte den Eindruck, die Staatskanzlei wollte ihn auch demontieren lassen, um ihn in der Auseinandersetzung mit Wolfgang Clement um die Rau-Nachfolge aus dem Rennen zu werfen. Wie kam es, daß er trotzdem gewählt wurde?

Zunächst einmal hat er sehr klug gehandelt, indem er diese Rivalität gleich ausgeschlossen hat. Er hat ausdrücklich erklärt – hatte mich damals auch ermächtigt, das in den internen Beratungen zu erklären –, daß er, wenn er Fraktionsvorsitzender würde, keine weitergehenden Ambitionen hätte. Was Rau eigentlich gegen ihn gehabt hat – und andere aus der Führungs-Crew –, habe ich nie verstanden. Ich glaube, daß es um emotionale Vorbehalte ging. Ich habe zu Matthiesen keine ernsthafte Alternative gesehen. Ich habe mich auch ausdrücklich bereit erklärt, ihn vorzuschlagen. Das wurde aber nicht gewünscht.

Was hat sich denn in der Fraktion abgespielt, daß er gegen den erklärten Wunsch Raus gewählt wurde?

Ich glaube, die Fraktion hat gespürt, daß er der einzige ist, der ein eigenes Gewicht und politische Durchsetzungsfähigkeit hat, der im Landtag in einer offensiven Aggressivität auftreten konnte.

War seine Wahl auch eine kleine Revanche an Rau für die Landtagswahl-Niederlage?

Das glaube ich nicht. Ich glaube auch gar nicht mal, daß die Fraktion wahrgenommen hat, daß Rau ihn nicht wollte.

Der Verlust der Macht 1995

Wie war das für Sie, als Sie Ihren Wahlkreis in Neuss bei der Landtagswahl 1995 verloren hatten? Gab es keine Angebote aus dem Kreis der Gewählten, auf ein Mandat zu verzichten, um Ihnen das Nachrücken zu ermöglichen? Und wie hat sich Johannes Rau verhalten?

Es gab solche Angebote, ich habe davon gehört, aber Rau hat dafür keine Möglichkeit gesehen.

Haben Sie mit ihm darüber geredet?

Ja.

Wie hat er argumentiert?

Er hielt so etwas für unglaubwürdig, das könne man nicht tun.

Als die SPD die absolute Mehrheit verloren hatte und die Koalition mit den Grünen absehbar war, sollen Sie zu Rau gesagt haben: »Es ist aus, Johannes, laß es die anderen machen.« Wie hat er reagiert? Warum hat er nicht auf Sie gehört?

Ich konnte mit Rau nie ernsthaft über Dinge reden, die ihm unter die Haut gingen. Da hat er sich bestenfalls meine Meinung angehört, aber ein wirklicher Dialog war mit ihm nicht möglich. Deswegen hat auch nach der Wahlniederlage ein echter Dialog zwischen uns nicht stattgefunden. Ich bin auch ein Typ, der niemanden bedrängt. Wenn ich merke, jemand möchte darüber nicht reden, dann hat sich das. Das war übrigens schon vor der Wahl sichtbar geworden. Ich habe die Vermischung von Rot und Grün im Lande schon gespürt, weil die mittlere Führungsebene der SPD emotional stark »angegrünt« war. Es gab viele, die Rot-Grün sogar für eine bessere Lösung hielten als wieder eine absolute Mehrheit für die SPD und die deshalb gar nicht erst für Rot gekämpft haben. Ich habe das gespürt, je näher der Wahltag rückte. Und ich hatte Angst, die Bürger könnten es auch merken.

Sie haben den Verlust der absoluten Mehrheit kommen sehen?

Ja. Deswegen habe ich Rau signalisiert, er solle noch vor der Wahl eindeutig erklären, daß er für ein rot-grünes Bündnis nicht zur Verfügung stehe. Ich wollte ihn nicht in die Enge treiben oder ihm keinen Ausweg mehr lassen. Ich hatte das Gefühl: Das ist die letzte Karte, die wir noch ziehen können, um die Funktionäre zu mobilisieren und auf das Risiko hinzuweisen, wenn es uns nicht gelingen sollte, die absolute Mehrheit zu verteidigen. Aber Rau hat auch diesen Rat nicht beherzigt.

Wie haben Sie ihn nach dem Wahlabend erlebt?

Er war am Wahlabend und noch ein paar Tage danach ziemlich derangiert. Er hat ja auch gegenüber der Öffentlichkeit nur ein paar formelhafte Erklärungen abgegeben. Ich glaube schon, daß ihn das sehr getroffen hat.

Er hat ja in seinem Leben mehrere schwere Niederlagen erlebt: bei seiner Kanzlerkandidatur, bei der Kandidatur für das Bundespräsidentenamt und nun der Verlust der absoluten Mehrheit. Sie haben ihn in allen diesen Situationen erlebt. Hat ihn der Verlust der absoluten Mehrheit am meisten aus der Bahn geworfen?

Ich glaube, am meisten aus der Bahn geworfen hat ihn die Niederlage bei der Kanzlerkandidatur. Das hängt mit seinem Verständnis von Politik zusammen. Er ist immer der Meinung gewesen und hat das wie kein anderer mit großer Klarheit gesehen, daß es zwischen den großen Parteien keine wesentlichen Unterschiede mehr gibt. Er hat wirklich gemeint, es kommt nur auf den netteren Kerl an, und er sagte sich: Im Vergleich zu Kohl bin ich eindeutig der sympathischere. Er hat vielleicht nicht die absolute Mehrheit für die SPD erwartet, aber doch geglaubt, daß er die Partei erheblich stärken könne. Daß die dann sogar noch schwächer wurde, hat ihn tief enttäuscht.

Es gibt ja viele Legenden, die sich um ihn ranken. Eine dieser Legenden, an die ich nie geglaubt habe, besagt, man habe den Widerstrebenden zur Kanzlerkandidatur drängen müssen. Wie haben Sie das damals erlebt?

Ich hatte auch den Eindruck, daß er gerne das wollte, daß er das als ehrenvolle Aufgabe empfunden hat, daß er sich sogar gewünscht hat, daß es auf ihn zuliefe. Ich füge aber gleich hinzu: So muß ein Politiker auch sein. Einer, der nicht den Ehrgeiz hat, auch den Griff nach dem höchsten Ziel zu wagen, der ist in meinen Augen sowieso nicht fähig, Spitzenpolitiker zu sein. Die Behauptung, man würde sich für eine unglaubliche physische und psychische Strapaze in die Pflicht nehmen lassen, stammt aus dem Reich der Phantasie. Rau war allerdings immer ein Politiker nach dem sogenannten nordamerikanischen Modell, das die Personen statt der politischen Inhalte in den Vordergrund stellt.

Wenn die mittlere Funktionärsschicht der SPD die eigene absolute Mehrheit nicht mehr wollte, sondern ein Bündnis mit einer anderen Partei, dann ist das doch ein Alarmsignal dafür, daß man die Landesregierung für verkrustet und bewegungsunfähig gehalten hat. Eine Koalition mit den Grünen sollte offenbar wieder Bewegung in den Laden bringen.

So haben in der Tat viele gedacht. Es ist sogar ausgesprochen worden. Ich habe selbst von Fraktionsmitgliedern gehört: »In einer Koalition hätten wir doch mehr zu sagen, als wir jetzt zu sagen haben.« Ich habe dann immer versucht, das als verantwortungslos abzubügeln und zu interner Kritik in den zuständigen Parteigremien zu ermuntern. Aber da gab es einen seltsamen Opportunismus, der mich oft tief enttäuscht hat. In dem Moment, als es darum ging, ernsthaft Kritik an der Spitze der Partei zu üben, herrschte Schweigen im Walde. Das ist überhaupt ein Symptom für die Degeneration unseres politischen Betriebes: Kontroverse Diskussionen werden immer seltener. Dabei gewinnt man doch Klarheit, wenn Meinungsverschiedenheiten ausgetragen werden. Aber wir haben uns selbst um diese Möglichkeit gebracht. Jeder denkt nur noch: »Wo ist die Mehrheit? Bloß nicht gegen die Mehrheit argumentieren. Ich darf nicht in die Verliererposition geraten.«

Die NRW-SPD: Von Rau ruhiggestellt?

Als ich als Korrespondent der »Süddeutschen Zeitung« nach Düsseldorf kam, war das Erlebnis, das meine Vorstellungen von dieser NRW-Partei gründlich zerstört hat, die Beobachtung, daß dieser bundesweit stärkste Landesverband der SPD überhaupt nicht an Debatten über strittige Themen, an Programmdiskussionen, an politischen Kontroversen teilgenommen hat. Die Landespartei war nach meinem Eindruck planvoll ruhiggestellt, um die Regierung von Johannes Rau nicht zu stören. Man wußte gar nicht, wann der Landesvorstand tagte, geschweige denn welche Beschlüsse er gefaßt hatte. Das hielt ich für unvorstellbar, bis ich es erlebte. Die Sozialdemokratische Partei ist immer eine Partei der Diskussion und der Auseinandersetzung gewesen. Wie ist es möglich, eine solche Partei in einem solchen Landesverband so perfekt ruhigzustellen?

An diesem Eindruck stimmt eines nicht, nämlich die Vermutung, daß dieser Zustand durch planmäßiges Vorgehen der Parteispitze herbeigeführt worden wäre. In Nordrhein-Westfalen kamen zwei Dinge zusammen: Die Partei war schon lange vor Johannes Rau – das muß man in aller Deutlichkeit sagen – die Partei der biederen Wasserträger. Sehen Sie sich die Bundestagsabgeordneten in den 60er oder den 70er Jahren an, als ich selbst ein paar Jahre dazugehört habe: Das waren alles treue Partei-Soldaten, die ein unheimlich hohes Ansehen in ihrem Taubenverein, in ihrer Gewerkschaft, in ihrem Kleingartenverein hatten, die mit eindrucksvollen Stimmergebnissen gewählt wurden, die aber weder ein Interesse noch die Fähigkeit hatten, politische Innovationen anzustoßen oder durchzusetzen. Insofern hat Johannes Rau eine Partei vorgefunden, die sich als Partei der parlamentarischen Absicherung, der Stabilität, der Ruhe und der Geschlossenheit verstanden hat. Er hat dann allerdings selbst – das muß ich zugeben und insofern kann ich mich dann Ihrer Argumentation wieder ganz und gar anschließen – einen politischen Stil gepflegt, der diese verläßliche, ruhige Truppe weiter in diesem Status gehalten hat. Die Landesvorstandssitzungen waren in der Tat in den letzten Jahren reine Routineveranstaltungen. Sie dienten der Ausgabe von Sprachregelungen und Direktiven. Eine ernsthafte Debatte hat es kaum jemals gegeben.

Aber die SPD hat sich doch in den letzten 20 Jahren stark gewandelt, auch in Nordrhein-Westfalen. Sie ist ja schon lange nicht mehr nur die Partei der Wasserträger. Auf Bezirksebene gab es doch Diskussionen und akzentuierte politische Meinungsäußerungen. Die Bezirksvorstände und Bezirksparteitage haben sich zu Fragen geäußert, die weit über Nordrhein-Westfalen hinausreichten, zur Nachrüstungsdebatte zum Beispiel. Der Landesvorstand dagegen war in der Öffentlichkeit gar nicht existent. Da war der Faden gerissen.

Aber auch die Bezirksvorsitzenden haben sich in erstaunlicher Weise eingeordnet. Unter den Spitzenfunktionären der letzten zehn, 15 Jahre gab es einige, die in der Vergangenheit durchaus zu den Aufmüpfigen gehört hatten. Von denen hat man dann aber nicht mehr viel gehört, sie haben sich alle ruhigstellen lassen. Der ehemalige Landwirtschaftsminister Hans-Otto Bäumer hat Rau in seiner vitalen und temperamentvollen Art widersprochen. Er ist sehr schnell ins Abseits gestellt worden, was ich sehr bedauert habe, denn er war ein großes politisches Talent. Andere haben es gar nicht mehr versucht. Es war sicher auch ein Stück Methode, die Bezirksvorsitzenden ins Kabinett aufzunehmen, um sie ganz schnell in die Disziplin einzubinden.

Sie selbst haben sich immer wieder auch öffentlich kritisch geäußert. Sie haben zum Beispiel den Personenkult um Rau attackiert oder die Überalterung seines Kabinetts und Sie haben wiederholt die Verjüngung der Ministerriege gefordert. Sie waren der einzige auf Landesebene, der sich ab und zu abweichend äußerte. Rau hat aber offenbar niemals den Versuch unternommen, Sie als Fraktionschef zu stürzen. Hat er sich das nicht getraut?

Er hat mich ganz sicher nie geliebt, wenn ich dieses Wort hier in einem etwas übertragenen Sinne gebrauchen darf. Ein wirkliches

Vertrauensverhältnis hat sich nie gebildet, weil er im Grunde jemand ist, der – so unkompliziert und locker er wirkt – das, was in ihm vorgeht, niemals anderen gegenüber offenbart.

Hatten Sie eine eigene Machtbasis in Partei und Fraktion, die Sie unangreifbar gemacht hat, so daß Gedankenspiele, Sie kaltzustellen, aussichtslos waren?

So etwas ist nie versucht worden, das wäre auch gescheitert. Da bin ich absolut sicher.

Was war Ihre Machtbasis?

Das war eine über Jahrzehnte gewachsene Popularität. Ich habe immer vor Ort gerackert. Ich bin für viele in der Partei der Inbegriff des verläßlichen, des berechenbaren, des traditionellen Sozialdemokraten gewesen.

Welche Rolle hat dabei Ihre Herkunft aus der Gewerkschaft gespielt?

Die war sicher sehr wesentlich.

Haben Sie in den Jahren des Fraktionsvorsitzes auch immer den Kontakt zu den Gewerkschaften gehalten?

Ja. Der hat sich schon von Amts wegen ergeben. Ich hatte natürlich Gespräche mit dem DGB-Landesvorsitzenden und mit den wichtigsten Einzelgewerkschaften. Es hat immer vertrauensvolle Abstimmungen gegeben. Das rechne ich aber gar nicht so sehr mir und meiner gewerkschaftlichen Vergangenheit an, das war institutionell bedingt. Aber ich habe bei diesen Gesprächen natürlich gemerkt, daß die mich als einen der Ihren angesehen haben. Ich glaube nicht, daß es einen zweiten Politiker in Nordrhein-Westfalen gab, der – jedenfalls in den wichtigsten Jahren – von der Mitgliedschaft unten so geschätzt worden ist wie ich. Johannes Rau war natürlich durch seine Ministerpräsidenten- und Landesvorsitzendenrolle die Nummer 1. Die habe ich ihm auch nie streitig gemacht. Aber die unmittelbare persönliche Wertschätzung habe ich immer bei mir mehr empfunden als bei allen anderen.

Das Verhältnis zu Johannes Rau:
eine Freund-Feindschaft?

Meine These ist, daß es zwischen Ihnen und Rau über lange Jahre so etwas wie eine Freund-Feindschaft gegeben hat, und ich glaube auch, daß das die Tragik Ihres Lebens ist. Sie haben der Landespolitik 20 Jahre geopfert, die besten Jahre Ihres Lebens, und trotz immer wieder geäußerter Kritik bei Rau ausgeharrt. Sie haben vor Personenkult, Entpolitisierung, Vergreisung des Kabinetts gewarnt – immer vergebens. Haben Sie Ihr politisches Leben, Ihre Kraft an die falsche Idee, an das System Rau verschwendet, dem Sie schließlich bei der Wahlniederlage 1995 dann selbst zum Opfer gefallen sind?

Darüber habe ich mir schon manches Mal den Kopf zerbrochen. Aber ich empfinde heute keine Bitterkeit. Es war sicherlich für mich eine schwierige Situation, auf Rau zu treffen, ihm zu unterliegen und dann mit ihm über viele Jahre zusammengebunden zu sein. Aber man muß auch ganz nüchtern sehen, daß Politik nirgendwo frei ist von persönlichen Konflikten. Rau hat mich nie unfair behandelt in dem Sinne, daß er mich hintergangen oder reingelegt hätte. Wenn wir etwas verabredet haben, dann hat man sich darauf verlassen können. Ich selbst habe auch nie Schwierigkeiten gehabt, ganz vertrauliche Dinge mit ihm zu besprechen. Ich hatte nie den Eindruck, daß die Vertraulichkeit gebrochen wurde. Natürlich hat er mich gestoppt, ich konnte seinetwegen nicht in die erste Reihe vorstoßen. Es hat mich gekränkt, daß er am Ende, als für mich die Zeit kam abzutreten, keinen Finger krumm gemacht hat, nicht einmal mit mir gesprochen hat, um mich vielleicht doch noch eine Weile zu halten. Ich erinnere mich noch genau, als ich nicht wieder für den SPD-Bundesvorstand kandidieren wollte: Da hat es keinen Versuch gegeben, mich umzustimmen. Ich habe zur Kenntnis genommen, daß er mich wohl immer als Rivalen, jedenfalls als Störfaktor empfunden hat. Es gibt in der Tat eine schicksalhafte Verknüpfung zwischen Rau und mir. Aber ich empfinde weder Rau noch der Partei gegenüber eine Lebensenttäuschung, denn ich habe im Leben erreicht, was ich mir nie hatte träumen lassen. Die zweite Linie, in der ich gestanden habe, hat mir schließlich ein Stück zusätzlicher Freiheit gegeben. Ich habe sagen können, was ich als Nummer 1 nicht hätte sagen können. Außerdem hatte ich immer das befriedigende Gefühl, daß ich auch die Nummer 1 hätte ausfüllen können.

Ich habe den Begriff »Tragik« benutzt. Ist der völlig falsch?

Sartre hat mal gesagt: »Die Geschichte eines beliebigen Lebens ist die Geschichte eines Scheiterns.« Wenn ich den großen Helmut Schmidt sehe, dann ist kaum jemand so verbittert wie er, wenn er auf seine Partei zu sprechen kommt. Es ist eigentlich schade, daß viele mit Bitterkeit im Herzen aus der Politik ausscheiden. Ich will das nicht tun. Deswegen will ich dieses Wort »tragisch« auch für mich nicht übernehmen, obwohl ich natürlich ganz nüchtern sehe: Wenn ich nicht ausgerechnet auf Rau gestoßen wäre, sondern auf einen anderen, dann wäre ich wohl daran vorbeigekommen.

Ihr Politikstil ist grundverschieden von demjenigen Raus.

Richtig, grundverschieden.

Sie sind offen, direkt, manchmal brutal ehrlich, immer berechenbar. Er verbirgt seine Machtpolitik hinter Jovialität, Bibelsprüchen, Witzen, vielen persönlichen Anekdoten. Wie hat sich das vertragen?

Es hat sich zeitweise sogar unheimlich gut ergänzt. Ich habe manchmal gedacht: Es ist fast ein Glücksfall, daß wir als Gespann zusammengekommen sind. Er kann auf diese Weise unbeschädigt bleiben, weil er kein Risiko einzugehen braucht, das nehme ich ihm gerne ab. Aber das ist auf Dauer natürlich nur dann möglich, wenn es von beiden Seiten bewußt wahrgenommen wird und daraus auch das entsprechende Vertrauen wächst. Das ist leider nicht so geschehen, wie ich es mir vorgestellt habe.

Ist Raus Predigerton echt? Ist der Mann authentisch in der Art, wie er in der Öffentlichkeit auftritt?

Ich weigere mich, mir darüber Gedanken zu machen.

Ist das öffentlich gepflegte Rau-Image – Versöhnen statt Spalten, größter Wert auf Menschlichkeit – zutreffend oder ein von Wahlkampfstrategen erzeugtes Image? Wann ist das entstanden? Mit der Kanzlerkandidatur?

Nein, schon früher. Da kommt auch durchaus ein Stück echter Charakter zum Ausdruck. Er ist sicherlich ein Typus, der keine Konflikte sucht. Er hat ein ungewöhnliches psychologisches Einfühlungsvermögen und eine unglaubliche Fähigkeit, Spannungssituationen aufzulockern und dadurch oft zur Konfliktlösung beizutragen. Insofern hat er die Landespartei in den vergangenen 20 Jahren sicherlich vor mancher Belastung bewahrt, die ihr nicht erspart geblieben wäre, wenn ich sie geführt hätte. Ich habe das sogar lange Zeit als ausgesprochenen Vorteil empfunden und manchmal gedacht, für die Partei war es ein Glück, daß Johannes Rau mich damals geschlagen hat. Heute habe ich mehr und mehr Zweifel daran, weil ich glaube, daß die Entwicklung, die die Partei dann genommen hat, auch die Folge dieser Führung war, und daß man die völlige programmatische Entkernung hätte vermeiden können, wenn man rechtzeitig klar Stellung bezogen und sich auch vor Mehrheitsentscheidungen

nicht gescheut hätte. Ich glaube, es war einer unserer ganz großen Fehler, daß wir versucht haben, alles zusammenzuführen,
alles durch Kompromisse auszubügeln und dadurch die Gegensätze nicht mehr konstruktiv auszutragen. Dazu hat Rau sicherlich an erster Stelle beigetragen.

Das Image von Johannes Rau hat die SPD in Nordrhein-Westfalen
über viele Jahre getragen und ihr die großen Wahlerfolge beschert.
Er ist aber doch in Wahrheit sehr nachtragend, ahndet die leisesten
Anzeichen von Unbotmäßigkeit und belohnt Anhänglichkeit. Ist
es nicht erstaunlich, daß ein solches Politikerimage so lange in
der Öffentlichkeit hält? Wollen die Menschen den doppelten Boden
in so einer Persönlichkeit gar nicht sehen? Mißtrauen sie nicht
mehr?

Ich habe oft darüber nachgedacht. Ich habe es auch nicht für
möglich gehalten, daß ein bestimmtes Image so lange durchzu-
halten ist. Aber das ist wohl ein Stück der Oberflächlichkeit und
der Talk-Show-Mentalität unserer Zeit, auch unserer Medien-
welt, die dem Geschickten ungewöhnliche Chancen bietet. Diese
Chancen hat Rau wie kaum ein anderer genutzt. Er hat ja wirklich
bei den Bürgern das Gefühl erzeugt, daß er die SPD in Nordrhein-
Westfalen ist und daß er sich mit den Bürgern persönlich identifi-
ziert.

Er hat dafür sicher auch eine ganz besonders geeignete Medien-
landschaft vorgefunden. Warum kann er eigentlich nicht mit Politik
aufhören? Er ist ja im Moment sogar dabei, seinen Thronfolger
Wolfgang Clement zu verschleißen.

Es ist für alle Politiker unheimlich schwierig, den Absprung zum
richtigen Zeitpunkt zu finden. Es ist ganz bitter, wenn man plötzlich als Privatmann auftritt und nicht mehr mit dem Amtsbonus
kommt. Insofern bin ich meinem Schicksal sehr, sehr dankbar
dafür, daß ich diesen Ausstieg »step by step« habe vollziehen
können. Ich weiß noch genau, wie es mich damals verbittert hat,

als ich plötzlich sah, daß andere, die ich für sehr viel weniger qualifiziert hielt als mich, plötzlich mit einem Stander herumfuhren, während ich als Fraktionsvorsitzender nur noch der »Herr Farthmann« war, nicht mehr der »Herr Minister«. Die zweite Stufe des Ausstiegs habe ich jetzt hinter mir, und das ermöglicht mir eine bessere Lebensbewältigung, als es bei vielen anderen der Fall ist, die aus dem hohen Olymp plötzlich zur Erde stürzen. Die Furcht davor bewegt sicherlich auch Rau.

Will er 1999 noch mal versuchen, nach dem Ausscheiden von Roman Herzog Bundespräsident zu werden?

Das wird ihm ja immer wieder angedichtet. Ich kann aber nicht glauben, daß er ernsthaft damit rechnet, diese Option noch über Jahre offenhalten zu können. Aber daß er diesem Amt nachgehangen hat, daran ist nicht zu zweifeln.

Wie alles anfing: Die Kampfabstimmung

Gehen wir mal zurück zum Ursprung Ihrer gemeinsamen Geschichte. Sie haben 1977 in einer Kampfabstimmung um den SPD-Landesvorsitz überraschend gegen Rau verloren, und zwar im zweiten Wahlgang. Offenbar, weil er auf dem Parteitag die bessere Rede gehalten hatte. Haben Sie die Niederlage vorher für möglich gehalten?

Nein. Ich war ganz sicher, daß ich gewinnen würde. Ich habe sogar gedacht, ich werde mindestens mit Zweidrittelmehrheit gewählt. Ich war damals der erheblich Populärere, habe allerdings einen Fehler zu spüren bekommen, der mich in meinem ganzen Politikerleben belastet hat. Ich habe die Parteiapparate nicht ernst genug genommen, habe die nicht genug gepflegt.

Wie das?

Ich dachte, ich habe es doch nicht nötig, mich mit irgendwelchen Parteibürokraten aufzuhalten. Ich bin so unangreifbar und werde getragen von der Mehrheit sowohl der Wähler als auch der Parteimitglieder, daß ich keine Kniefälle zu machen habe. Ich war stolz auf meine Unabhängigkeit vom Parteiapparat. Und das war ein Fehler. Rau dagegen hat es meisterlich verstanden, auch dem kleinen Funktionär das Gefühl der Wichtigkeit, des Ernstgenommenwerdens zu geben. Auf diesem Klavier konnte er spielen wie kein anderer.

Es muß auf diesem Landesparteitag ein ganz erstaunliches gruppendynamisches Ereignis gegeben haben. Wie ist das zu erklären, daß sich die bodenständige Ruhrgebiets-SPD einen Landesvorsitzenden wählt, der aus dem Bergischen Land kommt und der mit dem Ton eines Predigers antritt?

Mich hat das in Erstaunen versetzt. Ich bin zu dem Parteitag gefahren mit der inneren Einstellung, die Rede zu halten ist reiner Firlefanz, wer jetzt noch nicht weiß, wen er zu wählen hat, der soll sich sein Schulgeld wiedergeben lassen. Am liebsten hätte ich den Delegierten gesagt: »Ich halte hier keine Rede. Ihr wißt, wer ich bin und wer Johannes Rau ist. Jetzt geht an die Urnen und wählt.« Als ich Raus Rede dann hörte, war ich erstaunt, was man aus so einer Rede machen kann, wenn man es geschickt anstellt. Ich glaube allerdings auch heute noch nicht, daß die Rede der entscheidende Kick war, denn unmittelbar danach hatte ich im ersten Wahlgang ja noch eine Stimme mehr als Rau. Erst in dem Gerangel zwischen dem ersten und dem zweiten Wahlgang habe ich die entscheidenden Stimmen verloren. Das kann nichts mehr mit der Rede zu tun gehabt haben. Ich glaube vielmehr, daß es damals viele Genossen gab, die gesagt haben: »Der Farthmann wird uns gefährlich, der...«

...ist zu mächtig?

Das ist zu positiv gesagt. Ich will es ruhig etwas negativer formulieren: »Der ist zu eigensinnig und zu dickköpfig. Der läßt uns nicht unsere Spielwiesen, und deswegen müssen wir den mal ausbremsen.« Das ist offensichtlich durch die Reihen getragen worden.

Glauben Sie, daß sich da viele persönliche Denkzettel plötzlich zu einer Mehrheit für Rau addiert haben? Dachte niemand an eine Mehrheit für Rau?

Der Parteitag ist von diesem Ergebnis ja nicht überrascht worden. Wenn es niemand so gewollt hätte, hätte es ja nach dem ersten Wahlgang einen Aha-Effekt zu meinen Gunsten geben müssen. Das ist aber nicht eingetreten, sondern das Gegenteil. Ich glaube schon, daß es bei den Delegierten eine bewußte Entscheidung war für den etwas Elastischeren, vielleicht auch für den damals Moderneren, der mehr das Bildungsbürgertum in der SPD ansprach, die linke intellektuelle Schicht, die ja sehr gewachsen war im Laufe der sechziger und siebziger Jahre.

Es muß für Sie doch ein unglaublicher Rückschlag gewesen sein, eine tiefe Erschütterung, wenn es einen so kalt erwischt. Sie waren ja vermutlich nicht der Meinung, daß Sie der schlechtere von beiden sind. Wie lange haben Sie gebraucht, um darüber wegzukommen?

Ich war zwar sicher, daß ich die Mehrheit kriegen würde, aber ich hatte auch Angst davor. Angst vor der Belastung, die auf mich zukäme, auch Angst davor, ob ich es schaffen würde. Daher war mit dem Schmerz der Niederlage auch ein Stück Erleichterung verbunden.

Traumziel: Verteidigungsminister

Wie sind Sie sich nach der Wahl begegnet, und was haben Sie damals geglaubt, wie lange diese Entscheidung der Partei tragen könnte?

Rau hat damals ja schon ein unglaubliches Geschick bewiesen, und ich habe seine Reaktion als menschlich sehr anständig empfunden. Er hat gesagt: »Die Partei braucht nicht nur Rau, sondern sie braucht auch Farthmann, und ich werde alles dafür tun, daß auch Farthmann nach wie vor in der Partei seine Rolle spielen kann.« Daher war es in den ersten Jahren danach eigentlich sehr angenehm. Es ging ja dann auch mit der Partei rasant bergauf. Und ich habe – das ist mir wirklich nicht schwergefallen – in den Jahren danach als zweiter Mann für ihn die Kohlen aus dem Feuer geholt. Ich habe das nicht etwa mit Widerwillen getan. Ich hätte ihn auch gern mit voller Kraft unterstützt, als er Kanzlerkandidat war, denn ich habe mir nichts so sehr gewünscht, als in seinem Kabinett Verteidigungsminister zu werden.

War das abgesprochen zwischen Ihnen?

Nein. Ich habe das mal angedeutet, und wie das so geht bei ihm, hat er das dann mit Witzchen kommentiert. Er hat nichts zugesagt, aber er hat es auch nicht abgelehnt. Ich weiß nicht, wie er innerlich dazu gestanden hätte, wenn es dazu gekommen wäre. Ich jedenfalls hätte es wahnsinnig gerne getan. Sinnbildlich gesprochen wäre ich mit dem Parka ins Bett gegangen, obwohl ich ja »Weißer Jahrgang« bin.

Warum? Was hat Sie daran gereizt?

Die Bundeswehr zu führen, halte ich für die größte Managementaufgabe, die es in Deutschland, vielleicht sogar in Europa gibt. Es hätte mich unheimlich gereizt zu prüfen, ob ich dieser Managementaufgabe gewachsen bin.

Es muß mehr gewesen sein. Es kann nicht nur die Faszination des Managements gewesen sein. Da gibt es ja eine gewisse Parallele zu Georg Leber, dessen Persönlichkeitsstruktur der Ihren wahrscheinlich nicht ganz unähnlich ist. Auch der kam aus der Gewerkschaftsbewegung. Gibt es auf diesem SPD-Flügel eine eigenartige Affinität zur bewaffneten Macht?

Ich weiß es nicht. Darüber habe ich auch schon ein paarmal nachgedacht. Es mag auch ein bißchen Machtbewußtsein mitgespielt haben. Ich will es ganz offen sagen: Ich hatte in meiner aktiven politischen Zeit immer Machtbewußtsein. Ich habe es geliebt, Macht ausüben zu können. Vielleicht hat mich deshalb auch ein bißchen der Machtfaktor Bundeswehr gereizt. Außerdem habe ich – das kommt vielleicht noch als Drittes hinzu – ein ausgesprochenes Faible für Technik. Ich hätte mich jedenfalls mit diesem Amt voll identifizieren können.

Ich muß noch mal nachfragen. Die alte Wunde der Sozialdemokraten, die ihr immer wieder vom politischen Gegner geschlagen worden ist, sie seien »vaterlandslose Gesellen«, hat dabei keine Rolle gespielt?

Ich war jedenfalls nie vaterlandsloser Geselle. Ich habe nie in der Gefahr geschwebt...

Hat das auch den Wunsch gezeitigt zu demonstrieren: »Schaut her, wir sind nicht so, wie ihr denkt?«

Ich glaube, dafür könnte ich stehen wie kein anderer. Ich habe in meinem politischen Leben immer die Wiedervereinigung im Herzen getragen. Ich erinnere mich noch an eine Fraktionsvorsitzenden-Konferenz der SPD im Saarland: Es ging wieder mal um eine weitere Integration Europas. Da habe ich mich zu Wort gemeldet und gesagt: »Dagegen ist ja gar nichts einzuwenden, ich stimme dem natürlich zu, und das müssen wir wohl auch machen. Nur will ich hier an dieser Stelle und in diesem Kreis nicht verhehlen, daß es mich immer traurig macht, wenn ich mir vorstelle, daß uns auch das von der Wiedervereinigung – die nach wie vor für mich das höchste Ziel ist – einen weiteren Schritt entfernt.« Da waren alle betreten, als hätte ich etwas Unkeusches gesagt. Alle haben peinlich berührt nach unten geschaut, und niemand ist darauf eingegangen. Das war zu einer Zeit, als an Wiedervereinigung überhaupt nicht zu denken war. Mich hat immer betrübt, daß dieses Ziel in der Partei, zumal in der jüngeren Generation, niemanden mehr interessierte.

Einblicke ins Kabinett

Als Johannes Rau Ministerpräsident geworden war, saßen Sie dann einige Jahre als Arbeits- und Sozialminister mit am Kabinettstisch. Wie sind diese Kabinettssitzungen abgelaufen? Es ranken sich ja viele Mythen um diese langwierigen, gruppendynamischen Sitzungen. Es sei so lange debattiert worden, bis ein Konsens durch physische Erschöpfung zustande gekommen sei. Stimmt das?

Ja, da ist was dran. Die Kabinettssitzungen waren im Vergleich zu denen unter Heinz Kühn ausgesprochen lang, quälend lang manchmal. Rau gab wirklich jeder abweichenden Meinung Raum, und er versuchte mit unglaublicher Geduld, allmählich eine Meinungsbildung herbeizuführen. Ich habe das aber damals nicht negativ empfunden, muß ich sagen. Und ich hatte immer eine gewisse Außenseiterrolle im Kabinett, weil ich merkte, daß Rau meinen Stil der Konfrontation mit den jeweils Betroffenen nicht geschätzt hat. Ich habe mich oft ein bißchen vor den Kopf gestoßen gefühlt, weil ich glaubte, daß ich dadurch oftmals eine positive Befreiung für die Partei erreicht hätte. Das ist aber von Rau nie anerkannt worden, und das hat gelegentlich auch die Kabinettssitzungen belastet. Aber ich muß im nachhinein sagen, ich habe immer meine Auffassungen vortragen, meist auch durchsetzen können.

Sie sind dann 1985 in den Fraktionsvorsitz gewechselt. Wollten Sie durch das Ausscheiden aus dem Kabinett unabhängiger werden? Sind Sie es geworden?

Ja, aber unabhängig davon wollte ich zunächst mal meine Kabinetttätigkeit beenden, weil ich wirklich zutiefst der Meinung bin, daß ein Ministeramt kein Dauerzustand, kein Beruf werden darf. Im Grunde sind zehn Jahre schon zuviel. Und für mich war absolut klar – das habe ich Rau gegenüber auch zum Ausdruck gebracht –, daß für mich die Reise in diesem Ressort zu Ende sein würde. Vielleicht spielte auch eine Rolle, daß ich mich aus der Kabinettsdisziplin lösen wollte, daß ich ein bißchen eigenständiger sein wollte. Aber es war für mich nie zweifelhaft, daß die Fraktion die Aufgabe hat, die Regierung abzusichern, und daß ich deswegen immer eine dienende Rolle haben würde.

Wann geht Rau?

Johannes Rau hat die SPD zu ihren größten Wahlerfolgen geführt, mit absoluten Mehrheiten, die vorher nicht für möglich gehalten wurden. Man darf ja nicht vergessen, daß Nordrhein-Westfalen ursprünglich kein »rotes«, sondern eigentlich ein mehrheitlich konservativ geprägtes Land war. Inzwischen hat sich die Lage ins Gegenteil verkehrt: Der Mann, der die Partei stark gemacht hat, hat zu lange regiert, zu lange den Wechsel verhindert, führt sie nun wieder in den Keller. Und er regiert immer noch weiter, weil er glaubt, er könne sie da wieder rausführen. Ist das erfolgversprechend?

Ich glaube, man muß verschiedene Ebenen unterscheiden. Die erste Ebene ist die nordrhein-westfälische. Ich glaube nach wie vor, daß die Wahlniederlage 1995 ein Betriebsunfall war, daß die Bürger das nicht wollten. Deshalb bin ich auch davon überzeugt, daß wir die absolute Mehrheit wieder zurückgeholt hätten, wenn die Partei nach der Niederlage Nerven bewiesen und auf Neuwahlen gesetzt hätte, statt sich die Finger an dem rot-grünen Bündnis schmutzig zu machen und damit Glaubwürdigkeit zu verlieren. Wir haben dadurch viele enttäuscht, die gerade das rot-grüne Bündnis nicht wollten und die die SPD gewählt haben, weil sie die Partei nach den Beteuerungen ihrer führenden Leute vor grünen Versuchungen gefeit glaubten. Ich glaube also nicht, daß Rau die Wahlniederlage anzulasten ist. Da ist – und nun komme ich auf die zweite Ebene – etwas von der Gesamtpartei nach Nordrhein-Westfalen übergeschwappt. Die Gesamtpartei hat in den vergangenen Jahren diesen fatalen Verlust an programmatischer Identität erlitten, und wir haben uns davon anstecken lassen. Die mittlere Führungsebene hat das voll verinnerlicht und sich in rot-grüne Traumtänzerei geflüchtet. Die Frage, wann Rau den Stabwechsel vornehmen müßte, um für die Partei eine bessere Ausgangslage zu finden, vermag ich nicht zu beantworten. Soviel ist jedenfalls sicher: Wenn in den augenblicklichen Turbulenzen der SPD auch noch ein Führungswechsel stattfinden würde, wäre das nicht gerade hilfreich.

Das heißt, es ist eher unwahrscheinlich, daß der Wechsel vor der nächsten Landtagswahl stattfindet?

Das würde ich fast annehmen.

Johannes Rau verfügt über ein wahnsinnig breites Beziehungsgeflecht, vergleichbar vielleicht dem von Helmut Kohl in der CDU. Aber hat er auch echte Freunde, denen gegenüber er wirklich authentisch ist?

Ich bezweifle das. Ich kenne jedenfalls keinen.

Gab es zwischen Ihnen beiden Momente rückhaltloser Offenheit, wo Sie sich unter vier Augen alles das gesagt haben, was zu sagen ist?

Von meiner Seite aus ja.

Wann war das?

Ich erinnere mich zum Beispiel an Gespräche nach seiner Nieren-operation. Ich war aber nie sicher, ob er mir gegenüber genauso offen war.

Gibt es nichts, was Sie ihm noch sagen müßten oder wollten?

Nein.

Und umgekehrt, was erwarten Sie noch von ihm?

Ich habe ihm nichts verschwiegen, auch nicht, was mich persön-lich tief berührt, was mich geängstigt hat. Ich hatte insofern kei-ne Hemmungen. Ich habe aber den Eindruck – ich muß jetzt ganz vorsichtig sein –, daß er sich mir gegenüber nicht so verhalten hat.

Dauerkonflikt mit Helmut Schmidt

Warum sind Sie eigentlich nicht in die Bundespolitik gegangen? Sie waren in den 70er Jahren mehrere Jahre Bundestagsabge-ordneter, haben in der damaligen Reformphase sehr für die Mit-bestimmung gekämpft. Warum haben Sie später nicht wieder den Sprung von Düsseldorf nach Bonn gewagt? Auf Ihren Ausflug nach Thüringen kommen wir später noch, den meine ich jetzt nicht.

Ich war natürlich zunächst auf die Landespolitik programmiert, bis es zu meiner Wahlniederlage gegen Rau kam. Danach hatte ich in zunehmendem Maße unter den Folgen meiner kritischen Äußerungen zu leiden. Ich weiß zum Beispiel von Helmut Schmidt, daß er meine vorlauten Bemerkungen oft mit Zorn regi-striert hat.

Welche vorlauten Bemerkungen waren das?

Es gab verschiedene Konfikte. Helmut Schmidt hat sich zum Beispiel furchtbar geärgert, als ich zu den ersten gehörte, die zu sagen wagten, wir müßten ernsthaft in Betracht ziehen, mit den Grünen zu koalieren. Das habe ich im März 1982 in einem Zeitungsinterview gesagt. Die grüne Partei war damals gerade ein Jahr alt. Schmidt hat mir gegenüber wohl immer Reserven gehabt, obwohl ich politisch meist ganz und gar auf seiner Linie lag, ihn auch wie keinen anderen in seiner rationalen und klaren Argumentation zu kopieren versuchte. Jedenfalls hat er sich oft über mich geärgert und wohl nie ernsthaft erwogen, mich ins Kabinett zu holen.

Gab es niemals Angebote?

Nein. Es gab nur verschiedene Angebote, in eine andere Landesregierung überzuwechseln, auch in die erste Position.

Woher kamen diese Angebote?

Darüber möchte ich nicht berichten. Ich habe immer den Standpunkt vertreten, daß sich ein Wechsel in ein anderes Land nicht lohnen würde, weil Nordrhein-Westfalen eine so überragende Stellung in der Bundesrepublik hat, daß auch die erste Position in einem anderen Land nicht so interessant gewesen wäre wie die zweite oder dritte in Düsseldorf.

Abgestraft durch Herbert Wehner

Also hat Ihnen Ihr Politikstil, die Offenheit und die Bereitschaft, unverblümt Kritik zu üben, während Ihrer gesamten Laufbahn geschadet?

Ich habe damit jedenfalls viel Ärger und Widerstand ausgelöst. Das fing schon an, als ich noch im Bundestag saß, also vor meiner Zeit hier in Nordrhein-Westfalen. Ich war ja der einzige aus der SPD-Fraktion, der damals gegen den Mitbestimmungskompromiß gestimmt hat ...

... weil er Ihnen nicht weit genug ging?

... weil keine Parität erreicht war. Herbert Wehner hat mir das bitter übelgenommen, und er hat mich abgestraft in einer Weise, wie ich das in der sozialdemokratischen Partei nicht für möglich gehalten hätte.

Abgekanzelt im persönlichen Gespräch?

Nein, ich war plötzlich eine Nicht-Person. Ich wurde für keine Auslandsreise mehr vorgesehen, ich hatte keine Chance, für irgend etwas zu kandidieren. Ich war isoliert. Heinz Kühn war es schließlich, der mich erlöst und 1975 in sein Kabinett nach Düsseldorf geholt hat. Ich war damals in der Bundestagsfraktion Außenseiter – trotz aller schönen Auftritte, Reden und Interviews.

Das heißt, Sie waren eigentlich damals – zu Beginn der siebziger Jahre – auf eine bundespolitische Laufbahn programmiert?

Ganz und gar.

Und der Weg nach Düsseldorf war sozusagen eine helfende Tat Heinz Kühns, um Sie aus der Ausweglosigkeit herauszuführen.

Genauso ist es. Ich hatte mich eben bei der Mitbestimmungsdebatte festgelegt. Ich habe gerungen mit dem Arbeitsminister Walter Ahrendt, der ja mein Freund war. Daß ich gegen ihn argumentieren mußte, hat mir bitter weh getan, aber ich konnte nicht anders. Es war für mich völlig unvorstellbar, da einen Kompromiß zu machen. Ich wäre nicht der, der ich bin, wenn ich mich anders verhalten hätte.

Koalitionen mit den Grünen

Wir müssen jetzt noch einen überraschenden Punkt aufarbeiten, den wir eben nur gestreift haben. Sie erwähnten das Interview vom März 1982, in dem Sie als einer der ersten in der SPD eine Koalition mit den Grünen vorschlugen. Das müssen Sie erklären. Schließlich sind Sie heute einer der entschiedensten Gegner rot-grüner Koalitionen. Was waren damals Ihre Überlegungen?

Ich bin heute kein prinzipieller Gegner von Rot-Grün, sondern ich bin der Meinung, daß rot-grüne Koalitionen möglich sind, wenn sie sich denn wegen gemeinsamer politischer Ziele anbieten. Ich habe keinerlei Berührungsängste gegenüber den Grünen. Ich sehe nur hier in Nordrhein-Westfalen, daß das Bündnis mit ihnen katastrophal ist, weil die Grünen in allen entscheidenden Fragen anderer Meinung sind als wir.

Aber Sie haben sehr starke, auch kulturelle Vorbehalte gegen die Grünen. Sie argumentieren auch immer gegen die 68er: die seien ein Unglück für die SPD gewesen. Sie geißeln den Hedonismus und andere Erscheinungen, die Sie bei den Grünen beobachten. Damals war das offenbar nicht so, obwohl die Grünen politisch noch viel unreifer waren. Was waren damals Ihre Überlegungen?

Ich habe ja nicht gesagt, wir müssen in eine rot-grüne Koalition gehen, sondern, wir müssen darüber diskutieren, daß ein solches Bündnis eines Tages auf uns zukommen könnte. Es war mein Wahrheitsfanatismus, der mich zu dieser Aussage bewogen hat. Ich habe mich dagegen verwahrt, daß darüber nicht geredet werden durfte. Kein halbes Jahr später war es ja in Hamburg soweit, daß ernsthaft mit den Grünen verhandelt wurde. Ich habe nie damit leben können, daß wichtige Themen, von denen jeder spürt, daß sie auf uns zukommen, tabuisiert werden. Ich bin in die SPD gegangen, weil sie die Partei der Freiheit des Geistes war. Daß diese geistige Auseinandersetzung immer wieder verhindert werden sollte, habe ich nie verstehen können.

Helmut Schmidt war damals eigentlich der Geburtshelfer der Grünen, oder?

Ja. (lacht) Das wird er natürlich weit von sich weisen.

Er wird es weit von sich weisen, aber wenn man es historisch betrachtet, sind die Grünen ein Kind der Schmidt-Ära.

Sagt Klaus Matthiesen auch.

Haben Sie das damals auch so erlebt? Haben Sie damals gedacht, die sind eigentlich ein Teil von uns, ungeliebt zwar, aber die sind nun weggebrochen, und es schadet uns, wenn wir nicht mit ihnen in Kontakt bleiben?

Ich habe damals immer noch gedacht – weil ich Helmut Schmidts Position ja eigentlich für richtig hielt –, die Grünen würden eines Tages erkennen, daß sie auf dem falschen Wege sind. Daß sich die Grünen so etablieren würden, habe ich nicht geglaubt; daß sie die Jugend emotional so fesseln würden, auch in unserer eigenen Partei, habe ich nicht für möglich gehalten.

Ehrgeiz, Fehler, Scheitern

In dem Prominenten-Fragebogen der »Woche« haben Sie auf die Frage, was Ihre heimliche Leidenschaft sei, geantwortet: »Das Ringen um Anerkennung.«

Ja.

Und auf die Frage, welchen Traum Sie sich unbedingt noch erfüllen wollten: »Mein einziger Traum war, Bundeskanzler zu werden, aber er ist nicht erfüllbar.« Das war sicher auch ein wenig spaßig gemeint, aber nicht ganz. Das zeugt doch auch davon, daß Sie dachten, Ihre Talente, Ihre Kraft seien in Düsseldorf nicht richtig eingesetzt. Warum sind Sie dennoch nicht gewechselt? Dachten Sie: Vor Rau weiche ich nicht aus, den überlebe ich politisch, irgendwann kommt meine Zeit, auch hier?

Nein. Es ist völlig richtig, wie Sie meine Antworten interpretieren. Die waren schon ziemlich ernst gemeint, und ich wiederhole noch mal, was ich vorhin schon gesagt habe: Jeder, der Politik nicht nur als einen Beruf ansieht, sondern der etwas bewegen möchte, der ein Anliegen hat, eine Mission, der muß auch danach streben, Bundeskanzler zu werden. Wenn er das nicht will, ist er nicht geeignet. Und deswegen schäme ich mich dieses Ehrgeizes gar nicht. Ich hätte den Sprung in die Bundespolitik jederzeit getan, wenn ich eine realistische Chance dazu gehabt hätte. Ich hatte nicht die Absicht, mich hier festzukrallen, bloß um nicht vor Rau zu weichen.

Kann Ihre Partei überhaupt Menschen in führender Position ertragen, die so profiliert, so spontan, manchmal auch so unbequem sind wie Sie? Fehlt Ihnen vielleicht das, was Politiker in Spitzenpositionen rücksichtslos entwickeln müssen, nämlich Mehrheiten ertasten, diese Mehrheiten gnadenlos organisieren und auf ihnen reiten, bis man im angestrebten Amt sitzt?

Ich möchte das nicht so zugespitzt übernehmen, wie Sie es ausgedrückt haben, aber ich glaube schon, daß an beiden Überlegungen etwas dran ist. Das gilt nicht nur für meine Partei, aber vielleicht für sie ganz besonders. In einer Partei entsteht ein unheimlicher Gruppenneid, und jeder, der durch pointierte Äußerungen ein bißchen Profil gewinnt, muß mit einer Antipathiewelle rechnen. Das habe ich oft gespürt, und ich hatte deswegen manche schlaflose Nacht. Ich glaube auch, daß das zweite zutrifft, was Sie sagen. Mir hat immer ein Stück taktischer Raffinesse gefehlt, das für ein Amt in der ersten Reihe notwendig ist. Da hat mir auch ein bißchen meine westfälische Dickköpfigkeit im Wege gestanden. Ich habe manchmal genau gewußt: Du handelst jetzt klüger, wenn du den Mund hältst. Aber ich war dazu innerlich nicht in der Lage, ich konnte es nicht ertragen, etwas nicht zur Diskussion zu stellen, was ich für notwendig hielt. Es war ja häufig gar nicht so, daß ich etwas Falsches gesagt habe, sondern – und das hat mich noch mehr erbost – es ging häufig nur um den Zeitpunkt des Aussprechens.

Und manchmal auch um die Formulierung.

Natürlich auch um die Formulierung.

Ich denke da an den Begriff des »Titten-Sozialismus«, mit dem Sie die Diskussion um die Frauenquote in der SPD belebt haben. Das hat Sie doch sofort aus dem Rennen geworfen. Wie ist es zu diesem Begriff gekommen? Viele Männer in Ihrer Partei haben sicherlich so gedacht, aber niemand hätte sich wohl so ausgedrückt.

Den Begriff habe ich ja gar nicht erfunden, er ist nicht auf meinem Mist gewachsen. Das hat ein anderer gesagt, aber die Formulierung hat mir imponiert...

Wer hat das gesagt?

Ein Landtagsabgeordneter, der mit seiner Kandidatur an einer Frau gescheitert war. Ein alter treuer Genosse. Ich fand seinen Ausdruck derartig treffend, daß ich ihn weitererzählt habe. Ich habe mich dann auch nicht davon distanzieren können und wollen. Es spielt ja auch keine Rolle, ob man es selber erfunden oder von einem anderen übernommen hat. Aber es ist schon wahr: Es gehört auch ein hohes Maß an geistiger Selbstdisziplin dazu, wenn man in der ersten Reihe bestehen will.

Eine ständige Witterung für Mehrheiten und die Fähigkeit, diese für eigene Ziele zu organisieren.

Ja, und vor allem die Bereitschaft und Fähigkeit zu Konzessionen. Und zu diesen Konzessionen war ich eben nur begrenzt bereit.

Spitzenkandidat in Thüringen

Im deutschen Einigungsjahr 1990 sind Sie dann endlich doch noch weggegangen aus Nordrhein-Westfalen, und zwar als SPD-Spitzenkandidat nach Thüringen. Wer hat Sie angesprochen? Was hat Rau dazu gesagt?

Oskar Lafontaine ist an mich herangetreten, der damals Kanzlerkandidat der SPD war. Er hat mich angerufen, völlig unerwartet, und hat gesagt: »Hör mal, wir brauchen deine Hilfe in Thüringen bei der Landtagswahl.«

Haben Sie nicht zurückgefragt: »Wie bist du auf mich gekommen, was sind deine Überlegungen?«

Ich habe sofort gesagt, ohne nachzudenken: »Selbstverständlich mache ich mit im Wahlkampf.« Da sagte er: »Nein, nein, es geht nicht um den Wahlkampf, wir brauchen einen Spitzenkandidaten.« Darauf habe ich ihm noch in der selben Sekunde geantwortet: »Oskar, dafür stehe ich zur Verfügung.« Er riet mir: »Überleg' dir das noch bis morgen.« Aber ich habe gesagt: »Das brauche ich nicht, wir können das gerne morgen noch mal besprechen, aber ich sage dir hier und heute: Das mache ich.« Ich habe nicht eine Sekunde gezögert.

Warum?

Weil das für mich völlig selbstverständlich war. Ich hätte nichts Ehrenvolleres und Emotionaleres erleben können in diesem Jahr der deutschen Einheit, als da mitzuwirken, und dann ausgerechnet noch in Thüringen. Ein Land, das wie kein anderes das Land meiner Jugendträume war, das ich zwar nie gesehen hatte, aber von Bildern und aus Erzählungen kannte. Aus zwei Gründen: Thüringen wurde das »grüne Herz Deutschlands« genannt. Es hat landschaftlich unglaublich schöne Gegenden. Zum anderen hängt es zusammen mit meiner protestantischen Vergangenheit.

Ich komme aus einer pietistischen Gegend, und ich bin stark von Martin Luther geprägt. Als ich durch Thüringen fuhr, an einem Abend nach einer Wahlveranstaltung, da kam ich durch ein Dorf in der Nähe von Erfurt und sah auf einmal das Ortsschild Stotternheim.

Was bedeutete Ihnen das?

Da habe ich zu meinem Fahrer gesagt: »Anhalten! Mensch, hier ist Stotternheim.« Ich bin ausgestiegen, habe mich innerlich hingekniet und ein Dankgebet zum Himmel geschickt, daß ich das erleben durfte. Stotternheim ist nämlich der Ort, an dem Martin Luther sein Damaskus-Erlebnis gehabt hat. Da ist ein Blitz neben ihm eingeschlagen, und er hat geschworen: »Ich werde Priester.« Ich hatte diese Geschichte x-mal gelesen. Es gibt in Thüringen unglaublich viele historische Erinnerungen an den Protestantismus und an Martin Luther. Das alles hat mich emotional bewegt. Die deutsche Einheit hatte ich ja als Grundüberzeugung ohnehin immer im Herzen. Daß ich daran als Spitzenkandidat mitwirken durfte, zumal nach dem Desaster mit der Frauenquote, hat mich noch zusätzlich angerührt. Ich dachte: »Die Partei hat dir das verziehen, du bist nach wie vor einer derjenigen, die geeignet sind, die SPD an führender Stelle zu vertreten.« Ich habe das Angebot auch als ein Stück Rehabilitation verstanden.

Was hat denn Lafontaine zur Begründung gesagt? Was waren seine Überlegungen?

Er hat gesagt: »Du bist einer der wenigen, von denen alle wissen, daß sie ein Herz haben für drüben.« Viel brauchte er ja auch gar nicht zu sagen. Und dann habe ich ihn gefragt: »Wie kriegen wir denn das hin? Macht denn die Partei da drüben mit?« Er hat das bejaht. Und schon ein paar Tage später kam der damalige SPD-Landesvorsitzende zu mir. Bevor ich das erste Mal in Thüringen auftreten konnte, war er schon abgewählt wegen ehemaliger Stasi-Kontakte.

Wie lauteten denn die Absprachen in Düsseldorf, als Sie gegangen sind?

Das ging, wie es unter hanseatischen Kaufleuten üblich ist. Keine Sicherung, nichts Schriftliches ...

Es war nicht so, daß Sie quasi beurlaubt waren aus nordrhein-west-fälischen Diensten, und Rau Ihnen gesagt hat: Wenn es schiefgeht, kommst du wieder?

Zunächst mal gab es nur eine Absprache zwischen Lafontaine und mir. Er war Kanzlerkandidat, und ein anderer brauchte gar nicht gefragt zu werden.

Hatte Lafontaine vorher mit Rau geredet?

Nein. Aber Rau hat das sofort als seine Sache angenommen, hat mir gesagt: »Wenn du dich da vorstellst, halte ich die Festrede.« Das hat er auch gemacht, und das war eine ganz hervorragende Sache auf dem Parteitag in Jena. Dann hat er mir auch sofort zugesichert: »Es wird hier alles für dich freigehalten.« Das hat er auch in der Fraktion so bekanntgegeben, und es gab keine Schwierigkeiten. Es war insgesamt eine sehr honorige Sache.

Nun hatte man ja zu dieser Zeit überhaupt noch keine Erfahrungen mit Landtagswahlen in Ostdeutschland. Thüringen galt geschicht-lich als eines der roten Stammländer Ostdeutschlands. Nun kamen Sie dorthin und erlebten das genaue Gegenteil, also eine Partei, die gar nicht richtig vorhanden war. Wie haben Sie die Stimmung erlebt?

Ich kannte ja schon die Ergebnisse der ersten freien Volkskam-merwahl vom 18. März 1990. Sie waren verheerend für die SPD. Die hatte in Thüringen nur 18 Prozent erreicht. Deswegen bin ich dorthin gegangen in dem Bewußtsein: Du kannst die Wahl nicht gewinnen. Ich muß sogar ehrlicherweise hinzufügen, ich bin auch nur deshalb so leichten Herzens hingegangen, weil ich dachte: Du wirst ja doch nicht gewählt. Denn ich war nach meiner Lebensplanung damals noch nicht in der Lage zu sagen, ich gehe aus Westdeutschland weg und endgültig nach Thüringen. So schnell hätte ich meine Lebensplanung nicht umwerfen können. Damals kam persönlich noch hinzu, daß gerade meine Ehe zerbrach. Das machte die Sache zusätzlich schwierig. Ich bin also nach Thüringen gegangen in dem Bewußtsein: Du führst den Wahlkampf und repräsentierst da die Partei, aber du kannst die Wahl nicht gewinnen. Ich war dann aber angenehm überrascht, als ich hinkam. Es gab nicht ein einziges Mal so etwas wie Gegenwind, im Gegenteil...

... Sie meinen in der Partei?

... in der Partei und auch in der Öffentlichkeit. Ich bin sehr freundlich aufgenommen worden. Ich bin allerdings auch in meiner typischen Art aufgetreten und habe den Leuten nie etwas vorgegaukelt von irgendeiner thüringischen Großmutter. Ich habe gesagt: »Ich bin noch nie in Thüringen gewesen und komme hierher als Junge aus dem Ruhrgebiet, weil ich meine, wir können mit unseren Erfahrungen helfen, die neuen Bundesländer auf Vordermann zu bringen.« Das ist mir auch so abgenommen worden, und ich hatte sogar manchmal, wenn ich abends nach Hause kam, den Eindruck, Donnerwetter, am Ende gewinnst du die Wahl. Ich habe mich abgerackert von morgens bis abends.

Wie waren die Wahlveranstaltungen besucht?

Es hat Wahlveranstaltungen im strengen Sinne kaum gegeben.

Das muß eine ununterbrochene Rundreise durchs Land gewesen sein.

So war es. Ich habe einen bewährten alten Kämpfer mitgenommen, Ernst Gerlach, den ich als Redenschreiber mal ins Arbeitsministerium geholt hatte. Der hat sich beurlauben lassen und wurde mein Wahlkampfmanager. Die Partei dort war überhaupt nicht in der Lage, das zu machen. Es haben auch noch ein paar andere mitgeholfen, aber er war der Kopf, und er hat das auch so organisiert, daß es möglichst keine Parteiveranstaltungen gab, sondern Gespräche auf der Straße, Betriebsbesuche, Zielgruppenveranstaltungen. Das ging morgens in aller Frühe los und war, genau wie Sie gesagt haben, eine ständige Rundreise durchs Land.

Die Menschen waren damals noch aufgeschlossen gegenüber Westdeutschen. Das hat sich inzwischen stark geändert.

Zweifellos.

Was hat Sie damals ganz besonders berührt?

Ich beobachtete als erstes eine unglaubliche Boshaftigkeit, mit der die Gegensätze zwischen den früheren SED-Leuten und den Mitläufern hochgespielt wurden. Ich habe immer gesagt: »Leute, laßt doch diesen Mist jetzt weg, das ist erledigt, da machen wir einen Strich drunter. Die Gesellschaft muß Frieden finden, und wer nicht Blut an den Fingern hat, dem verzeihen wir. Wir fangen neu an.« Es hat mich überrascht, zu welchen Rissen das führte, sogar quer durch Familien. Aber der Pioniergeist war grenzenlos, das hat mich sehr berührt. Das war eine meiner schönsten politischen Erfahrungen.

Sie waren damals so begeistert, daß Sie es sogar gegen den Verstand für möglich hielten, die Landtagswahl zu gewinnen. Dann kam aber die große Enttäuschung …

Ich erzielte gegenüber der Volkskammerwahl den größten Zuwachs für die SPD in allen fünf ostdeutschen Ländern, nämlich von 18 auf ungefähr 23 Prozent.

Dennoch ein schwacher Trost. Wie war der Wahlabend?

Die Enttäuschung war grenzenlos. Nicht weil ich die Wahl verloren hatte, sondern wie ich sie verloren hatte. Ich habe mir vorher im stillen immer gesagt: Du mußt mindestens 25 Prozent kriegen, vielleicht kommst du sogar auf 35 Prozent. Daß ich aber unter 25 Prozent blieb, hatte ich nicht für möglich gehalten. Das war bitter.

Wie haben Sie sich das erklärt?

Die Zeit war zu kurz, um mich und die sozialdemokratischen Positionen bekannt zu machen. In technischer Hinsicht hatte ich an meinem Wahlkampf nichts auszusetzen, ich hatte zum Beispiel hervorragende Plakate. Wenn ich nach Erfurt reinfuhr, gab es einen Wald von Farthmann-Plakaten.

Hat die NRW-Partei technisch geholfen?

Sehr effektiv und gut. Daran hat es nicht gelegen. Aber die Zeit war einfach zu kurz, um von Null hochzukommen. Die Zahl der Kontakte mit den Wählern reichte nicht aus. Das ist in sechs Wochen nicht zu schaffen.

Hat Ihnen auch Lafontaines zögerliche Haltung zur deutschen Einheit geschadet?

Das kann sein. Es gab ein paar Wahlveranstaltungen mit Lafontaine, in Erfurt und in Gera, die waren allerdings nicht schlecht. Die bewegendste Kundgebung war die mit Willy Brandt auf dem Marktplatz von Jena. Das war auch die mit Abstand am stärksten besuchte. Ich merkte damals, daß wir einen ganz großen Fehler begangen hatten. Wir hätten schon bei der Volkskammerwahl nur Willy Brandt plakatieren sollen, Willy Brandt hätte an jedem Apfelbaum kleben müssen. Aber es gab damals schon seltsame basisdemokratische Anwandlungen in der ostdeutschen SPD:

»Es darf kein Personenkult getrieben werden. Im Grunde dürfen wir auch keine Bilder kleben. Wir müssen eine Programmpartei sein.« Eine völlige Verkennung der Realitäten. Willy Brandt war damals unheimlich populär. Wenn wir ihn mehr in den Vordergrund gerückt hätten, dann hätten wir auch ein besseres Wahlergebnis gehabt.

In dem bereits erwähnten »Woche«-Fragebogen haben Sie als dramatischste Fehlentscheidung Ihres Lebens die Rückkehr aus Thüringen nach Nordrhein-Westfalen bezeichnet. Warum?

Ich hätte meinem Leben damals – kurz vor meinem politischen Abschied – noch mal einen neuen Höhepunkt geben können. Ich habe das auch gewußt und habe bewußt nein gesagt. Es gab keine Wahlveranstaltung in Thüringen, wo nicht die Funktionäre gesagt haben: »Bitte, könntest du nicht erklären, daß du bleibst nach der Wahl?« Ich habe immer gesagt: »Ich erkläre das nicht, weil ich nicht bleibe, und ich lüge den Leuten nichts vor.« Es war schlimm, daß ich das nicht als Fehler erkannt habe. Ich hatte einfach Angst davor, mit 60 Jahren noch mal bei Null anzufangen. Heute weiß ich, daß das falsch war.

Der weitere Gang der Geschichte hat ja gezeigt, daß die siegreiche CDU, damals noch unter Josef Duchac, prompt in Turbulenzen geraten ist. Sie mußte dann Bernhard Vogel als Retter aus dem Westen importieren. Es ist nicht auszuschließen, daß Sie heute in Thüringen regieren würden.

Ich sehe das auch so. Ich hätte die Partei damals ins öffentliche Bewußtsein bringen können. Diejenigen, die danach die Führung übernahmen, habe ich alle ausgesucht. Ich glaube trotzdem, ich hätte aus der SPD in Thüringen mehr gemacht, als jetzt daraus geworden ist.

Wie war die Rückkehr nach Düsseldorf? Wie sind Sie dort aufgenommen worden?

Sehr, sehr herzlich. Meine Rückkehr zählt zu den emotional bewegendsten Erfahrungen meines Lebens. Alle wußten, daß ich in Thüringen mit vollem Einsatz gekämpft hatte. Es war der Empfang für einen Mann, der aus bestandener Schlacht zurückkehrt...

Wann ist Ihnen denn klargeworden, daß die Rückkehr eine Fehlentscheidung war?

Ich habe mich ja zunächst noch in den SPD-Landesvorstand in Thüringen wählen lassen und habe dort zwei Jahre weiter mitgearbeitet...

Als Sie schon wieder in Düsseldorf waren?

Ja. Ich bin zu jeder Landesvorstandssitzung hingefahren und habe gedacht: Du bist da so unumstritten und dein Rat wird so beherzigt, daß du die Partei weiterhin steuern kannst. Dann habe ich aber gemerkt, daß das doch nicht möglich war. Es entwickelten sich Egoismus, Konkurrenzdenken und Eifersüchteleien, die Parteiführung ließ sich nicht mehr von mir bewegen, so daß ich schließlich die Konsequenzen gezogen und gesagt habe: Macht euren Kram alleine. Und das war falsch! Aber als ich das begriffen hatte, war es schon zu spät.

Wann wurde Ihnen denn klar, daß das falsch war? Gab es ein besonderes Erlebnis?

Es gab kein Schlüsselerlebnis. Ich hatte mich in Düsseldorf eigentlich nicht zu beklagen, alles ging so weiter wie vorher auch – durchaus mit Erfolg. Trotzdem spürte ich deutlich, daß es richtiger gewesen wäre, noch eine neue Herausforderung in Thüringen anzunehmen.

Personenkult und Zivilcourage

Auf dem Bielefelder Jubelparteitag der nordrhein-westfälischen SPD im Jahre 1994 wurde Johannes Rau mit 310 von 312 Stimmen als Landesvorsitzender wiedergewählt. Nach der Verkündung des Ergebnisses soll Rau zu Ihnen gekommen sein und Sie gefragt haben, halb im Scherz und halb im Ernst: »Friedhelm, wer war die andere Gegenstimme?« Was haben Sie ihm geantwortet? Und zeigt diese Anekdote nicht, daß Sie damals schon sehr isoliert waren?

Der Bielefelder Parteitag hat mich in der Tat stark von meiner Partei entfremdet. Nicht nur wegen dieses Wahlergebnisses. Die Anekdote stimmt im übrigen. Ich habe auf Raus Frage geantwortet: »Ich habe den zweiten noch nicht gefunden, aber ich suche ihn noch.«

Kennen Sie ihn?

Nein. (lacht) Und es kommt hinzu: Ich hatte Rau natürlich gewählt. Es war für mein Verständnis von Partei völlig undenkbar, daß man sich nicht zu dem führenden Mann bekennt, wenn auch vielleicht mit Zähneknirschen. Das war für mich nicht eine Sekunde zweifelhaft. Aber trotzdem habe ich damals eine starke Entfremdung empfunden. Der Parteitag fand im Januar 1994 statt, und in der vorangegangenen Nacht hatte die Bielefelder SPD Plakate geklebt. Am anderen Morgen prangte dann an allen Litfaßsäulen das Plakat: »Wir gratulieren Johannes Rau zu seinem 63. Geburtstag.« Das habe ich als ein Stück Personenkult empfunden – völlig unangemessenen für die sozialdemokratische Partei. Solche Dinge konnte ich nicht mehr mittragen. Und dann sah ich auch noch, wie sich SPD-Funktionäre in fast speichelleckerischer Form vor Rau verbeugten. Ich habe die SPD immer verstanden als ein Kind der Aufklärung, die die Menschen rational überzeugen will.

Waren Sie da schon in der Partei zum alten Elefanten geworden, der von der Herde abgesondert wird?

Das habe ich damals zum ersten Mal gespürt. Ich war auch überzeugt, daß für mich mit der Landtagswahl 1995 die Politik zu Ende ginge. Ich dachte aber, ich würde an der eigenen Partei scheitern. Denn ich hatte ja noch die Debatte über die Frauenquote von 1990 in Erinnerung und rechnete natürlich damit, daß sich das 1995 wiederholen, daß die Partei darauf bestehen würde, eine Frau an die zweite Stelle der Landesliste zu setzen. Ich dachte, das wirst du nicht akzeptieren, und dann ist für dich die Reise zu Ende. Als es soweit war, war ich ganz überrascht und fühlte mich mit einem Male wieder mitten in der Herde, als es gar keine Schwierigkeiten mit der Landesliste gab.

Hat sich Rau damals für Sie eingesetzt?

Offenbar. Im März 1995, auf dem Aachener Landesparteitag, war ich jedenfalls als Nummer zwei unumstritten, das ging ganz glatt durch.

Gab es vorher nicht noch Gezerre im Landesvorstand?

Nein, überhaupt nicht. Das war es ja, was mich überrascht hat. Deswegen fühlte ich mich wieder voll integriert und habe dann auch im Wahlkampf 1995 vollen Einsatz gefahren, so engagiert wie nie zuvor, wenn man von Thüringen absieht.

Dennoch sind Sie auf dem Aachener Parteitag als einziger am Vorstandstisch sitzengeblieben, als sich die Delegierten geschlossen zur Standing Ovation für Rau erhoben. Das erforderte großen Mut.

Ich hätte es nicht über mich gebracht, in diesem Moment aufzustehen. Ich hätte nicht mehr in den Spiegel gucken können, wenn ich das mitgemacht hätte. Neben mir saß Hans Frey aus Gelsenkirchen, ein ausgewiesener Linker. Der blieb zunächst auch sitzen, zögerte, da habe ich ihm gesagt: »Wenn du noch einen Funken linker Gesinnung im Balg hast, dann bleibst du sitzen.«

...und dann ist er aufgestanden?

...dann ist auch er aufgestanden. Als ich sah, mit welcher Begeisterung die sich erhoben, um sich Rau zu zeigen, obwohl sie doch in Wirklichkeit vor ihm in die Knie gingen, da habe ich gedacht, das ist mit meinem Persönlichkeitsbild nicht zu vereinbaren. Es tut weh, wenn man sitzenbleiben muß.

Das ist Zivilcourage.

Im nachhinein freut und ehrt mich das. Ich dachte: »Wenn hier nicht wenigstens einer die Fahne hochhält...« Ich hätte keine Probleme, vor einem Politiker – auch vor Rau – aus einem besonderen Anlaß aufzustehen. Aber ich mag keine Rituale.

Rudolf Scharpings Debakel

Auf dem Mannheimer Bundesparteitag 1995 hat Raus Regie dann spektakulär versagt, als es darum ging, Rudolf Scharping als SPD-Vorsitzenden zu halten, und als dann Oskar Lafontaine gewählt wurde. Was hat sich dort abgespielt, was ist schiefgelaufen? Ist dabei auch der Rau-Mythos zerbrochen?

Das ist – glaube ich – überschätzt worden. Das habe ich nie so sehen können...

Scharping war doch als Parteivorsitzender und Kanzlerkanidat ein Kind der NRW-SPD!

Das ist auch ein bißchen überspitzt formuliert, aber man kann es so sagen. Die SPD in Nordrhein-Westfalen mit ihrem Vorsitzenden hat sich bei der Urwahl des SPD-Chefs jedenfalls eindeutig für Scharping ausgesprochen. Das hing auch mit Aversionen zusammen, die zwischen Gerhard Schröder und Johannes Rau bestehen. Aber Rau ist nie ein Mann gewesen, der mit der Faust auf den Tisch schlägt. Daß man nun plötzlich in Mannheim von ihm erwartete, daß er ein Machtwort spricht, paßt überhaupt nicht ins Bild. Deswegen kann ich ihm auch keinen Vorwurf machen. In Mannheim hat der gesamte Parteivorstand in jämmerlicher Weise versagt. Das Ganze war nichts als »Feigheit vor dem Feind«. Es war blanker Opportunismus, daß alle dasaßen und die Schnauze hielten über die einzig bewegende Frage des Parteitags.

Glauben Sie an die Theorie, daß es eine abgesprochene Strategie zwischen Lafontaine und Schröder gab, um Scharping zu stürzen?

Das glaube ich nicht. Ich sage das mit aller Vorsicht. Ich habe eher den Eindruck, daß Lafontaine, als er zum Parteitag fuhr, noch nicht wußte, daß er es am nächsten Tag wagen würde.

Am Wahltag, am Morgen vor der Abstimmung, hat es ja, wie üblich, in den Landesverbänden jeweils interne Vorbesprechungen gegeben. Da wurde Johannes Rau aus dem Kreis der Delegierten gefragt, wie sie sich verhalten sollten. Er hat wohl kein klares Signal gegeben, hat nicht gesagt: »Wählt Scharping.« Warum nicht? War es ein Moment der Schwäche oder war er sicher, daß Scharping wiedergewählt würde?

Ich könnte mir vorstellen, daß Rau in der Tat nicht mit diesem Überraschungs-Coup Lafontaines gerechnet hat und der Meinung war, das geht glatt für Scharping.

Vor dem Sturz Scharpings konnte man den Eindruck haben, daß die NRW-SPD erstmals in ihrer Geschichte die prägende politische Kraft in der Bundespartei war. Ist dieser Eindruck richtig?

Das kann ich nicht bestätigen. Woraus schließen Sie denn, daß sie plötzlich in die Offensive gekommen ist?

Im engsten Beraterkreis Scharpings spielte Wolfgang Clement eine wichtige Rolle, in den Äußerungen Scharpings waren sehr stark nordrhein-westfälische Positionen wiederzuerkennen. Ich hatte erstmals den Eindruck, daß die NRW-SPD politisch, nicht nur durch ihren Stimmblock auf dem Parteitag, die Bundespartei steuert.

Das ist überinterpretiert, da bin ich ganz sicher. Es gab wohl ein gewisses Anlehnungsbedürfnis Scharpings, der spürte, daß die Truppen hinter ihm von der Fahne gingen. Er hatte vielleicht das Gefühl, bei den Nordrhein-Westfalen bin ich noch am ehesten zu Hause. Aber mehr war das nicht.

Das ist nun vorbei.

Es ist heute wieder so, wie es immer gewesen ist.

Der Hühnerhaufen rennt durcheinander.

Ja.

Sie waren immer ein Mann, der sich unabhängig geäußert hat. Können Sie sich erinnern, daß bei Ihnen eine Art von Bruch eingetreten ist? Daß es einen Moment gab, als Ihnen dämmerte, das ist nicht mehr meine Partei? Ich meine die Bundespartei.

Dieses Gefühl habe ich seit langen, langen Jahren, in zunehmendem Maße. Ich war zwischendurch immer wieder glücklich, wenn ich spürte: Du bist wieder dabei. Das verband sich dann gleich mit der Hoffnung, die Partei kehre zu den alten Werten zurück. Aber dieser Entfremdungsprozeß begann immer wieder. Ich habe oft im Parteivorstand gesessen und habe gedacht: »Mein Gott, ist das noch deine Partei?« Aber es gab kein Schlüsselerlebnis.

... sondern einen schleichenden Prozeß?

Ja. Er hat wohl nach dem Scheitern der sozialliberalen Koalition eingesetzt. Da hatte ja auch die SPD diesen seltsamen Schwenk vollzogen...

Als der Ringelpiez der Enkel begann?

Es hat angefangen, als das grüne Denken auch in unserer Partei Einzug hielt, als Randgruppenpolitik zum Herzstück wurde.

Was haben Sie von Björn Engholm gehalten?

Ich habe Engholm, als er Parteivorsitzender war, zum Geburtstag einen für meine Verhältnisse sehr emotionalen Gruß geschickt. Ich bewunderte ihn für seine mutige Entscheidung, auf der sogenannten Petersberger Konferenz die Wende der SPD in der Asylpolitik einzuleiten. Seit Jahren konnte ich mich erstmals wieder mit einem Parteivorsitzenden voll identifizieren. Ich hatte Engholm 1972 kennengelernt, als er noch frischgebackener Bundestagsabgeordneter war, und ich sah ihn damals eigentlich als typischen Vertreter der Partei an, die ich nicht wollte. Ich war deswegen um so überraschter, als er als Parteichef plötzlich diesen Schritt tat. Erst später ist mir klargeworden, daß er nie eine kraftvolle eigene Strategie verfolgt hat.

In seiner Art, Politik zu machen, sich spontan zu äußern und damit Schwierigkeiten auszusetzen, auch in seiner Orientierung auf die Bekämpfung der Arbeitslosigkeit müßte Ihnen doch eigentlich Gerhard Schröder unter den vorhandenen Führungsfiguren am nächsten stehen.

Ja, ohne Zweifel. Ich habe Schröder seinerzeit bei der Urwahl des Vorsitzenden auch meine Stimme gegeben. Das weiß er. Ich halte ihn für denjenigen in der Parteiführung, mit dem ich am meisten übereinstimme. Was mich ein bißchen stört, ist, daß er so sehr auf Rot-Grün festgelegt ist.

Das gilt ja inzwischen auch nicht mehr so. Er redet seit einiger Zeit eher von Großer Koalition. In dieser wie in anderen Fragen ist er offenbar sehr flexibel.

Vor einiger Zeit hat er noch für Rot-Grün in Bonn plädiert, das habe ich nicht verstanden. Aber ansonsten decken sich seine Positionen weitgehend mit meinen. Auch die Art, wie er Politik macht, seine Schnodderigkeit, seine Spontaneität und das damit verbundene Verletzungsrisiko für sich und andere, das imponiert mir alles.

Atompolitik: Das Höllenfeuer von Kalkar

Als Ihr größtes Verdienst rechnen Sie sich heute an, die Inbetriebnahme des »Schnellen Brüters« in Kalkar verhindert zu haben, den Sie mal spektakulär als »Höllenfeuer« bezeichnet haben. Sie haben früher lange Jahre für die Kernenergie votiert und sind später, als sich die SPD schon klar gegen die Atomkraft festgelegt hatte, noch abweichend von der Parteilinie für einen Energie-Mix aus Kohle und Kernenergie eingetreten. Ist in der Atompolitik aus dem Saulus ein Paulus geworden?

Ja, das bin ich. Ich hatte schon sehr früh Bedenken gegen die Atomenergie, habe bloß immer zu einer Versöhnung mit der Kohle geraten. Aber mehr aus taktischen Gründen denn aus Überzeugung. Als ich als Minister für die Kernenergie zuständig wurde, ist mir klargeworden – und das hängt auch mit meinen religiösen Überzeugungen zusammen –, daß wir mit der Atomenergie einen verbotenen Eingriff in die Schöpfung wagen. Plutonium hat eine Halbwertszeit von 24 000 Jahren, das heißt: zwölfmal so lange wie die Zeit von Christi Geburt bis heute, dafür kann kein Mensch die Verantwortung übernehmen. Ich bin zwar zunächst auch mehrfach dafür eingetreten, den »Schnellen Brüter« weiterzubauen – das ist mir nachher als Verstoß gegen meine Grundprinzipien vorgehalten worden. Ich habe damit aber nur die offizielle Linie Helmut Schmidts vertreten, um die Option offenzuhalten. Ich habe immer hinzugefügt: »Ich mache ausdrücklich darauf aufmerksam, daß das für mich und für die Landesregierung von Nordrhein-Westfalen keine vorweggenommene Zustimmung zur Inbetriebnahme bedeutet.«

Wie kam es dann zum Ende des »Schnellen Brüters«?

Das wurde auf einer denkwürdigen auswärtigen Sitzung des nordrhein-westfälischen Kabinetts in Bielefeld kurz vor der Wahl 1985 beschlossen. Ich habe vorgetragen, gestützt auf einen ehrlichen und überzeugenden Vermerk meiner damaligen Fachbeamten, daß es unverantwortlich sei, den »Schnellen Brüter« jemals in Betrieb gehen zu lassen. Und dann habe ich dem Kabinett geraten: Laßt uns einen Brief an den Kanzler schicken mit dem Angebot, das Thema vor der Wahl nicht hochzuspielen, aber deutlich zu machen, daß wir jetzt schon der Meinung sind, daß der Brüter nie in Betrieb gehen darf. Der Kanzler sollte nicht den Eindruck haben, wir wollten erst die Wahl gewinnen und nachher unsere wahren Absichten aufdecken. Das ist dann auch so geschehen. Das Kabinett folgte meinem Vorschlag.

Sie bezeichnen sich als religiösen Menschen. Wir haben das schon im Zusammenhang mit Thüringen gestreift. Was ist darunter zu verstehen? Sind Sie Kirchgänger?

Ja. Ich habe meiner Großmutter versprochen: Ich will in meinem Leben an jedem zweiten Sonntag zur Kirche gehen.

Das tun Sie auch?

Das tue ich nicht mehr. Aber nicht, weil ich es nicht will, sondern einfach weil die Energie nicht dazu ausreicht, weil man zuviel zu tun hat, auch am Wochenende. Aber eigentlich gehört es für mich am Sonntag dazu, zur Kirche zu gehen.

Widersprüche: Grüner als die Grünen?

Sie sind – wenn ich mir die Bemerkung erlauben darf – eine mehrfach gebrochene Persönlichkeit. Einerseits verdammen Sie die Grünen als Technikfeinde, andererseits schreiben Sie selbst in diesem Buch: Wenn wir weiter so rücksichtslos wirtschafteten, sei ein »Verlöschen der belebten Natur« zu befürchten, würden unsere Enkel »mit Grauen an uns denken«. Das hört sich an wie die frühe Rhetorik von Fundamentalisten. Aber Sie treten weiterhin heftig für den Braunkohleabbau in Garzweiler ein und für den Bau weiterer Autobahnen. Wie geht das zusammen? Wie ist dieses Umweltengagement, das sehr grundsätzlich klingt, zustande gekommen, und wie verträgt es sich mit Ihrer sehr heftigen Ablehnung der Grünen, die bei allen Fehlern doch in diesen Grundanliegen mit Ihnen einig sind?

Sie ziehen bloß leider nicht die richtigen Konsequenzen daraus. Sie machen doch nur sich selbst und der Welt etwas vor. Die klagen uns wegen Garzweiler II an und denken dabei: Der Strom kommt ja aus der Steckdose. Das finde ich unaufrichtig und irrational. Ich habe schon zu Karl Schillers Zeiten, als er im Stabilitäts- und Wachstumsgesetz ständiges Wirtschaftswachstum zu einer der vier Hauptaufgaben der Wirtschaftspolitik erklärte, dagegengehalten und gesagt: Das kann doch nicht sein, das muß irgendwann kollabieren! Seitdem bin ich nie losgekommen von der Vorstellung, daß wir diesen Wachstumsmechanismus zum Stillstand bringen müssen. Ich dachte zeitweise, die Natur würde das schon selber besorgen, und als der Club of Rome Anfang der siebziger Jahre Schlagzeilen machte, war ich davon überzeugt, daß die Rohstoffe ausgehen würden. Inzwischen wissen wir aber: Die Rohstoffe gehen uns nicht aus, und deshalb müssen wir selbst handeln.

Das erklärt noch nicht Ihre rigorosen Formulierungen.

Ich bin zu der Erkenntnis gelangt, daß alle bisherigen Schritte gegen die Vernichtung der Natur in Wahrheit Augenwischerei

sind. Das Radikalste, was bis jetzt im politischen Argumenta-
tionshaushalt angeboten wird, ist die ökologische Steuerreform.
Auch die bringt unterm Strich nichts. Und das werfe ich den
Grünen vor: Sie machen die Welt verrückt, reißen die Gesellschaft auseinander, bringen viele Menschen um Lebensglück –
und das alles für nichts. Ich werfe ihnen nicht vor, daß sie die
Natur retten wollen. Aber ich werfe ihnen vor, daß sie es mit
untauglichen Mitteln tun wollen. Wenn die Grünen kämen und
sagten, wir sind der Meinung, daß die Menschen nur noch jeden zweiten Tag Auto fahren dürfen, dann ließe ich ja mit mir
reden.

Genau das sehe ich als Ihren Grundwiderspruch: Wenn Sie die Dinge
so scharf sehen, dann müßten Sie in der praktischen Politik viel radikaler sein.

Ich weiß doch genau, daß ich das nicht durchsetzen könnte.
Wenn ich das der Partei empfehlen würde, würde es gar nicht
ernst genommen. Und wenn es die Partei ernst nehmen würde,
würde sie daran zerbrechen...

Eigentlich müßten Ihnen doch die Grünen gar nicht grün genug
sein.

Genauso ist es! Die sind mir nicht grün genug! Und deswegen bin
ich der Meinung, daß die SPD die Kraft zu einer wirklichen Kurs-
korrektur aufbringen muß. Zu Garzweiler II möchte ich noch
einen Satz sagen: Was brächte es uns denn, wenn wir hier die
Stromerzeugung reduzieren würden, und die Energie würde
dann aus einem Nachbarland importiert, das auch mit der Verbrennung fossiler Energieträger arbeitet? Oder der Strombedarf
würde sogar durch Kernkraft gedeckt?

Müßten Sie nicht, wenn Ihnen die Grünen nicht grün genug sind,
auch im Streit um den Dortmunder Flughafen viel radikaler vorgehen? Die Grünen haben versucht, den Ausbau des Flughafens zu

blockieren. Sie müßten eigentlich die generelle Schließung der Regionalflughäfen verlangen.

Ich lehne diesen Vorschlag für Dortmund deshalb ab, weil ich weiß, daß bei einer Schließung des Flughafens keiner weniger fliegen würde. Die Leute würden nach Düsseldorf fahren und mit ihren Autos die Umwelt noch zusätzlich belasten. Umweltpolitik ist häufig eine Selbsttäuschung, das Energiesparen eine Mär. Was zum Beispiel durch Photovoltaik an Energie eingespart wird, verschleudern die Leute, die nach Mallorca fliegen oder sich ein zweites Auto kaufen.

Eine grüne Freundschaft

Ich sehe nach wie vor einen Widerspruch zwischen Ihren Äußerungen und Ihrer praktischen Politik. Darüber werden wir uns nicht einigen können. Aber wir sind hier zweifellos am Kern Ihrer heutigen politischen und wahrscheinlich auch menschlichen Befindlichkeit. Dem entspricht auch Ihr skurril anmutendes, sehr persönliches Verhältnis zu Ihrem langjährigen Referenten Stefan Bajohr, der nach zwanzigjähriger SPD-Mitgliedschaft aus der Partei ausgetreten ist und heute für die Grünen im Landtag sitzt. Der persönliche Kontakt zwischen ihm und Ihnen ist dennoch nie abgerissen, im Gegenteil: Ich habe den Eindruck, daß es ein nach wie vor sehr vertrauensvolles, fast beratendes Verhältnis gibt. Wie verträgt sich das mit Ihrer Fundamentalkritik an den nordrhein-westfälischen Grünen?

An Stefan Bajohr imponiert mir ganz einfach, daß er genauso um Erkenntnis und um die Zukunftsfragen ringt wie ich. Daß er seine Antworten bei den Grünen sucht, bedaure ich.

Ist er eine Art verlorener Sohn für Sie?

Nein, überhaupt nicht. Ich schätze ihn als interessanten Gesprächspartner; eine Unterhaltung mit ihm bringt mir immer

Gewinn. Und es stört ihn auch nicht, wenn ich scharfe Gegenposition zu den Grünen beziehe. Da muß man menschlich drüberstehen, er tut das, und ich bemühe mich, es auch zu tun.

Haben Sie ihn verstanden, als er Ihnen den Wechsel erklärt hat?

Nein. Er hat gesagt, er wolle nicht gegenüber seinem Kind in die gleiche Situation kommen, in der seine Eltern ihm gegenüber waren, als er fragte: Warum habt ihr geschwiegen im Dritten Reich? Er wolle nicht schweigen hinsichtlich der ökologischen Bedrohung. Das ist sehr honorig, aber ich glaube nicht, daß das der wahre Grund war.

Haben Sie sich lange darüber mit ihm unterhalten?

Ja.

Hat Sie dieses Gespräch in Ihrer Einstellung zur Umweltfrage bewegt?

Nein.

Die war schon ausgereift?

Absolut.

Wenn Sie heute jung wären, würden Sie dann nicht auch eher den Grünen beitreten als der SPD?

Nein, das glaube ich nicht. Ich kann bei den Grünen diesen Hedonismus nicht ab. Eine Lebenseinstellung, die da lautet: Es muß gefälligst alles erlaubt sein, was Spaß macht, ist mir zutiefst zuwider.

Würden Sie heute, wenn Sie jung wären, der SPD in ihrem derzeitigen Zustand beitreten?

Das weiß ich nicht. Ich wüßte aber nicht, welcher anderen Partei ich beitreten sollte.

Warum haben Sie sich eigentlich damals für die SPD entschieden?

Ich war seinerzeit in meiner Familie das erste SPD-Mitglied.

Der Weg zu den Gewerkschaften

Sie stammen aus einer »schwarzen« Familie?

Ja, absolut kleinbürgerlich, nationalkonservativ eingestellt und protestantisch geprägt. Jedenfalls überhaupt nicht sozialdemokratisch. Den Anstoß gaben bei mir die Berichte über die Verbrechen des Dritten Reiches.

Wie alt waren Sie damals?

Da war ich Student. Nach der Studentenzeit habe ich mir gesagt, die SPD ist die einzige Partei, die wirklich einen klaren Trennungsstrich zur NS-Vergangenheit gezogen hat. Bei der Bundestagswahl 1957 habe ich noch CDU gewählt.

Wie sind Sie dann in den DGB geraten?

Mein Vater war Lehrer, aber da bin ich nicht lange geblieben, weil meine Mutter gestorben ist. Anschließend bin ich bei meinem Großvater aufgewachsen, der hatte eine kleine Zigarrenfabrik. Er hatte Zigarrenarbeiter gelernt, den Meister gemacht und dann 1936 aus einem Konkurs eine kleine Zigarrenfabrik gekauft. Dadurch war ich von Kindesbeinen an mit dem sozialen Konflikt zwischen Arbeitnehmer und Arbeitgeber konfrontiert. Ich habe beobachtet, wie mein Großvater in seiner Patriarchenrolle die Zigarrenarbeiter behandelte, und dieser Konflikt hat mich fasziniert. Als Jurastudent habe ich dann schon ganz bewußt die Entscheidung getroffen, mich aufs Arbeitsrecht zu spezialisieren.

Das ist heute noch ein Minderheitenthema...

Das war damals ein absolut exotisches Fach. Und dann war es eigentlich nur konsequent, daß ich gesagt habe, ich will meine Referendarzeit im Ruhrgebiet machen, und nicht in Bielefeld, wo an sich mein Heimat-Landgericht gewesen wäre. An der Ruhr kam ich durch Zufall mit Gewerkschaftsfunktionären in Berührung. Der Dozent für Arbeitsrecht an der Dortmunder Sozialakademie wandte sich an den Landgerichtspräsidenten, ob der nicht einen geeigneten Referendar hätte. Und der schlug mich vor, weil ich einer der Guten meines Jahrganges war. Dann habe ich den sozialen Konflikt aus der Sicht der Arbeiter erleben gelernt, habe mich engagiert und Sympathie für sie empfunden, mit ihnen Fußball gespielt und schon als Referendar Betriebsräte-Schulungen in Dortmund durchgeführt. Mein Berufsideal war aber immer noch, an eine Uni zu gehen, mich vielleicht zu habilitieren. Doch dann starb plötzlich mein Doktorvater, und ich war froh darüber, daß mir der DGB anbot, an seinem Wirtschaftswissenschaftlichen Institut die neu eingerichtete Stelle des wissenschaftlichen Referenten für Arbeitsrecht zu übernehmen. Ich bin also nicht zum DGB gegangen, weil ich Gewerkschaftspolitik machen wollte, sondern weil ich wissenschaftlich arbeiten wollte. Ich veröffentlichte viel in Fachzeitschriften und erhielt das Angebot, mich in Köln zu habilitieren. Dann habe ich aber beim DGB Blut geleckt in der Mitbestimmungs- und Gewerkschaftspolitik, gab die wissenschaftliche Linie auf und bekam später eine Honorar-Professur praktisch nachgeworfen.

Der Beginn der politischen Karriere

Was veranlaßte Sie dann, in die Politik zu gehen? Wäre es nicht auch aussichtsreich gewesen, bei den Gewerkschaften weiterzuarbeiten?

Ja, ganz und gar. Ich hätte sicherlich eine Chance gehabt, in den Bundesvorstand gewählt zu werden, wenn ich beim DGB geblieben wäre.

Das wäre möglich gewesen, obwohl Sie nicht aus der betrieblichen Arbeit kamen?

Ja. Ich hatte »die« Stabsfunktion beim DGB, war Leiter der zentralen gesellschaftspolitischen Abteilung und habe dann für den Bundestag kandidiert. Ich habe nie gedacht, daß ich mit der Politik mein Brot verdienen würde, sondern ich war loyales Parteimitglied in Büderich, einem Vorort von Düsseldorf. Auf der Jahreshauptversamlung 1968 sagte der Ortsvereinsvorsitzende zum Abschluß: »Wir sind ja auch aufgefordert worden, für die nächste Bundestagswahl einen Kandidaten aufstellen. Aber ich gehe davon aus, daß hier keiner in Frage kommt.« Da meldete sich einer – nichts war abgesprochen, es ging wirklich wie im Bilderbuch der Demokratie – und sagte: »Ich schlage den Genossen Farthmann vor.« Die guckten mich also an: »Willst du das machen?« Ich sagte: »Donnerwetter, das wäre nicht schlecht. Ich würde das machen.« – »Ja, dann bist du gewählt.« Zufällig war der Unterbezirksvorsitzende anwesend, der aus einem anderen Ortsverein kam. Und der sagte: »Also, ihr habt den Friedhelm zwar heute abend gewählt, aber das könnt ihr euch von der Backe putzen. Wer das wird, ist schon ausgeklüngelt.« Ich war aber in der Gewerkschaft so bekannt, daß mich am Montag morgen schon der IG-Metall-Bevollmächtigte aus Neuss anrief und sagte: »Man hört, du willst für den Bundestag kandidieren.« Ich sage: »Ach, Gott, mal versuchen.« – »Ja«, sagt er, »ist klar, du hast unsere Unterstützung.« Da wurde ich ganz gelangweilt mit großer

Mehrheit zum Bundestagskandidaten gewählt. Ich konnte den Wahlkreis aber nicht holen, hatte einen mittleren Listenplatz und bin dann im Laufe der Legislaturperiode nachgerückt.

Nun schließen sich Gewerkschaftsarbeit und ein Bundestagsmandat nicht aus.

Überhaupt nicht.

Warum haben Sie dann die gewerkschaftliche Schiene aufgegeben?

Ich bekam zunächst sogar vom DGB ein sehr honoriges Angebot, ich war damals sozusagen der »Persönliche« des Vorsitzenden Heinz-Oskar Vetter. Der sagte dann: »Wenn du im Bundestag bist. müssen wir uns darüber unterhalten, was du künftig machen willst.« Ich antwortete: »Ich will aber beim DGB bleiben.« Dann sagte er: »Das habe ich mir schon gedacht. Und deswegen machen wir dich zum Mitgeschäftsführer des Wirtschaftswissenschaftlichen Instituts.« Und das habe ich auch getan und habe immer gedacht: Du bist nebenbei Bundestagsabgeordneter. 1975 war der Bundeskongreß des DGB, und eine Delegation kam zu mir und fragte mich: »Willst du für den Bundesvorstand kandidieren?« Gleichzeitig erreichte mich aber das Angebot von Heinz Kühn, Minister in der Landesregierung zu werden. Da habe ich mich für das Regierungsamt entschieden.

War das rückblickend betrachtet ein Fehler?

Das habe ich mir auch oft überlegt. Ich dachte damals: Laß mich mal erst Minister werden, zum DGB kann ich immer zurückkehren. Wenn Vetter eines Tages abtritt ... Der hat mir das übrigens genauso gesagt. »Hör mal, bleib ruhig Minister, und wenn ich eines Tages gehe, dann kannst du zurückkommen ...« Ich habe mich lange Jahre als Abgeordneter des DGB in der Partei gefühlt und habe die gewerkschaftliche Linie mit großer Treue und mit innerer Verbundenheit vertreten. Aber als ich Minister war, wurde die Entfremdung natürlich unvermeidlich.

Heute gehören Sie einigen Aufsichtsräten auf der Arbeitnehmerbank an, für deren Kompetenzen Sie jahrelang gekämpft haben. In welchen Aufsichtsräten sitzen Sie, und welche Erfahrungen haben Sie dort gemacht? Was können die Arbeitnehmervertreter für die Belegschaften praktisch tun?

Ich glaube schon, daß man sehr viel für sie tun kann. Das unternehmerische Verhalten in Deutschland ist arbeitnehmerfreundlicher geworden, weil in den Führungsgremien der Firmen Gewerkschafter Sitz und Stimme haben. Aber das ändert nichts an der Tatsache, daß die Bindung zwischen der Basis und ihren Vertretern nicht so ist, wie das die Mitbestimmung in der Theorie gedacht hat. Ich habe anfangs auch geglaubt, wenn ich als Aufsichtsratsmitglied in das Unternehmen komme, dann sagen alle Beschäftigten: »Ach, da kommt unser Mann aus Havanna, der ist da oben für uns da.« Das ist aber eine Illusion. Ich bin den Leuten an der Werkbank genauso fremd wie alle anderen Aufsichtsräte auch. Ich komme deshalb zu dem Ergebnis, daß für die Mitbestimmung Mitspracherechte am Arbeitsplatz sehr viel wichtiger sind als die Mitwirkung in den Führungsorganen. Aber natürlich: Die Musik wird letzten Endes oben gespielt.

Wo sind Sie Mitglied im Aufsichtsrat?

Ich bin seit über zwanzig Jahren stellvertretender Vorsitzender, also Sprecher der Arbeitnehmerseite, im Aufsichtsrat der Gerresheimer Glas AG in Düsseldorf. Außerdem bin ich Aufsichtsratsmitglied bei der Mannesmann AG und auch beim Eschweiler Bergwerksverein. Zwischenzeitlich saß ich noch bei Horten im Aufsichtsrat und bei der WestLB im Verwaltungsrat.

Seit neuestem gibt es, ausgelöst durch einige Pannen bei prominenten Unternehmen, eine Diskussion über die Qualität von Aufsichtsräten. Es wird die Frage erörtert, ob die überhaupt mitbekommen, was die Vorstände verbocken, ob die richtigen Daten oben ankommen, ob man sich intensiv genug mit den Problemen im Betrieb beschäftigt. Was ist Ihre Meinung dazu?

Diese Streitfrage ist so alt wie das deutsche Aktienrecht. Man hat ja immer überlegt, ob das Aufsichtsratsprinzip, also die Kontrolle des Managements durch Außenstehende, besser ist, oder das angelsächsische Board-System, bei dem beide Ebenen vermischt sind. Ich bin unentschieden, weil ich – je länger ich da drin bin – die Grenzen des Aufsichtsrats sehe. Es gehört ja heute zur Unternehmensführung auch so viel technische Kenntnis, da kann ein Außenstehender kaum mithalten. Die Vorstellung, man könnte als Mitglied eines Aufsichtsrats die Entwicklung von technischen Prozessen und die Chancen von Produkten besser beurteilen als der Vorstand, ist eine Illusion.

Haben Sie überhaupt eine Chance, an dem Material, das Ihnen vom Vorstand vorgelegt wird, zu erkennen, welche Fehler dort gemacht werden?

Theoretisch ja, aber in der Praxis sieht das häufig anders aus. Wenn ich manchen Bankenvertreter sehe, der von Aufsichtsrat zu Aufsichtsrat hetzt, wachsen meine Zweifel.

Sind Sie für die Begrenzung der Zahl der Aufsichtsratsmandate?

Ganz sicher. Es gibt ja schon eine Begrenzung auf zehn Mandate. Aber das ist im Grunde auch noch ein bißchen zuviel. Man kann sich nicht in zehn verschiedenen Unternehmen, unter Umständen völlig unterschiedlicher Branchen, sachverständig äußern.

Aus den USA wird in Deutschland nun die Philosophie vom »Shareholder-Value« übernommen. Das heißt, das Management einer Firma soll sich am größtmöglichen Nutzen für den Aktionär orientieren, wodurch das Auskehren der Belegschaft sozusagen zum Unternehmensziel erklärt würde. Anders ausgedrückt: Nicht mehr die Beschäftigung von Menschen, sondern die Reduzierung von Beschäftigung wird zum Ziel des Unternehmens. Kann die Arbeitnehmerbank im Aufsichtsrat dem überhaupt etwas entgegensetzen?

Ich halte das für eine ganz verhängnisvolle Entwicklung. Sie widerspricht diametral der gewachsenen deutschen Tradition. Im deutschen Aktienrecht war noch bis zum Jahre 1965 festgehalten, daß der Vorstand das Unternehmen zu führen hat, wie es die Interessen der Aktionäre, der Arbeitnehmer und das öffentliche Interesse gebieten.

Auch im Grundgesetz heißt es ja, daß Eigentum verpflichtet. Aber das ist heute fast eine nostalgische Formulierung.

Leider wird es zur Nostalgie. 1965 jedenfalls wurde die Festlegung der Firmen auf die Interessen der Arbeitnehmer und der Öffentlichkeit aus dem Aktienrecht gestrichen. In der Begründung der damaligen Gesetzesänderung der Bundesregierung heißt es noch ausdrücklich, die gestrichenen Passagen seien so selbstverständlich, daß man sie nicht ausdrücklich ins Gesetz zu schreiben brauche. Heute sehen wir, wie schamlos versucht wird, das Unternehmen aus seiner öffentlichen Verantwortung zu lösen und zu einer reinen Einkommensquelle für die Aktionäre zu machen. Das ist auch noch aus einem zweiten Grunde schlimm: Durch die geplante Orientierung seiner Einkünfte an der Entwicklung des Aktienkurses würde der Vorstand nämlich schwindelerregende Einkommen erreichen. Ich habe keine Schwierigkeit anzuerkennen, daß ein Vorstandsmitglied das Mehrfache eines normalen Arbeitnehmers verdienen muß. Es soll ja auch ein finanzieller Anreiz da sein. Ich bin auch dafür, daß Vorstände durch einen Bonus belohnt werden, wenn das Geschäft gut läuft. Aber das Einkommen an den Wert der Aktie zu koppeln und die Verpflichtung auf Beschäftigung zu beseitigen, ist volkswirtschaftlich und gesellschaftspolitisch eine verheerende Entwicklung.

Wie ist denn das zu stoppen? Die Arbeitnehmerbank ist im Aufsichtsrat in der Minderheit, die kann es nicht.

Da muß der Gesetzgeber ran. Ich rufe den Gesetzgeber dringend auf, sich das nicht entgleiten zu lassen. Der soziale Frieden in unserer Gesellschaft darf nicht aufs Spiel gesetzt werden. Und zum sozialen Frieden gehört auch, daß wir eine einigermaßen ausgewogene Einkommensstruktur haben.

Zukunftspläne

Sie arbeiten seit September vergangenen Jahres in einer Düsseldorfer Rechtsanwalts- und Wirtschaftsprüfer-Kanzlei. Was tun Sie da praktisch?

Das ist eine Kanzlei, die sehr geprägt ist von Mandanten aus der Wirtschaft. Ich habe – wenn ich es etwas überspitzt formuliere – noch keinen Blick ins Gesetz zu tun brauchen. Ich trete auch nicht vor Gericht auf, das möchte ich nicht. Es ist eine reine Beratungstätigkeit, bei der es im wesentlichen um fairen Interessenausgleich zwischen Verbänden und Unternehmen geht. Mir macht das großen Spaß, und ich finde da noch mal ein Stück beruflicher Erfüllung.

Wenn Sie heute in Ihrem Leben noch einmal eine einzige Weiche anders stellen könnten, an welcher Stelle würden Sie das tun?

Ich würde nach Thüringen gehen. Sonst würde ich alles wieder so tun. Es hat keine Fehlinvestition in meinem Leben gegeben, fast könnte man sagen, der liebe Gott hat seine Hand im Spiel gehabt. Insofern muß ich sagen, blicke ich mit großer Dankbarkeit auf mein Leben zurück. Ich möchte nur noch ein wenig von dem weitergeben, was ich an Erfahrungen gesammelt habe, damit nicht alles in Irrationalität und Zügellosigkeit versinkt.

Ihren Altersruhesitz haben Sie sich als eine Art Waldbauer in der Lüneburger Heide zugelegt: fast ein wertkonservativer Grüner. Am liebsten würden Sie dort auch beerdigt werden, haben Sie mal gesagt, aber das geht natürlich nicht. Und mit 65 ist das Leben ja noch längst nicht zu Ende, sofern die Natur mitspielt. Haben Sie noch etwas vor?

Nein, ich habe nichts mehr vor. Schon als Junge gab es für mich keine größere Seligkeit, als in den Wald zu gehen. Ich habe nie woanders gespielt als im Wald. Daß ich heute einen erklecklichen eigenen Wald besitze, ist ein wirkliches Stück Lebenserfüllung. Darin könnte ich mich völlig erschöpfen.

Das ist sozusagen der lutherische Apfelbaum, den Sie gepflanzt haben.

Genauso ist es. Und den pflanze ich gerade jetzt wieder, mit eigener Hand.

Hans-Ulrich Jörges, Jahrgang 1951, ist seit 1993 stellvertretender Chefredakteur der Hamburger Wochenzeitung »Die Woche«. Zuvor war er beim »Stern«, zunächst als Politik-Chef, zuletzt als stellvertretender Chefredakteur. Von 1986 bis 1989 arbeitete er als Korrespondent der »Süddeutschen Zeitung« in Düsseldorf. Aus dieser Zeit stammt der Kontakt zu Friedhelm Farthmann.

Nachwort

Das Manuskript dieses Buches ist vor knapp einem Jahr abgeschlossen worden. Seitdem hat es in der politischen Landschaft
Deutschlands zwar keine dramatischen Veränderungen gegeben,
der Eindruck einer zunehmenden Ratlosigkeit hat sich aber auf
allen politischen Ebenen weiter verstärkt. Die »politische Klasse«
erschöpft sich weitgehend in den hergebrachten Ritualen der
Machtausübung und den damit verbundenen Hahnenkämpfen,
es gelingt aber immer weniger, Sachkompetenz und Handlungs-
fähigkeit zu vermitteln. Dies wirkt sich auf keinem Feld so verheerend aus wie auf dem der Bekämpfung der Arbeitslosigkeit.
Weil zudem dieser Fragenbereich, gemessen an seiner überra-
genden gesellschaftlichen Bedeutung, in der ursprünglichen
Darstellung eine etwas knappe Behandlung erfahren hatte,
möchte ich die Gelegenheit des Neudruckes nutzen, dazu noch
folgende Bemerkungen anzufügen:

1. Seit Jahrzehnten war, jedenfalls in den entwickelten Industrienationen, der wichtigste und wirksamste wirtschaftspolitische Hebel zur Bekämpfung von Arbeitslosigkeit das sogenannte *deficit spending*. Dieses auf die Lehren des großen
   britischen Nationalökonomen John Maynard Keynes (1883–
   1946) zurückgehende Instrument sieht vor, daß die öffentliche Hand zusätzliche Kredite in Milliardenhöhe aufnimmt
   und diese nachfragewirksam zur Finanzierung von Infra-
   strukturprogrammen einsetzt. Im Idealfall wird dadurch eine

allgemeine Nachfragebelebung ausgelöst, die der Volkswirtschaft einen neuen Wachstumsschub beschert und als Folge davon die Steuereinnahmen so ansteigen läßt, daß die aufgenommenen Kredite alsbald wieder zurückgezahlt werden können.

Die Keynesianische Wirtschaftspolitik fand besonders in der Sozialdemokratie viel Sympathie. In der Bundesrepublik wurde sie 1967 durch den damaligen Bundeswirtschaftsminister Karl Schiller zur Überwindung der ersten ernsthaften Rezession nach dem Zweiten Weltkrieg mit sichtbarem Erfolg eingesetzt. Spätere Wiederholungen unter Bundeskanzler Helmut Schmidt zeigten allerdings schon bald auch die Grenzen dieser Politik. Zum einen fehlte es offenbar an der politischen Kraft, die zur Wirtschaftsbelebung aufgenommenen Kredite später auch tatsächlich wieder zurückzuzahlen, so daß sich die Schulden der öffentlichen Hände dramatisch erhöhten. Zum anderen muß jedes *deficit spending* ein schnell wieder verlöschendes Strohfeuer bleiben, wenn es nicht in eine anhaltende volkswirtschaftliche Belebung einmündet. Deshalb ist diese Therapie im Grunde nur geeignet zur Bekämpfung vorübergehender Konjunktureinbrüche, nicht aber im Fall einer längeren und strukturbedingten Schwächeperiode.

Schon daran wird deutlich, daß die Keynes'sche Doktrin in der gegenwärtigen Situation nicht weiterhilft. Die derzeitige Arbeitslosigkeit ist nicht konjunkturbedingt, sondern die Folge eines tiefgreifenden und lang andauernden Strukturwandels. Zudem wäre eine zusätzliche Erhöhung der ohnehin bedrohlichen öffentlichen Verschuldung nicht zu verantworten. Deshalb ist die von Keynes empfohlene und in früheren Jahrzehnten teilweise durchaus erfolgreich eingesetzte Waffe im Kampf gegen die Arbeitslosigkeit heute stumpf und unbrauchbar geworden.

2. Schon in Kapitel II/7 habe ich es als Illusion bezeichnet anzunehmen, daß allein durch wirtschaftspolitische Belebungsmaßnahmen die Arbeitslosigkeit wesentlich abgebaut werden

könne. Die Produktions- und Produktivitätsreserven unserer Volkswirtschaft sind so groß, daß das gesamte Wirtschaftswachstum, das realistischerweise erwartet werden kann, mit dem bestehenden Arbeitskräftevolumen voll bewältigt werden kann. Natürlich müssen alle Anstrengungen zur Förderung von Wissenschaft und Forschung, zum Abbau von Investitionshindernissen und zur Nutzung von Innovationschancen unternommen werden. Sie werden aber auf dem Arbeitsmarkt allenfalls einen Stillstand, vielleicht sogar nur eine Verlangsamung der Arbeitsplatzreduzierung zur Folge haben. Zur Schaffung zusätzlicher Arbeitsplätze in einem nennenswerten Umfang und damit zu einem spürbaren Abbau der derzeitigen Arbeitslosigkeit wird es aber dadurch – jedenfalls bei Aufrechterhaltung der bestehenden volkswirtschaftlichen Rahmenbedingungen – nicht kommen.

3. Angesichts der scheinbaren Ausweglosigkeit suchen viele Betroffene die Ursache für die eingetretenen Schwierigkeiten allein in den Rationalisierungsmaßnahmen der letzten Jahre. Sie empfehlen deshalb, den Produktivitätsfortschritt zu verlangsamen oder sogar wieder rückgängig zu machen. Auf diese Weise soll verhindert werden, daß künftig weitere Arbeitsplätze durch Rationalisierung beseitigt werden. Ein Zurückdrehen des technischen Fortschritts wäre jedoch ein weltfremdes und unrealistisches Unterfangen. Es würde zudem bedeuten, daß auch die Löhne entsprechend gesenkt werden müßten. Ein solcher Schritt wäre aber weder sozial vertretbar, noch politisch durchsetzbar.

Der entscheidende Ansatz müßte deshalb sein, den technischen Fortschritt der nächsten Jahre zur Schaffung neuer Arbeitsplätze zu verwenden und nicht zur Finanzierung von Lohnsteigerungen für diejenigen, die schon in Arbeit sind. Wenn nämlich die Arbeitsproduktivität zunimmt, aber gleichzeitig die Löhne stabil bleiben, wird die menschliche Arbeitsleistung wieder rentabler, und es entstehen dementspechend mehr Arbeitsplätze.

Daraus folgt, daß es ein Wiedererreichen der Vollbeschäftigung ohne Opfer derjenigen, die in Arbeit stehen, nicht geben kann. Die künftig eintretenden Produktivitätsgewinne können nur entweder für die Schaffung neuer Arbeitsplätze oder für die soziale Verbesserung der Arbeitsplatzbesitzer eingesetzt werden; nicht aber für beides gleichzeitig. Diesen Zielkonflikt hat der IG-Metall-Vorsitzende Klaus Zwickel offensichtlich klar erkannt, wie aus seinem Vorschlag zu einem »Bündnis für Arbeit« auf dem letzten Kongreß seiner Organisation im Herbst 1995 in Berlin deutlich geworden ist.

4. Eine erhebliche Schwierigkeit bei der praktischen Durchsetzung dieser Überlegung liegt allerdings darin, daß dem Anhalten der Lohnspirale nicht sofort und unmittelbar das Entstehen neuer Arbeitsplätze auf dem Fuße folgt. Vielmehr liegt zwischen beiden Effekten ein gewisser zeitlicher Abstand. Erst wenn die Lohnzurückhaltung für die Unternehmen spürbare Wirkungen im Wettbewerb zeigt, wird es zur Einrichtung neuer Arbeitsplätze kommen. Diese Zeitverzögerung erschwert den Arbeitnehmern und ihren Organisationen die Zustimmung zu einem derartigen Schritt. Trotzdem muß er getan werden, und die dazu nötige Geduld und Rationalität muß von allen Beteiligten im Interesse des Ganzen aufgebracht werden.

Hierbei ist zu berücksichtigen, daß der dargestellte volkswirtschaftliche Prozeß durchaus noch durch andere Maßnahmen unterstützt und sogar beschleunigt werden kann. Dazu zählen vor allem der Abbau von Überstunden, die Erhöhung der Teilzeitquote und die Verbilligung der Arbeitskosten durch die Entlastung der Sozialabgaben von versicherungsfremden Leistungen. Theoretisch wäre in diesem Zusammenhang auch noch die Verkürzung der Wochenarbeitszeit zu nennen. Da diese aber nur ohne Lohnausgleich möglich wäre, liefe sie für die einzelnen Betroffenen praktisch auf eine erhebliche Einkommenskürzung und damit letztlich auf eine Art Teilzeitmodell hinaus. Im Hinblick darauf sind allen Versuchen zu Arbeitszeitverkürzung enge Grenzen gesetzt.

5. Voraussetzung für alle Anstrengungen zur Verbesserung der Lage auf dem Arbeitsmarkt ist die Erhaltung oder Verbesserung unserer Infrastruktur. Das gilt insbesondere für Energie, Kommunikation und Verkehr. Preiswerte und funktionierende Leistungen auf diesen Sektoren sind entscheidende Standortfaktoren für Produktion auf hohem technischen Niveau. Wer sich deshalb jedwedem Ausbau von Flughäfen, Eisenbahnverbindungen und Autostraßen, auch wenn dieser im Rahmen des ökologisch Vertretbaren geschieht, widersetzt, wird zum wirkungsvollsten Zerstörer oder Verhinderer von Arbeitsplätzen. Die von der Partei Bündnis 90/Die Grünen dagegen immer wieder vorgebrachte Behauptung, durch ihre Politik entstünden auf den Sektoren des Umweltschutzes und der sogenannten sanften Energien mindestens ebenso viele Ersatzarbeitsplätze, ist eine reine Lebenslüge. Derartige Arbeitsplätze, wenn sie denn überhaupt entstehen, erhöhen die Produktionskosten unserer Volkswirtschaft und mindern deshalb entweder die Konkurrenzfähigkeit der deutschen Produkte auf dem Weltmarkt oder schmälern die Einkommen der Beschäftigten. Es wäre zur Versachlichung unserer politischen Diskussion zur Arbeitslosigkeit schon viel gewonnen, wenn es wenigstens über diesen unstreitigen volkswirtschaftlichen Zusammenhang keine Meinungsverschiedenheiten mehr gäbe. Wer sich in ehrlicher Überzeugung aus Gründen des Umweltschutzes gegen einen weiteren Ausbau unseres Industriestandortes ausspricht, kann nicht gleichzeitig als Streiter für die Wiederherstellung der Vollbeschäftigung auf dem bestehenden Einkommensniveau gelten wollen.

6. Durch die eingetretene Entwicklung auf dem Arbeitsmarkt ist die Position der Gewerkschaften besonders erschwert worden. In Zeiten der Vollbeschäftigung gab es eine einheitliche Interessenrichtung der gesamten Arbeitnehmerschaft, weil alle an einer möglichst gut bezahlten und sozial abgesicherten Arbeit interessiert waren. In Zeiten hoher Arbeitslosigkeit wie heute tritt jedoch wegen der begrenzten Ressourcen, die

nur für das eine oder das andere eingesetzt werden können, immer deutlicher ein Interessengegensatz zwischen den Arbeitslosen einerseits und den Arbeitsplatzbesitzern andererseits zutage. Die Gewerkschaften stehen also vor der Schwierigkeit zu entscheiden, welchem Interesse sie jeweils den Vorrang geben wollen. Dabei wird diese Interessenabwägung noch dadurch erschwert, daß diejenigen, die heute noch Arbeit haben, schon morgen ihren Arbeitsplatz verlieren können.

Der aufgezeigte Interessenkonflikt zwischen dem sozialen Schutz der Arbeitsplatzbesitzer und dem Beschäftigungswunsch der Arbeitslosen darf allerdings nicht dazu führen oder gar dazu mißbraucht werden, die in einem langen und mühevollen Kampf errungenen sozialen Sicherungen zu demontieren. Vielmehr muß von Fall zu Fall und mit großer Behutsamkeit geprüft werden, wo ein Umbau des Sozialstaates im Interesse der internationalen Konkurrenzfähigkeit der deutschen Unternehmen geboten und vertretbar ist und welche Grenzen im Interesse des gesellschaftlichen Friedens nicht überschritten werden dürfen. Dazu habe ich im Kapitel II/7 ausführlich Stellung genommen.

Es ist das gute Recht der Gewerkschaften, in ihrem Abwehrkampf gegen den Sozialabbau nach politischen Verbündeten Ausschau zu halten. Eine besondere Dimension gewinnt aber vor diesem Hintergrund der Auftritt des DGB-Vorsitzenden Dieter Schulte auf der Bundesdelegierten-Konferenz der Grünen am 29. 11. 1996 in Suhl. Wenn darin tatsächlich ein durchdachter Schachzug zu erblicken ist, müßte man daraus schließen, daß die deutschen Gewerkschaften in ihrer praktischen Politik die Arbeitslosen abgeschrieben haben. Wer sich zur Verhinderung einer Korrektur der sozialen Sicherung auch mit denjenigen verbündet, die mehr als alle anderen zur Gefährdung und zum Abbau von Arbeitsplätzen beitragen, verliert seine Glaubwürdigkeit als Kämpfer gegen die Arbeitslosigkeit.

7. Im Kapitel II/6 habe ich mich nachdrücklich für einen wirkungsvollen Umweltschutz im Interesse unserer Nachkommen eingesetzt. Als entscheidenden Schritt dazu habe ich ein Anhalten der Konsumspirale und deshalb in der Lohn- und Einkommenspolitik eine Reallohnsicherung für die Zukunft vorgeschlagen. Das deckt sich ganz und gar mit den notwendigen Maßnahmen zur Schaffung von zusätzlichen Arbeitsplätzen, wie sie hier dargestellt worden sind. In der Anfangsphase, d. h. solange noch ein Bedarf an zusätzlichen Arbeitsplätzen besteht, wäre es allerdings nötig, die infolge der Lohnstabilisierung erzielten Produktivitätsgewinne in erster Linie für die Schaffung von Arbeitsplätzen einzusetzen und nicht – wie im Kapitel II/6 vorgeschlagen – für entwicklungspolitische Aufgaben. Erst nach dem Erreichen der Vollbeschäftigung müßte dann das weitere Wirtschaftswachstum voll den Armutsregionen unserer Erde zugeführt werden. Irgendwann später – vielleicht in der nächsten Generation – wird sich allerdings auch die Menschheit die Frage stellen müssen, ob das Wirtschaftswachstum insgesamt angehalten werden muß, um auf unserem Planeten wieder einen ökologischen Gleichgewichtszustand zu erreichen. Allein ein Stopp des Bevölkerungswachstums brächte keine Lösung, weil bereits die Erde kollabieren würde, wenn alle heute auf ihr lebenden Menschen ihren Energieverbrauch dem Niveau der reichen Industrieländer angleichen würden.

Anmerkungen

1 Sebastian Haffner: »Der Verrat«. Verlag 1900, Berlin 1994, 2. Auflage, S. 9.

2 Sebastian Haffner, vgl. Fußnote 1. Haffner hat der SPD und vor allem Friedrich Ebert deshalb in einer sehr polemischen Schrift Verrat an den eigenen Ideen vorgeworfen. Meines Erachtens ist dieser Vorwurf jedoch nicht berechtigt. Politik muß immer aus ihrer Zeit heraus betrachtet werden, und aus der damaligen Sicht konnte niemand vorhersehen, daß der Weimarer Republik die Schrecken des Naziregimes folgen würden. Im übrigen hätte die Einrichtung von Arbeiter- und Soldatenräten eine geordnete demokratische Entwicklung sicher nicht gefördert.

3 Vgl. im einzelnen dazu Dieter Düding: »Zwischen Tradition und Innovation. Die sozialdemokratischen Landtagsfraktionen in Nordrhein-Westfalen von 1946 bis 1966.« Dietz-Verlag, Bonn 1995, S. 241 ff.

4 Vgl. das Interview in: Der Spiegel, Hamburg, Jahrgang 1969, Heft 31, S. 103 ff.

5 Beschlossen vom Bundesparteitag in Hannover, 10. bis 14. 4. 1973, Antrag Nr. 296.

6 So die Jungsozialisten in einem Grundsatzpapier »Demokratie und Gleichheit«, das die damalige Bundesvorsitzende Heidemarie Wieczorek-Zeul am 31. 10. 1975 der Öffentlichkeit vorstellte.

7 Vgl. Gewerkschaftliche Monatshefte, Köln 1989, Heft 12, S. 716 und 718.

8 Vgl. dazu aus der kaum noch zu überblickenden Materialfülle: »Globale Trends 1996, Fakten, Analysen, Prognosen.« Fischer Taschenbuch Verlag, Frankfurt/M. 1995. »Schutz der Erde. Bericht der Enquête-Kommission des Deutschen Bundestages.« Verlag C. F. Müller, Karlsruhe 1991. J. Spangenberg: »Umwelt und Entwicklung.« Schüren-Verlag, Marburg 1991.

9 »Zukunftsfähiges Deutschland«, herausgegeben von Bund und Misereor. Birkhäuser-Verlag, Basel/Berlin 1996. Vgl. auch R. Klingholz: »Wahnsinn Wachstum.« GEO-Verlag, Hamburg 1994, S. 84 ff.

10 So auch Joachim Raschke, Professor für politische Wissenschaft an der Universität Hamburg, in einem Interview in: Der Spiegel, Hamburg, Jahrgang 1995, Heft 30, S. 26 ff.

11 Vgl. dazu mein Interview in der Neuen Osnabrücker Zeitung vom 9. 3. 1982. Die Frankfurter Allgemeine Zeitung hat mir daraufhin am 10. 3. 1982 »zynische Prinzipienlosigkeit« und Politik ohne Moral vorgeworfen; derartig selbstgerechte Zensierungen waren in den späteren Rot/Grün-Diskussionen nicht mehr zu vernehmen.

12 Vgl. auch Hartmut Jäckel: »Zusammenarbeit – in Grenzen«. In: Frankfurter Allgemeine Zeitung vom 19. 4. 1986, S. 13.

13 Ralf Dahrendorf: »Die Chancen der Krise. Über die Zukunft des Liberalismus.« Deutsche Verlagsanstalt, Stuttgart 1983, S. 17 ff.

14 Klaus von Dohnanyi hat in seinem bemerkenswerten Essay in der Zeitschrift Stern vom November 1989 (»Wiedervereinigung: Konflikt zwischen Kopf und Bauch«) ebenfalls auf die fragliche Parteivorstandssitzung Bezug genommen. Vgl. Stern, Jahrgang 1989, Heft 47.

15 Vgl. Joachim Fest: »Der zerstörte Traum. Vom Ende des utopischen Zeitalters.« Verlag Siedler, Berlin 1991, S. 81.

16 Klaus von Dohnanyi in einer fiktiven Rede an seine Parteifreunde auf dem Mannheimer Parteitag im November 1995, abgedruckt in der Frankfurter Allgemeinen Zeitung vom 11. 11. 1995, S. 35.

17 Diesen Gesichtspunkt hat auch Klaus von Dohnanyi, vgl. Fußnote 16, besonders hervorgehoben.

18 Auf dem Berliner Umweltgipfel im März 1995 hat der Bundeskanzler diese Zusage sogar noch verschärft und eine 25%ige Kohlendioxyd-Reduzierung gegenüber dem Jahr 1990 angekündigt, was ungefähr eine 30%ige Verringerung gegenüber dem Jahr 1987 ausmachen würde.

19 So auch Fritz Vahrenholt in dem Essay »Der Ökochonder als Leitbild«. In: Der Spiegel, Hamburg, Jahrgang 1996, Nr. 3, S. 50.

20 Vgl. dazu auch den eindrucksvollen Beitrag von Wilhelm Schmid: »Die Epoche der Melancholie« in der Sendung »Gedanken zur Zeit« des Norddeutschen Rundfunks am 11. 11. 1995.

21 Vgl. Hans Jonas: »Das Prinzip Verantwortung.« Insel Verlag, Frankfurt a. M., [8]1988, S. 7 und S. 21.

22 Der Gesamtverbrauch von Ottokraftstoff in Deutschland einschließlich der ehemaligen DDR hat sich wie folgt entwickelt:
    1988 = 29,4 Mio. Tonnen
    1989 = 29,5 Mio. Tonnen
    1990 = 31,3 Mio. Tonnen
    1991 = 31,4 Mio. Tonnen
    1992 = 31,4 Mio. Tonnen
    1993 = 31,5 Mio. Tonnen
    1994 = 29,8 Mio. Tonnen
    1995 = 30,1 Mio. Tonnen

23 In diesem Zusammenhang habe ich persönlich einen besonders unerfreulichen Fall von Meinungsmanipulation erlebt: Nachdem ich mich schon im Jahre 1993 zu dem Zusammenhang von Einwanderung und Umweltbelastung öffentlich geäußert hatte, wurde ich

vom WDR um ein Interview gebeten. Obwohl der Redakteur nur ein kurzes Statement wünschte, wurde ich in ein quälend langes Gespräch mit sich immer wiederholenden, inhaltlich ähnlichen Fragestellungen verwickelt – offensichtlich mit dem Ziel, mir eine unbedachte und mißdeutbare Äußerung zu entlocken. Da ich dazu jedoch keine Gelegenheit bot, wurde mir dann in der Sendung »Babylon«, die am 20. 6. 1993 auch im Programm Hessen III ausgestrahlt worden ist, durch die Anmoderation die Absicht angedichtet, ich wolle die Türken in Deutschland für unsere Müllprobleme verantwortlich machen. Empörte ausländische Zuschauer waren gleich mit ins Bild genommen worden, und schon Wochen vor dem Sendetermin hatte der Fernsehjournalist meinen Fernsehbeitrag ohne mein Wissen an die Redaktion der »Tageszeitung« weitergegeben, die daraus in ihrer Ausgabe vom 7. 5. 1993 ein angebliches Zeitungsinterview machte.

24 So auch Klaus von Dohnanyi, vgl. Fußnote 16.

25 Vgl. Klaus Wiesehügel: »Die sozialökologische Wende als Teil gewerkschaftlicher Reformstrategie.« In: Gewerkschaftliche Monatshefte, Köln 1996, Heft 3, S. 150 ff.

26 Vgl. Hans Jonas, a.a.O., S. 388.

27 Vgl. vor allem Fritz W. Scharpf: »Nicht Arbeitslosigkeit, sondern Beschäftigung fördern.« Beiträge zur Reformdiskussion im Deutschen Gewerkschaftsbund und seinen Gewerkschaften, Bd. 2. Bund-Verlag, Köln 1994, S. 24 ff. Auch Wolfgang Franz, Arbeitsmarktforscher und Mitglied des Sachverständigenrates der Bundesregierung, hat sich grundsätzlich für ein solches Modell ausgesprochen, vgl. sein Interview in: Der Spiegel, Hamburg, Jahrgang 1996, Heft 5, S. 27.

28 Vgl. dazu Fritz W. Scharpf, a.a.O., S. 39 ff.

29 Klaus von Dohnanyi, vgl. Fußnote 16.

30 Zahl der Ausländer in der alten Bundesrepublik:

	1961	686 200
	1971	2 600 600
	1987	4 240 500
	1990	5 342 500
in Gesamtdeutschland	1991	5 582 300
	1992	6 495 800
	1993	6 878 100
	1994	7 120 000

31 Zahl der Asylbewerber in der alten Bundesrepublik

	1980	107 818
	1985	73 832
	1988	103 076
	1989	121 318
	1990	193 063
in Gesamtdeutschland	1991	256 112
	1992	438 196
	1993	322 599
	1994	127 210

32 Zahl der Aussiedler in die alte Bundesrepublik

	1989	377 055
	1990	397 075
in Gesamtdeutschland	1991	221 995
	1992	230 565
	1993	218 888
	1994	222 591

33 Vergleiche hierzu Klaus Dörre in dem von Wilhelm Heitmeyer herausgegebenen Sammelband »Das Gewalt-Dilemma. Gesellschaftliche Reaktionen auf fremdenfeindliche Gewalt und Rechtsextremismus.« Edition Suhrkamp, Neue Folge Band 905, Suhrkamp-Verlag, Frankfurt am Main 1994.

34 Artikel 16 Abs. 2 Satz 2 in der alten Fassung des Grundgesetzes lautete: »Politisch Verfolgte genießen Asylrecht.«

35 Der neue Artikel 16a des Grundgesetzes hat zunächst in seinem Absatz 1 die alte Fassung des früheren Grundrechts auf Asyl unverändert übernommen: »Politisch Verfolgte genießen Asylrecht.« Sein Absatz 2 bringt jedoch die entscheidende Einschränkung; danach kann sich auf das Asylrecht »nicht berufen, wer aus einem Mitgliedstaat der Europäischen Gemeinschaften oder aus einem anderen Drittland einreist, in dem die Anwendung des Abkommens über die Rechtstellung der Flüchtlinge und der Konvention zum Schutze der Menschenrechte und Grundfreiheiten sichergestellt ist«.

36 Bezeichnend und deprimierend aus jüngster Zeit das Interview des Bremer Bürgermeisters und Justizsenators Henning Scherf in: Der Spiegel, Hamburg, Jahrgang 1996, Heft 22, S. 32 f. Als wichtigste Maßnahme zur Bekämpfung der Kriminalität nennt Scherf darin die Sanierung der »Massenquartiere in Hamburg-Mümmelmannsberg und Berlin-Marzahn«; jeder, der eine solche Forderung erhebt, hat die sichere Gewähr, daß nichts geschieht. Die abschreckende Wirkung der Strafhaft wird ignoriert; deshalb sollte nach Scherfs Meinung darauf weitgehend verzichtet werden, wenn der Täter so gnädig ist und sich um Wiedergutmachung des angerichteten Schadens bemüht.

37 So z.B. der Justizminister der rot-grünen Landesregierung von Nordrhein-Westfalen, Behrens, in einem Gespräch mit dem Generalanzeiger für Bonn und Umgebung vom 31.8.1995.

38 Auf diesen Widerspruch hat Jan Ross mit besonderem Nachdruck hingewiesen, vgl. Frankfurter Allgemeine Zeitung vom 29.6.1995, S. 27.

39 Abgedruckt in der amtlichen Sammlung der Entscheidungen des Reichsgerichts in Strafsachen, Band 61, S. 242 ff.